1+X证书制度系列教材

金融大数据处理

（中级）

何国杰　主编

深圳希施玛数据科技有限公司　编

中山大学出版社
SUN YAT-SEN UNIVERSITY PRESS
·广州·

版权所有　翻印必究

图书在版编目（CIP）数据

金融大数据处理：中级/何国杰主编；深圳希施玛数据科技有限公司编．—广州：中山大学出版社，2022.8

（1+X证书制度系列教材）

ISBN 978-7-306-07523-9

Ⅰ.①金… Ⅱ.①何… ②深… Ⅲ.①金融—数据处理—职业技能—鉴定—教材 Ⅳ.①F830.41

中国版本图书馆 CIP 数据核字（2022）第 069166 号

JINRONG DASHUJU CHULI（ZHONGJI）

出　版　人：	王天琪
策划编辑：	杨文泉　钟永源
责任编辑：	杨文泉
封面设计：	林绵华
责任校对：	姜星宇
责任技编：	靳晓虹
出版发行：	中山大学出版社
电　　话：	编辑部 020-84110283，84113349，84111997，84110779，84110776
	发行部 020-84111998，84111981，84111160
地　　址：	广州市新港西路 135 号
邮　　编：	510275　传　真：020-84036565
网　　址：	http://www.zsup.com.cn　E-mail：zdcbs@mail.sysu.edu.cn
印　刷　者：	广州市友盛彩印有限公司
规　　格：	787mm×1092mm　1/16　19 印张　450 千字
版次印次：	2022 年 8 月第 1 版　2022 年 8 月第 1 次印刷
定　　价：	70.00 元

如发现本书因印装质量影响阅读，请与出版社发行部联系调换

编写委员会

主 任 委 员：何国杰

副主任委员：周建松　程淮中　刘芳雄　付　宏　钟　用　张立军　崔凯龙

委　　　员：（按姓氏拼音顺序）

安海峰　陈　冬　陈佳渲　陈靓秋　陈巧惠　陈榕华　陈文婷　戴　鹏
董建中　董占奎　段洪俊　樊福生　方浩文　高　燕　龚　奕　龚丽楠
郭　建　韩梦娟　韩　悦　郝　佳　何利娟　胡　丹　黄菊英　黄志平
江　洁　金莎莎　蓝晓宁　李碧珍　李　琳　李梦娜　李用俊　李文星
李　元　廖飘霏　刘　超　刘　皇　刘松鹤　刘　熠　陆朝阳　路　涛
罗　航　罗薇薇　莫嘉玲　潘　娜　秦选龙　任俊颖　宋育芳　苏启立
田　俊　汤晓燕　魏　娜　王文胜　王惠凌　王　健　王玲玲　王雄军
王怡然　卫　翔　吴文森　徐若瑜　萧涵月　肖　岚　谢沛善　邢惠茹
徐　峰　徐慧玲　徐　娜　许贤丽　杨　姗　杨　梓　杨　林　杨　旸
杨小兰　姚彩利　姚建锋　易晓明　张高胜　张国强　张浩博　张　剑
张　瑾　张莉萍　张　敏　张玉林　赵　蕊　赵根宏　赵天宇　赵艳丽
赵颖慧　郑焕刚　周　涛

编 写 人 员：（按姓氏拼音顺序）

邓亚昊　蒋丽鸿　邱卓娴　王　鹏　张凌霜　赵龙峰

协 编 人 员：（按姓氏拼音顺序）

甘雨杭　韩仪婷　胡红阳　惠路路　李昊燃　刘凯强　马跃云　宋艳玫
夏德军　曾文杰

首批建设院校：（按汉语拼音顺序）

安徽财贸职业学院

安徽商贸职业技术学院

北海职业学院

长江职业学院

成都工业职业技术学院

成都锦城学院

成都理工大学

成都师范学院

重庆财经职业学院

重庆城市管理职业学院
重庆电子工程职业学院
重庆工程职业技术学院
重庆工贸职业技术学院
重庆工商职业学院
重庆商务职业学院
福建农业职业技术学院
福建师范大学协和学院
福州黎明职业技术学院
福州外语外贸学院
广东财贸职业学院
广东科学技术职业学院
广西金融职业技术学院
广西外国语学院
广州番禺职业技术学院
广州华商职业学院
贵州工商职业学院
河南大学
河南经贸职业学院
湖北恩施学院
湖北经济学院
湖北商贸学院
淮南师范学院
江苏财经职业技术学院
江苏经贸职业技术学院
江西财经大学
江西财经职业学院
江西应用科技学院
焦作师范高等专科学校
黎明职业大学
柳州工学院
绵阳城市学院
南宁学院
南宁职业技术学院

宁波城市职业技术学院
青岛酒店管理职业技术学院
衢州职业技术学院
厦门城市职业学院
厦门工学院
厦门海洋职业技术学院
山东商业职业技术学院
山东水利职业学院
山西工程科技职业大学
山西金融职业学院
陕西财经职业技术学院
陕西国际商贸学院
深圳信息职业技术学院
深圳职业技术学院
四川财经职业学院
四川农业大学
苏州科技大学
苏州市职业大学
温州商学院
武昌首义学院
武汉华夏理工学院
武汉轻工大学
西安交通大学城市学院
西安明德理工学院
西安培华学院
西北工业大学
西藏民族大学
西华大学
浙江金融职业学院
浙江经济职业技术学院
浙江经贸职业技术学院

前 言

2020年4月，中共中央、国务院发布的《关于构建更加完善的要素市场化配置体制机制的意见》（以下简称《意见》）中，将数据要素作为一种新型生产要素，与土地、劳动力、资本、技术并列为市场化配置的五大要素。同时《意见》明确提出加快培育数据要素市场，推进政府数据开放共享、提升社会数据资源价值、加强数据资源整合和安全保护。以数据为基础的数字经济正加速驱动生产方式、管理方式和科技格局发生深刻变化。金融业通过把大数据与人工智能相结合，在金融产品设计、市场营销、风险控制、客户服务和监管科技等应用场景迎来升级换代。"金融＋大数据"的价值被越来越多的有识之士所认同。

国务院印发的《国家职业教育改革实施方案》明确要求，在职业院校、应用型本科高校启动"学历证书＋若干职业技能等级证"制度试点工作。1＋X证书制度成为国家推进职业教育改革的重大部署，是"职业教育二十条"中部署的重点举措，也是推动职业教育高质量发展的制度创新。

深圳希施玛数据科技有限公司（以下简称"希施玛公司"）是"高科技＋大数据"领域的国家高新技术企业，在金融数据处理和数据产品研发领域积累了20多年经验，为高等院校、科研机构和金融机构提供了丰富的数据产品和优质服务。2020年，希施玛公司由国家教育部批准成为1＋X金融大数据处理培训评价组织，将金融数据采编、清洗、存储、可视化和分析等岗位的专业技能，提炼凝聚成1＋X证书制度系列教材，从金融数据处理理论到实验实践，形成一套标准化课程体系和人才培养方案，正在携手广大院校共同培养数字经济时代的专业人才。

本书以金融数据分析师、金融数据产品经理岗位内容为基础，以金融数据处理全流程为框架，从金融数据自动化采集、数据清洗、数据存储、数据分析四个方面构建课程体系。主要面向职业专科、应用本科的经济、金融和大数据相关专业学生，同时适用学习金融数据处理相关知识的社会人员，培养宽视野、专技能的应用型人才。

全书共分为5个项目，15个任务。

项目1介绍了自动化数据采集及清洗的相关知识，包括应用程序接口采集数据的原理与规范、Python数据清洗、文本数据采集及自动化处理等。各任务章节以金融案例为背景，为从事金融数据处理的工作者打下坚实基础。

项目 2 以金融数据产品的设计、构建为主线，依次介绍了数据存储技术、数据库设计、数据整理存储和数据查询四个方面的内容。通过本项目，读者可系统地把握金融数据产品生产的主要过程。

项目 3 到项目 5 以金融数据分析为主题，分别从证券业、银行业、用户特征分析等角度，介绍了几种典型数据分析方法的应用，包括股票数据的统计性描述、时间序列分析、相关性分析，银行经营数据的线性回归分析、个人信贷违约数据的逻辑回归预测，用户行为数据的 RFM 模型和 K – means 分析模型。旨在帮助读者掌握金融机构中常见的分析方法，为读者将来步入相关行业打好基础。

本书具有以下特点：

1. 以 1 + X 技能标准为依据，岗课结合

本书以 1 + X 金融大数据处理（中级）证书标准为依据，经过作者的广泛调研和意见征询，按照金融数据人才最迫切和常见的技能需求，设计了"知识 + 实践"的培养模式，以"实用、够用"为目标，岗位与课程紧密结合。

2. 以实际工作任务为起点，理实结合

本书以实际工作任务为起点，以金融案例为背景，通过项目任务式教学，将知识内容融入工作任务的实施过程中，知识与技能贯通一体，理论与实际相结合。

3. 配套丰富的教辅资源，提高教学效果

本书配套建设了在线教学和实训资源，包括课件、微课、操作视频、案例、习题等，帮助教师丰富教学手段，激发学生学习兴趣，提高教学效果。

本书的顺利出版，离不开全体编委会成员给予的宝贵指导意见，更离不开编写教师与专家的支持和参与。教材中任务 1.3 由北京财贸职业学院的邱卓娴老师编写，任务 1.4、任务 2.3、任务 2.4 由重庆工程职业技术学院的蒋丽鸿老师编写，项目 3 由西北工业大学的赵龙峰老师编写，项目 4 由重庆商务职业学院的邓亚昊老师编写，其余部分由希施玛公司的韩仪婷、李昊燃、宋艳玫、马跃云、惠路路、夏德军、胡红阳等共同编写。本书在编委会的指导下，由李双飞、张凌霜和全体编写人员初校，经中山大学出版社杨文泉编辑校订。

金融大数据产业和应用技术正在不断发展，本书主要介绍了其中最常见的部分，书中难免存在不足和疏漏之处，请广大读者指正。

何国杰

2022 年 3 月 9 日

目　录

项目 1　AI 自动化数据采集及清洗 ························· 1

　　任务 1.1　数据接口的原理与规范　/　3

　　任务 1.2　接口数据采集　/　15

　　任务 1.3　结构化数据处理　/　30

　　任务 1.4　文本数据处理　/　90

项目 2　金融数据库搭建及使用 ························· 107

　　任务 2.1　数据存储技术概述　/　109

　　任务 2.2　数据库设计　/　117

　　任务 2.3　数据存储　/　132

　　任务 2.4　数据查询　/　146

项目 3　证券业数据分析 ························· 161

　　任务 3.1　收益率的描述性统计分析　/　163

　　任务 3.2　金融数据时间序列分析　/　181

　　任务 3.3　投资组合相关性分析　/　202

项目 4　银行业数据分析 ························· 223

　　任务 4.1　银行经营绩效的线性回归分析　/　224

　　任务 4.2　银行信贷风险的逻辑回归分析　/　238

项目 5　大数据用户特征分析 ························· 253

　　任务 5.1　用户特征的 RFM 分析　/　254

　　任务 5.2　用户特征的 K-Means 分析　/　265

附　录 初识 Python ·· 279

参考文献 ··· 290

项目1
AI自动化数据采集及清洗

【引言】

随着计算机、人工智能、大数据技术的不断发展，大数据应用场景愈加广泛，数据驱动业务创新已成为越来越多企业的选择。在市场营销方面，通过数据分析精准定位目标用户，制定运营策略，实现拉新、促活提升收入；在金融业方面，通过大数据和人工智能的结合，风控、数据安全、投研、投顾和穿透式监管等应用场景迎来智能化升级；在企业管理方面，大数据在企业成本管控、优化资源配置、科学决策、提升客户服务方面得到广泛的应用。

真实业务场景下，数据分析师面临的是海量的、繁杂的数据，进行数据分析工作的第一步就是数据采集。数据采集需要根据分析目的、范围和目标确定数据源与采集方法。采集完成后，数据仓库中集合了来自多渠道，多格式，可能出现错误、相互重复，甚至相互冲突的数据，大大降低了数据的可用性。只有通过数据清洗，才能为后续的数据分析挖掘提供便利。

数据采集和清洗的方式随着数据量的增大，由传统的手动变为自动化，极大地提高了数据处理的速度及效率。Python 作为最前沿的科学计算语言，是数据科学、机器学习和学术/工业界通用软件开发等领域最为重要的工具。基于对类库（比如 Pandas 和 Scikit-learn）的支持，Python 成为数据采集、处理及分析任务的首选语言。

下面我们就从接口数据采集、结构化数据处理、文本数据处理三个方面，来介绍如何通过 Python 语言以及智能化数据处理软件进行数据的采集与清洗。

【学习目标】

1. 知识目标

（1）了解应用程序接口和 Web Service 接口调用数据的原理与方法，以及数据接口的相关规范。

（2）掌握 Python 语言中用于应用程序接口调用的模块、包、函数的使用方式，包括 import 语句、get 和 post 请求函数、to_excel 数据导出函数等。

（3）掌握数据清洗的原理和一般步骤，掌握 Python 语言中，用于数据清洗的常用函数，包括用于缺失值处理的 isnull/notnull 函数、dropna 函数、fillna 函数等；用于格式规范的 astype 函数、strip/lstrip/rstrip 函数、upper/lower/title 函数、replace 函数、round 函数等；用于异常值处理的 describe 函数、boxplot 函数；用于重复值处理的 duplicated 函数、drop_duplicates 函数。

（4）了解文本数据处理的常用技术、处理步骤以及各主要文本处理技术的典型应用场景。

2. 技能目标

（1）能够读懂应用程序接口和 Web Service 接口的说明文档；并用 Python 语言编写程序，调用接口，完成数据采集工作。

（2）能够用 Python 语言编写程序，完成数据的去空、去重、格式规范、异常值的自动化程序处理。

（3）能够根据所需的目标和应用场景，选择合适的文本数据处理技术，并能够用智能化的数据采集和处理工具，对文本数据进行采集、加工处理操作。

3. 思政目标

（1）培养学生严谨求实、精益求精的职业素养。

（2）通过增强学生对现代大数据技术的了解，培养学生崇尚科学、积极探索、勇于创新的精神，激发学生未来投身于数据基础行业的兴趣和信念。

任务 1.1　数据接口的原理与规范

任务要求……………………

我们在做金融数据研究、金融市场调研的时候，需要采集大量的数据，这些数据格式多样、来源分散、数据更新变化快，为数据的采集带来一定难度。目前市场上有许多专业的数据服务商提供多种多样经过汇总和加工整理的数据，并提供应用程序接口或 Web Service 接口在线调用服务，以便分析师能便捷地获取数据。

小 A 是公司新入职的数据分析助理，经查询获知 CSMAR 数据平台可以提供其所需的股票市场交易数据，但所需的数据量较大，手动下载一张张数据表的方式费时费力，听说使用应用程序接口可以快速地调取数据，可是拿到应用程序接口说明文档后却读不懂，请你帮忙解释一下：什么是应用程序接口？如表 1.1.1 所示的 Python 接口说明文档有什么用途，使用中有哪些注意事项？

表 1.1.1　CSMAR 数据库的 Python 接口说明文档

接口服务中文名	数据查询
接口描述	查看指定表中的数据
服务提供方	CSMAR
服务等级	普通
接口函数	preview（tablename）
安全要求	无
接口服务调用权限	公开
接口入参	tablename，表名称

续表1.1.1

返回类型	Dict（字典），展示查询结果 返回结果样例：dict（data ＝ [ ]，msg ＝ "输入的表名不存在"，state ＝ 101） 备注：data 是返回的数据列表，msg 是返回结果描述，state 是状态码	
返回状态码	描述	说明
0	成功	执行正常
101	输入的表名不存在	输入的表名错误，在数据库中查找不到

示例	用 preview 预览数据
	# 取 stk_hkextosse_quotation 的数据，查看默认数据 100 条
	previewdata = oneplusx. preview（tablename ＝'stk_hkextosse_quotation'）
	# 输出结果	

必备知识

随着计算机、人工智能、大数据技术在算力、算法、技术方面的不断发展，商业领域的大数据应用场景愈加广泛，越来越多的用户通过对数据的研究分析来驱动业务的发展与技术的提升。而在运用各种工具进行数据调研、分析的过程中，一方面处理的数据是海量、实时、结构多样的，且分布在不同系统中；另一方面数据的处理要经过多个软件系统分工合作，如何便捷地在系统间调用数据、进行数据共享是一个重要的问题。

例如做一份投研报告，需要从 A 系统获得宏观经济数据，从 B 系统获得上市公司股票交易的微观数据，从 C 系统获得财报、年鉴等文本数据；拿到数据后在 D 系统中进行建模分析；最终的结果在 E 系统中以可视化图表呈现。整个过程涉及了多个系统间的数据流转，如果依靠手工下载、上传数据不仅费时费力、容易出错，而且由于多系统数据结构不一致，需要花费大量精力进行数据格式转换。特别是对证券市场交易数据研究来说，需要海量、高频、实时的行情数据，只有通过自动化的数据处理系统，才能达到业务要求。那么有没有一个简单、便捷的方式实现不同系统间的数据流转呢？

应用程序接口和 Web Service 接口就是这样的两种典型的接口技术。通过应用程序接口和 Web Service 接口可以实现异构平台上的应用程序的数据交换与集成，并且具有快速、有效、安全、自动的特点。

一、应用程序接口

应用程序接口，是一个预定义的函数，这个函数中约定了数据资源提供方（下文简称"提供方")的通信规则。通过应用程序接口,可实现相互独立的系统之间的数据请求、获取和调用。

举例来说,我们在京东下单付款之后,商家选用顺丰发货,可以在京东上实时查看当前的物流信息。京东和顺丰作为两家独立的公司,为什么在京东上可以实时看到顺丰的快递信息呢?这就归功于应用程序接口,顺丰提供自身物流数据的应用程序接口,只要获得其许可,京东、快递100等都可以通过应用程序接口实时调取物流信息,并呈现在自己的网站上。既然有多方调用,那就需要协定一个统一的调用规范,所有使用者都必须遵守这个接口规定标准,才能进行正常的调用。那么应用程序接口是怎样运行的呢?

(一)应用程序接口的工作机制

数据提供方提供标准接口文档,当调用方按需选择接口并传入相关参数,数据资源提供方服务器接收请求,进行业务处理,返回数据。举例来说,餐厅是一个系统,该系统内提供的数据是菜单上的一道道菜品。当客户来到餐厅点菜时,点菜信息相当于按需传入的参数,服务员就是应用程序接口,承担将客户的点菜信息传达到厨房的信使工作。当服务员接收到客户请求后,告诉厨房(后台服务系统)该做什么,并以呈上食物作为最终的信息响应结果,这就是应用程序接口的工作机制。

应用程序接口通常有同步请求、异步请求、可靠消息传输等通信方式。

(1)同步请求。调用方往提供方发送服务请求,调用方阻塞,等待提供方返回处理结果。就好比你来到餐厅点菜,服务员(应用程序接口)为你上完所有菜品后才会离开,其间无法服务下一个客户。

(2)异步请求。调用方往提供方发送服务请求,提供方处理请求时,客户端继续运行;当提供方处理结束时返回处理结果。以点菜为例,服务员(应用程序接口)将你的点菜信息发到厨房,然后继续服务下一个客户,待请求菜品做完后,服务员再为你提供上菜服务。

(3)可靠消息传输。通过存储队列方式在调用方和提供方之间传输消息。好比许多人陆续来到餐厅,按照先来后到的顺序排队等待服务员(应用程序接口)服务,那先到的人先点菜。

(二)应用程序接口的优缺点

应用程序接口简单、易用,调用方只需查看应用程序接口说明文档就知道调用方式。函数形式的封装隐藏了实现细节,调用方不必知道函数内部是如何实现的,只需要知道这个函数提供什么功能,便于调用和理解。

此外,应用程序接口中还能设置报错机制,使得接口的运行情况可被监控,便于及时发现错误及排除故障;分页和过滤功能可节省服务器资源和带宽,速率限制功能控制服务器资源被使用的频率，以便支持企业级的高并发和大容量服务；设置访问权限，以确保只有授权人员才能访问特定数据，提高信息的安全性；可平滑地移植和扩展，在系统并发增加时提供动态资源扩展，以保证系统的稳定性。因此，应用程序接口被广泛应用于各类系统中，从操作系统到软件前后台系统间的交互，再到百度地图应用程序接口、天气应用程序接口等，为程序开发和数据使用提供了极大的便捷。

但应用程序接口也有不足之处，一方面应用程序接口需要用不同的语言进行封装，增加了设计的复杂度，因此只有在系统的复杂性达到一定程度的时候才能体现出它的优势；另一方面应用程序接口封装后会降低代码的可复用性，也可能会降低程序的执行效率。

> **拓展阅读：**
>
> 中铁大桥科研院有一个自研的用于管理业务数据的信息平台。他们面临一个问题——尽管有信息平台，却因为系统的独立性，数据的上传和备份需要依靠人工在 Excel 里来回操作，效率低。后来通过应用程序接口将简道云数据处理工具直接对接/接入公司数据库，数据可自动上传至信息平台并统一展示；再通过 webhook 把数据推送到服务器，实现了自动备份。
>
> 资料来源：https://www.zhihu.com/question/38594466/answer/487039892。

（三）应用程序接口的标准规范

以 CSMAR 数据平台为例，接口服务描述是提供方和调用方之间的规约，包含其提供的功能以及如何进行调用，以业务为导向，用与平台或技术无关的语言进行描述，也称接口说明文档，表 1.1.2 是常用的接口说明文档结构范式。

表 1.1.2　接口说明文档的结构范式

说明	释义	举例
接口中文名	体现接口服务的意义，通常少于 30 个汉字	数据预览
接口描述	清晰描述接口服务的业务功能	预览所查询到的数据表格
服务提供方	提供此接口服务的业务系统	CSMAR
服务等级	分为紧急、普通和低级	普通
接口函数	使用某功能接口时的具体函数	preview（tablename）
安全说明	提供调用此接口服务的必要条件	登录成功后才能调用此接口
调用权限	此接口的调用权限，此接口可以被哪些系统调用	公开，无权限设置
接口入参	使用接口函数所需输入的参数	databaseName（即数据库名称）
返回说明	请求被正确执行后返回的信息，以及发生错误时的错误返回码和错误说明	正确返回：展示查询结果

续表1.1.2

说明	释义	举例
返回码说明	错误码及对应说明	"01" NO_PERMISSION "02" QUERY_OUT_USAGE_RANGE "06" TABLE_NOT_EXIST
安全要求	描述此接口服务的安全要求	登录成功后才能调用此接口

二、Web Service 接口

Web Service 是一种跨语言和跨操作系统平台的远程调用技术,通过可编程的 Web 的应用程序,使用开放的 XML[①] 标准来描述、发布、发现、协调和配置应用程序。通过 Web Service 接口能使得运行在不同机器上的不同应用程序无须借助附加的、专门的第三方软件或硬件,就可实现数据的相互交换或集成。

(一) Web Service 接口的特点

随着应用程序的普及与开发技术的提升,越来越多的开发者开始偏爱基于 Web 浏览器的应用程序,这对使用者来说减少了编程语言成本,实现了跨平台语言对接。

Web Service 接口具有开放性、跨平台的特点,无论应用程序使用的语言、平台或内部协议是什么,均可在客户端与服务端自由地使用 HTTP 进行通信、交换数据。Web Service 接口容易部署,它基于一些常规的产业标准以及已有技术,诸如标准通用标记语言下的子集 XML、HTTP。相比于应用程序接口,Web Service 接口减少了开发接口的费用。此外,采用远程调用技术不用担心防火墙问题。

但是,Web Service 接口也有不足之处,输入参数必须与提供方接口所需参数保持一致,否则无法得到正确结果。

(二) Web Service 接口报文规范

当用户使用浏览器或应用程序时,Web Service 接口服务即使用 HTTP 构建一个请求/响应协议通道,用于与资源服务器交换信息。这个请求/响应协议也称为报文[②],报文中包含了所要传达的完整数据信息。下面就请求报文规范和响应报文规范进行详细介绍。

1. 请求报文规范

当一个 HTTP 客户端向服务器发送一个或多个请求(Request)时,这些请求以请求报文的形式发出。请求报文由"请求行""请求头""请求体"三部分组成,如图 1.1.1

[①] XML 全称 Extensible Markup Language,是一种用于标记电子文件使其具有结构性的可扩展标记语言。

[②] 报文(message)是网络中交换与传输的数据单元,即站点一次性要发送的数据块。报文包含了将要发送的完整的数据信息,其长短很不一致,长度不限且可变。

和表1.1.3所示,其中\r代表回车,\n代表换行。

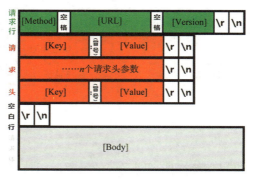

图1.1.1 Request->HTTP请求报文格式

表1.1.3 请求报文示例

# 请求行 	
POST　http://fdp.csmar.com/manage/api/login　HTTP/1.1
# 请求头 	
Accept：*/*
Accept-Encoding：gzip, deflate
Accept-Language：zh-CN, zh；q=0.9
Cookie：pgv_pvi=5355069440；__yjs_duid=1_27322124ab4b30caad384aaf2356708a1619427549944
Host：fdp.csmar.com
Referer：http://fdp.csmar.com/page/
User-Agent：Mozilla/5.0（Windows NT 6.1；Win64；x64）Chrome/67.0.3396.99
Content-Type：multipart/form-data
 	
# 请求体 	
name=tom&password=1234&captchaKey=zpmmx

(1) 请求行。

请求行由请求方式(Method)、网络地址(Request-URL)和版本(Version)构成。例如:

> POST　http://fdp.csmar.com/manage/api/login　HTTP/1.1

其中请求方式为"POST",URL网络地址为"http://fdp.csmar.com/manage/api/login",使用的网络协议为HTTP1.1版本。

1) 请求方式(Method)。请求行的第一个字段为请求方式,即Method。常见的请求方式有以下几种。

①GET：获取 URL 指定的资源，是最简单、最常用的方式。例如 get /index. jsp 表示请求/index. jsp 地址下的所有资源。使用 GET 时，还可将请求参数和参数对应值附加在 URL 地址后面，用于请求 URL 地址下某个特定的资源。具体方法是用一个"问号（?）"将 URL 地址和请求参数隔开，多个参数之间使用"与（&）"符号隔开。例如 get/index. jsp? username = holmofy&password = 123123，表示获取/index. jsp 地址下用户名为 holmofy，登录密码为 123123 的访客的资源。

②POST：提交信息或数据，请求服务器处理，通常用于提交表单或上传文件。例如 POST/index. html HTTP/1. 1 表示上传一个 index. html 文件。

拓展阅读：

GET 和 POST 的区别

GET 和 POST 是超文本传输协议（Hypertext Transfer Protocol，HTTP）中最常用的两个请求方式，两者在用途、数据限制、安全性等方面主要有以下几种区别。

（1）GET 用于从指定资源请求数据，不修改；POST 用于将数据发送到服务器来创建或更新资源。

（2）GET 中将通过 URL 携带参数，无须请求体，但是所提交的数据长度有限，最多只能有 1024 个字节；而 POST 将请求参数放在请求体中，通过请求体可以携带大量数据。

（3）GET 通过 URL 传递数据信息，隐私信息也直接暴露在 URL 中。例如 get/index. jsp? username = holmofy&password = 123123 中可以看出用户名和密码。而 POST 将请求消息放在消息体中，更加安全，参数不会被保存在浏览器历史或 Web 服务日志中。

（4）GET 请求可被缓存，并可将请求保留在浏览器历史记录中；POST 请求不会被缓存，不会保留在浏览器和历史记录中。

2）网络地址（Request-URL）。统一资源定位符（uniform resource locator，URL），是最常用的一种用于指定网络上信息位置的表示方式。比如百度搜索的 URL 地址是 https://www. baidu. com，1 + X 金融大数据处理证书考试平台的 URL 地址是 http://fdp. csmar. com/page。

3）版本（Version）。在这里指系统采用的版本号。其主要作用是处理兼容问题。相同名称的接口，在不同版本下的出入参数可能并不相同，为了下游访问方在使用过程中不会因为版本兼容而导致调用错误，需要在接口中带上版本号，这样新旧接口同时存在时，可通过版本号识别，互不影响。

拓展阅读：

HTTP 和 HTTPS 认知

超文本传输协议是互联网上应用最为广泛的一种网络协议，是客户端和服务器端请求和应答的标准，用于从万维网服务器传输超文本到本地浏览器，可以使浏览器更加高效，使网络传输减少。

HTTP 协议以明文方式发送内容，不提供任何方式的数据加密，容易被窃听、篡改和冒充。如果第三方截取了 Web 浏览器和网站服务器之间的传输报文，就可以直接读懂其中的信息并修改，甚至冒充他人身份进行通信。因此，HTTP 协议不适合传输一些敏感信息，比如信用卡号、密码等支付信息。

HTTPS 是以安全为目标的 HTTP 通道。简单地讲是 HTTP 的安全版，即 HTTP 下加入安全套接层协议（secure socket layer，SSL）构建的可进行加密传输、身份认证的网络协议，不仅可以建立一个信息安全通道来保证数据传输的安全，还可以确认网站的真实性。

（2）请求头。

HTTP 请求头由"Key：Value"格式组成，其中 Key 是字符串键，Value 是 Key 对应的数值，常见请求头有以下几种。

①Accept：显示客户端所能接受的文件类型，其 Value 用 MIME[①] 表示。比如 Accept：*/* 表示能接收所有类型的数据；Accept：image/jpeg 表示接受 JPEG 图片格式的数据。

②Accept-Encoding：显示客户端接受的压缩格式，对应的 Value 通常有 gzip、deflate、sdch、br 等压缩格式。例如 Accept-Encoding：gzip，deflate 表示接受 gzip、deflate 两种压缩格式。

③Accept-Language：显示客户端接受的语言格式，其 Value 按照 ISO 639—1 语言代码和 ISO 国家/地区代码标准编写。例如 zh-cn 表示简体中文，en-us 表示美国英文。

④Cookie：用来表示请求者的身份。它是系统为了辨别用户的身份，而存储在用户本地客户端上的加密数据，由用户客户端保存。

⑤Host：用于指定请求资源的主机名和端口号。比如 Host：ug.baidu.com 用于指定请求百度主机名。

⑥Referer：代表当前访问地址的上一个 URL 地址，也就是用户是从什么地方转到本页面的。例如登录 1+X 金融大数据处理证书考试平台（登录网址 http://fdp.csmar.com/page/）后，通过浏览器后台（按 F12）查询网络请求，发现 Referer：http://fdp.csmar.com，即当前页面是从 1+X 金融大数据处理证书考试平台的登录页面跳转而来的。

⑦User-Agent：用户请求的代理软件，包括用户的操作系统、浏览器等。比如 User-Agent：Mozilla/5.0（Windows NT 6.1；Win64；x64）Chrome/67.0.3396.99，表示用户的操作系统是 Windows 64 位系统，浏览器是 Chrome，版本号为 67.0.3396.99。

⑧Content-Type：表示请求实体的内容类型，决定浏览器以什么形式、什么编码读取这个文件。例如 Content-Type：multipart/form-data 表示以文件（form-data）形式上传；Content-Type：text/html，表示以 html 形式上传。

（3）请求体（body）。

请求体记录了请求的主体内容。例如请求体为"name = tom&password = 1234&captchaKey = zpmmx"，表示向资源服务器请求用户名为 tom，账号密码为 1234，验证码为 zpmmx 的用户的所有数据。

---

① MIME：多用途互联网邮件扩展类型（Multipurpose Internet Mail Extensions，MIME），用于设定某种拓展名文件的打开方式。例如，超文本标记语言文本.html 表示为 text/html；xml 文档.xml 表示为 text/xml；PDF 文档.pdf 表示为 application/pdf；JPEG 图形.jpeg 表示为 jpg image/jpeg；AVI 文件.avi 表示为 video/x-msvideo；GZIP 文件.gz 表示为 application/x-gzip。

2. 响应报文规范

客户端发出的 HTTP 请求，服务端接收后，向客户端返回一个 HTTP 响应报文。响应报文的组织格式如图 1.1.2 所示，其中 \r 代表回车，\n 代表换行。示例如表 1.1.4 所示。

Response

响应行	[Version] 空格 [Status] 空格 [Description] \r \n
响应头部	[Key] 冒号 [Value] \r \n
	……n 个请求头参数 \r \n
	[Key] 冒号 [Value] \r \n
空白行	\r \n
响应数据	[Body]

图 1.1.2　Response–>HTTP 响应报文格式

表 1.1.4　响应报文示例

```
# 响应行
HTTP/1.1 200 OK
# 响应头
Server: nginx/1.12.2
Content-Type: application/json; charset = UTF-8
Date: Tue, 25 Jan 2022 05:57:59 GMT
Content-Length: 574

# 响应体
{"code":200, "data":{"accountName": "admin", "accountNonLocked": true, "authorities":[], "enabled":0, "schoolId": null, "username": "admin"}, "message": "SUCCESS"}
```

（1）响应行。

响应行由版本号（Version）、响应码（Status）、描述（Description）三个部分组成。其中，响应的版本号与请求的版本号保持一致；响应码与描述配合使用，反映请求执行后返回状态和状态的文字说明，描述也常常被省略。下面重点介绍响应码。

状态码由三位数字组成，其第一位数字定义了响应的类型。响应主要有以下五类：信息响应（1××），成功响应（2××），重定向（3××），客户端错误（4××）和服务器错误（5××），具体含义如表 1.1.5 所示。

表 1.1.5　HTTP 协议的响应状态码

响应类别	含义	举例
1××	信息响应，表示请求已被服务器接受，但需要继续处理，范围为 100～101	100：Continue，客户端应继续请求 101：Switching Protocols，切换更高级协议
2××	成功响应，表示服务器成功处理了请求。范围为 200～206	200：OK，客户端请求成功 201：Created，已创建
3××	重定向响应，告诉客户端浏览器访问的资源已移动，并告知新的资源位置。客户端收到重定向响应后会重新对新资源发起请求。范围为 300～307	301：Moved Permanently，永久移动 302：Found，临时移动
4××	客户端错误，请求执行失败的提示，范围为 400～417	400：Bad Request，请求语法错误，服务器无法理解 401：Unauthorized，要求用户身份认证 404：Not Found，请求资源不存在
5××	服务器错误，表示客户端发送了有效的请求，但服务器自身出现错误，范围是 500～505	500：Internal Server Error，服务器内部错误 502：Bad Gateway，从远程服务器接收了一个无效的响应

（2）响应头。

响应头提供资源服务器的响应信息，如资源服务器的名称、响应时间、响应文件类型等，主要有以下几种。

①Server：服务器的名称，例如 Server：nginx/1.12.2。

②Content-Type：响应文档属于什么 MIME 类型。如 Content-Type：application/json；charset = UTF-8 表示响应文件为 JSON 数据格式和 UTF-8 数据格式。

③Content-Length：响应内容的长度，例如 Content-Length：574，表示响应内容为 574 个字节（byte）。

④Date：响应时间，例如 Date：Tue, 25 Jan 2022 05：57：59 GMT 表示响应时间是格林尼治时间（GMT）的 2022 年 1 月 25 日 5 点 57 分 59 秒。

（3）响应体。

响应体记录了请求的主体内容。例如：

> {"code": 200, "data": {"accountName": "admin", "accountNonLocked": true, "authorities": [ ], "enabled": 0, "schoolId": null, "username": "admin"}, "message": "SUCCESS"}，

对响应体解读如下：

①"code"：200，表示响应状态代码（code）为 200，即请求成功。

②返回的数据结构为"data"，其后的 Value 中有多个信息项，用花括号"{ }"整体括起来，多个信息项之间用逗号","隔开。其中"accountName": "admin"，表示登录账号（accountName）为 admin；"accountNonLocked": true，表示账号被锁定；"authorities": [ ]，表示权限（authorities）无限制；"enabled": 0，表示账号没有被禁用；"schoolId": null，表示学校未设置；"username": "admin" 表示用户名称为 admin。

③"message": "SUCCESS"，返回信息"SUCCESS"表示请求成功。

任务实施

前文"任务要求"环节给出了应用程序接口的说明文档表 1.1.1，现在结合本任务所学的知识对该说明文档进行解读。

（1）应用程序接口是一些预先定义的接口（如函数、HTTP 接口），用来实现从某个应用系统中获取资源或服务的功能，同时又无须访问源码或理解内部工作机制，具有易用、便捷的特点。

（2）表 1.1.1 中提供了一个预定义的应用程序接口函数 preview（tablename），用来实现从数据资源提供方（CSMAR）查询指定的数据表。该函数的使用没有设置安全权限，任何人都可查询。

查询执行后返回一个字典型数据结果，如果执行成功，返回查询到的数据值，并显示"成功"的信息，其响应码为 0；如果在数据库中查询不到该表，返回一个空数据和"输入的表名不存在"的信息，其响应码为 101。

任务小结

本任务主要介绍了数据接口调用的两种常用方法，分别是应用程序接口和 Web Service 接口。应用程序接口使用简单，但接口代码的复用性低，设计开发成本相对较高，适合较为复杂的系统；而 Web Service 接口开发成本相对较低。

此外，任务中对应用程序接口说明文档以及 Web Service 接口报文规范进行了较详细的介绍，以便为后续使用接口调用数据的案例实战打下知识基础。

任务实训

在希施玛金融大数据的 Web Service 接口 preview_table 中，如图 1.1.3 所示。在请求内容"tablename"处输入所需查询的股票数据表名称"stk_hkextosse_quotation"，点击执行"Execute"后返回执行结果。请你对照图 1.1.3 说一说请求报文的请求行、请求方式、请求地址是什么？响应行、响应头、响应体是什么？

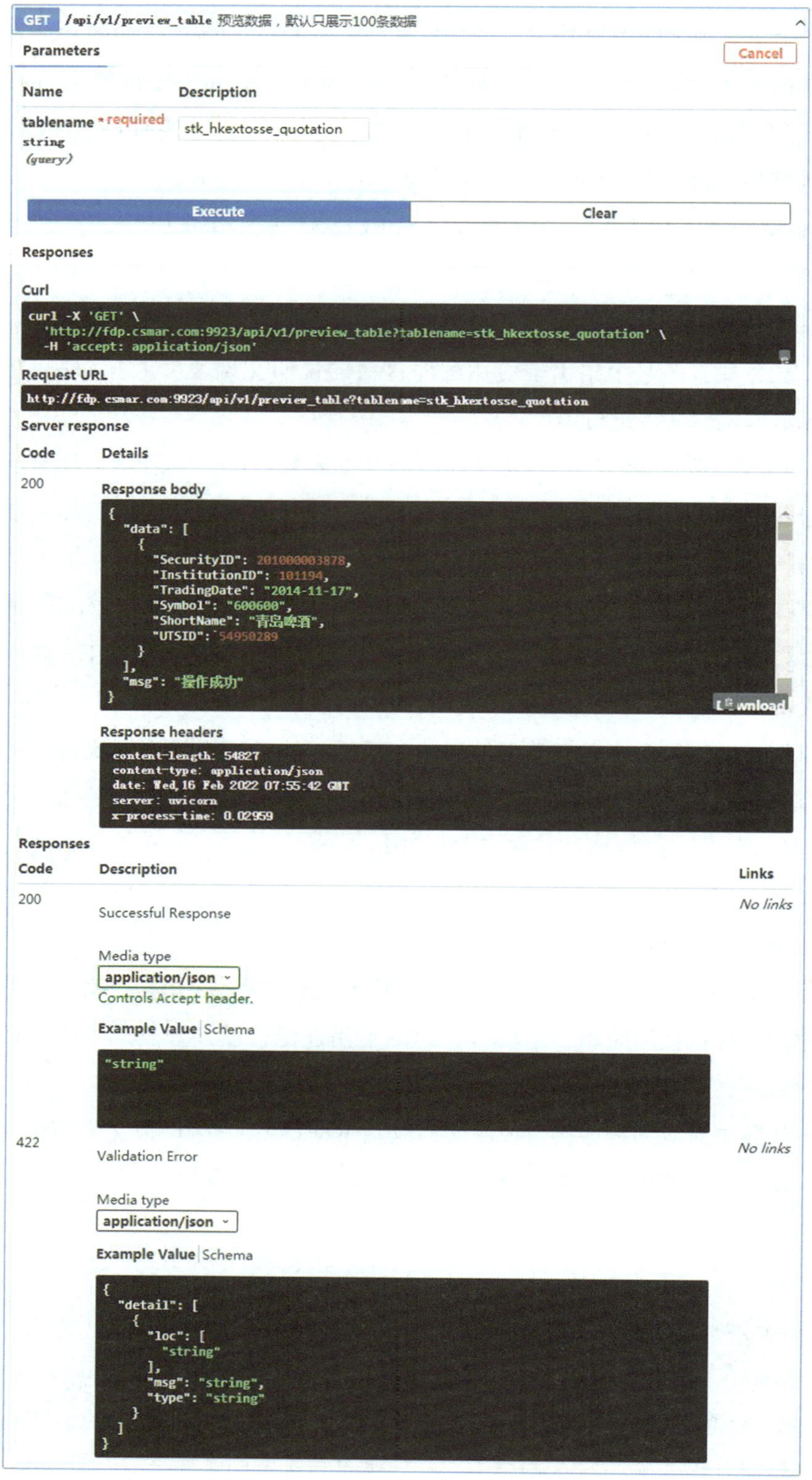

图 1.1.3　Web Service 接口报文示例

任务1.2　接口数据采集

任务要求……………………

数据采集是一切数据分析工作的基础，通过数据服务商提供的应用程序接口或Web Service接口，可以快速、便捷地获取所需的数据。本任务主要训练如何通过Python[①]编程语言调用数据接口获取数据。

（1）使用应用程序接口服务包OnePlusX，查看股票日行情交易表（stk_hkextosse_quotation）中股票代码为000001、交易日期为2016-12-05的收盘价数据。OnePlusX-Class模块中的部分函数如表1.2.1所示。

表1.2.1　CSMAR数据库的Python接口文档说明

函数名称	参数说明	函数说明
getTableList()	无	查看数据库中的所有表
getListFields(tablename='')	tablename是表名	查看指定表的字段列表
preview(tablename='')	tablename是表名	预览数据，默认查看100条
query(tablename='', fields='', conditions='', count=0)	tablename是表名，fields是查询字段名，conditions是查询条件，count是查询数据量，默认0表示不限	条件查询，根据参数指定条件查询数据
……	……	……

（2）使用Web Service接口调用方式，查看股票日行情交易表中股票代码为000001、交易日期为2016-12-05的收盘价数据。其中接口定义如图1.2.1所示，Web Service服务器地址为http://fdp.csmar.com：9923。

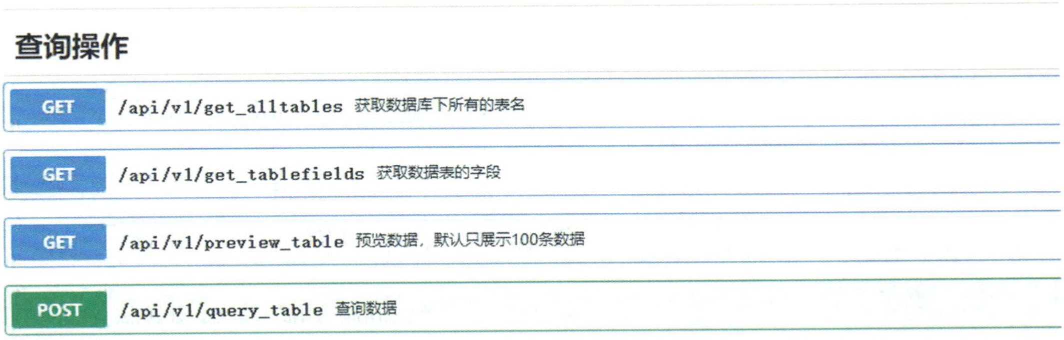

查询操作

GET　/api/v1/get_alltables　获取数据库下所有的表名

GET　/api/v1/get_tablefields　获取数据表的字段

GET　/api/v1/preview_table　预览数据，默认只展示100条数据

POST　/api/v1/query_table　查询数据

图1.2.1　CSMAR数据库的Web Service接口

---

①　Python是一门简洁而又强大的编程语言，凭借其扩展性强、第三方库丰富和免费开源等特点，在机器学习、数据挖掘、人工智能等领域有很大优势，已经成为最受欢迎的程序设计语言之一。目前Python有两个版本，分别是Python2和Python3，它们之间不完全兼容，Python3功能更加强大，本任务使用Python3。

必备知识

程序在开发过程中,代码越写越多,维护难度不断增加,为了提高代码的可维护性,及有效避免变量或函数重名引发的冲突,我们会把函数进行分组,放在不同的文件中,在 Python 中就有模块和包的概念。

一、Python 模块和包的概念

(一) Python 模块

Python 模块(Module),本质上是一个 Python 程序,以 .py 作为文件后缀,任何 py 文件都可以作为一个模块。模块能定义函数、类和变量,也能包含可执行的代码。使用模块可以隐藏代码细节,将一个较大的程序分为多个文件,提升代码的可维护性和可重用性。

Python 模块一共有三种,分别是 Python 内置模块(标准库)、第三方模块、应用程序/自定义的模块。

下面的例子为定义一个简单的 Python 模块 module1.py,该模块中定义了两个函数,分别是 print_func()打印函数和 sum()求和函数。

```
# 定义一个打印函数
def print_func (par):
    print ('Hello: ', par)
    return
# 定义一个求和函数
def sum (x, y):
    print ('sum: ', x + y)
    return x + y
```

(二) Python 包

在比较复杂的项目中常常需要使用大量的 Python 模块,Python 引入了按目录来组织模块的方法,称为包(package)。包是一个分层次的文件目录结构,它定义了一个由模块、子包、子包下的子包等组成的 Python 的应用环境。

简单来说,包就是文件夹,是用来管理和分类模块的。这个文件夹下必须存在__init__.py 文件,该文件用于标识当前文件夹是一个包。__init__.py 文件中的内容可以为空,也可以包含包内子模块的名称,通过目录的方式来组织众多的模块。

例如在电脑任意目录下创建一个名为 package_run 的文件夹(包),在 package_run 目录下创建 runtest1.py、runtest2.py、__init__.py 三个文件,目录结构如图 1.2.2 所示。

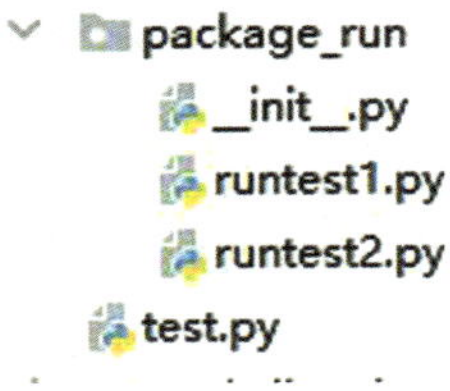

```
                    package_run
                         __init__.py
                         runtest1.py
                         runtest2.py
                    test.py
```

图 1.2.2　包目录

其中，runtest1.py 文件中的代码如下：

```
def test1 ():
    print ('I'm in runtest1')
def sum1 (x, y):
    print ('sum1: ', x + y)
    return x + y
```

runtest2.py 文件中的代码如下：

```
def test2 ():
    print ('I'm in runtest2')
def sum2 (x, y):
    print ('sum2: ', x + y)
    return x + y
```

package_run 目录下的 __init__.py 文件代码如下：

```
__all__ = ['runtest2']          # 定义加载子模块的名称
```

该文件中定义了使用 package_run 包时，可加载的子模块是 runtest2。
通过上述方法，建立了一个名为 package_run 的 Python 包。

二、包导入与函数引用

包定义好后，使用 Python 的 import 语句将包导入编译环境，其实质是导入该包下的 __init__.py 文件。import 导入语句通常写在 Python 代码文件最开始的地方，以便被引用的包在代码中能随时使用，提高编程的便利性。

（一）import 语句

对于已定义的包，可以使用 import 语句来导入包，语法为：

import 包名称

该方法导入包中 _ _init_ _. py 文件所定义的模块。此时要使用包中的模块下的函数,需要在函数名依次前缀上模块名、包名前缀,语法如下:

包名. 模块名. 函数名

例如导入上文构建的 package_run 包,并使月 test2 函数,语句如下:

```
# 导入自定义 Python 包 package_run
import package_run                          # 导入包
package_run. runtest2. test2（）            # 使用函数 test2
```

上述语句只导入 package_run 包中的 runtest2 模块,因为在 _ _init_ _. py 文件中只定义了_ _all_ _ =〔'runtest2'〕,此时 test1 和 sum1 函数是无法使用的。

上述语句执行后的输出结果为:

```
I'm in runtest2
```

（二）from…import 语句

使用 from…import 语句,可以从包中导入指定的模块,语法为:

from 包名称 import 模块名称

此时,只能使用被导入模块中的函数,而无法使用包中其他模块的函数。该方法可以避免不同包中定义了相同名称的函数,导致多次调包而出现函数混乱的情况。

使用函数时,在函数名前加模块名前缀即可,语法为:

模块名. 函数名

例如要导入包 package_run 下的 runtest1 模块,语句如下:

```
from package_run import runtest1            # 导入包
runtest1. test1（）                          # 使用函数 test1
```

此时,不会把整个 package_run 包导入当前空间,只会引入 runtest1 单个模块。输出结果为:

```
I'm in runtest1
```

（三）from…import * 语句

使用 from…import * 语句导入包中 _ _init_ _. py 文件所定义的模块,功能与 import 语句类似,但此时使用模块中的函数时,前缀只需加模块名即可。具体语法为:

from 包名称 import *
模块名.函数名

例如导入 package_run 包中的 runtest2 模块，并使用 test2 函数，语法如下：

```
from package_run import *            # 导入包
runtest2.test2（）                    # 使用函数 test2 函数
```

三、应用程序接口调用的 Python 包

Python 提供了种类多样的包，如用于发送 HTTP 请求的 Requests 包，用于数据计算和数据分析的 NumPy 包和 Pandas 包，用于绘图的 Matplotlib 包等。使用应用程序接口调用数据时，常用的是 Requests 包；需要将采集的数据输出到 Excel 文件中，则需要使用 Pandas 包；此外，要调用第三方的数据资源，还需要用到数据资源提供方所定义的接口函数服务包，下面依次进行介绍。

（一）Requests 包

Requests 专门用于发送 HTTP 请求，是一个很实用的 Python HTTP 客户端包，编写爬虫和测试服务器响应数据时经常会用到。Request 包中最常用的是 get 和 post 请求函数。

get 请求函数用于向服务器请求传送数据，使用方法为：

requests.get（url）

其中，参数 url 是拟获取页面的路径，不可省略。例如向百度网站发送数据请求，代码如下：

```
import requests                                      # 导入包
res = requests.get（url = 'http://www.baidu.com'）    # 向百度网站发送请求
```

post 请求函数向服务器传送数据，并且可以携带请求参数，使用方法为：

requests.post（url, data = None, json = None）

其中，参数 url 是拟获取页面的 URL 链接，不可省略；参数 data 是指定的获取条件，可以是字典、字节序列或文件，可省略，表示全部获取；参数 json 表示请求是以 json 形式发送 post 请求的。例如获取某平台上张三的信息，代码如下：

```
import requests                                              # 导入包
targetUrl = 'http://www.iyyyf.com'                           # 服务器地址
data = {
    'name': '张三',
    'age': 20,
}
response = requests.post（targetUrl, data = data）            # 向请求地址传递 data 参数
```

（二）Pandas 包

Pandas 是基于 NumPy 的包，该包提供了许多数据分析和探索的工具。本任务中使用 Pandas 包主要是将接口调取的数据写到 Excel 文件中，使用的函数为 df.to_excel，用法如下：

df.to_excel（excel_writer，sheet_name=0，columns=None，header=True，index=True）

其中：

① excel_writer：写入的路径对象，如'D:\data.xlsx'。

② sheet_name：将数据写入 Excel 文件某个指定的 sheet 中。

③ columns：需要写入文件的列索引，默认为 None，表示所有列都写入文件。

④ header：是否将列索引写入文件，默认为 True，表示写入列名。

⑤ index：是否将行索引写入文件，默认为 True，表示写入行索引。

例如将获取到的 Price 数据存储到电脑 D:\下，代码如下：

```
price.to_excel（'D:\price_data.xlsx'）
```

运行完成后，检查 D 盘根目录下是否生成了文件名为 price_data.xlsx 的文件。

> **拓展阅读：**
>
> NumPy 是 Python 的一个开源数值计算扩展包，可用来存储和处理大型矩阵，比 Python 自身的嵌套列表结构要高效得多，支持大量的维度数组与矩阵运算，此外还针对数组运算提供大量的数学函数。

（三）OnePlusX 包

OnePlusX 包是本任务中的数据资源方 CSMAR 数据公司所定义的数据接口服务包，包中封装了 OnePlusXService 类[①]，其中的 OnePlusXClass 模块包含了许多接口调用函数，包括查看数据表、查看表格字段、预览数据、条件查询等。

OnePlusX 包已内置于金融大数据处理实训软件中，可直接调用。而在开源的 Python 工具环境下，则需下载该服务包，安装后使用。

1. 查看数据表 getTableList

该函数用于查看数据库中的所有表，并输出查询结果列表。使用方式为：

getTableList（）

该函数无须输入任何参数。

---

① 类：是用来描述具有相同属性和方法的对象的集合，类提供了一种组合数据和功能的方法。

2. 查看表格字段 getListFields

该函数用于查询指定表中的字段名，并输出字段名的列表。使用方式为：

$$getListFields（tablename = '表名'）$$

其输入参数为表的名称，以字符串格式输入。

3. 预览数据 preview

该函数用于预览指定表中的数据。使用方式为：

$$preview（tablename = '表名'）$$

其输入参数为表的名称，以字符串格式输入。

4. 条件查询 query

该函数可以按输入参数所限制的条件查询指定的数据。使用方式为：

query（tablename = '表名'，fields = '字段名'，conditions = '查询条件'，count = 0）

其中：

① 参数 tablename 是表名。

② 参数 fields 是字段名，输入为字符串类型，多个字段名之间以逗号分隔，如 Symbol，TradingDate，ShortName；不填则默认查询所有字段。

③ 参数 conditions 是查询条件，多个查询条件之间以 and/or 相连接。

④ 参数 count 是查询的数据量，输入为 int 类型，不填则默认查询所有数据。

任务实施

现在分别使用应用程序接口和 Web Service 接口两种方式完成任务要求。其中所需使用的数据字段对照如表 1.2.2 所示。

表 1.2.2 字段对照

表字段英文名称	表字段中文名称	说明
SecurityID	证券 ID	希施玛编制的证券 ID
TradingDate	交易日期	
Symbol	证券代码	
ShortName	股票简称	
MarketLinkCode	市场通代码	
CurrencyCode	货币代码	
Filling	填充标识	0 = 不填充，1 = 非节假日填充，2 = 节假日填充
PreClosePrice	昨日收盘价（交易所）	
OpenPrice	开盘价	

续表1.2.2

表字段英文名称	表字段中文名称	说明
ClosePrice	收盘价	
HighPrice	最高价	
LowPrice	最低价	
Volume	成交量	
Amount	成交金额	
Change	涨跌	
ChangeRatio	涨跌幅	
IsOpen	市场通开闭状态	
TradingStatusID	交易状态ID	Q3401：可买入卖出；Q3402：只可卖出
TradingStatus	交易状态	

一、应用程序接口调用

OnePlusX 是数据提供方 CSMAR 数据公司用来支持 Python 调用应用程序接口而封装的服务包，OnePlusX 包中定义了 OnePlusXService 模块，该模块中包含的查看数据库中的所有表（getTableList）、查看数据表的字段列表（getListFields）、预览数据（preview）和查询数据（query）等函数（详见表1.2.1），恰好适用于本任务要求。

（一）查看数据库中的表

CSMAR 数据公司的数据库中包含了许多张表，通过 getTableList（）函数查看所需要的表 stk_hkextosse_quotation 是否在数据库中，代码如下：

```python
# 导入应用程序接口服务包
from OnePlusX. OnePlusXService import OnePlusXClass
# 初始化实例
oneplusx = OnePlusXClass（）

# 查看数据库中的所有表，调用 getTableList 方法
tables = oneplusx. getTableList（）
# 从返回字典数据中提取 data 值，即数据库中的所有表的名称
if tables ['state'] == = 0:              # 如果返回状态码 state 为 0，则查询成功，提取表名
    tablelist = tables ['data']
    for item in tablelist：              # 打印所有表的名称
        print（item）
```

执行结果如下：

```
{'table_name' : 'af_actual'}
{'table_name' : 'af_anaforefeature'}
{'table_name' : 'af_analystprofile'}
{'table_name' : 'af_bench'}
{'table_name' : 'stk_hkextosse_quotation'}
{'table_name' : 'stkock_info'}
```

从执行结果中可以看到，所需要的股票日行情交易表 stk_hkextosse_quotation 在数据库中。

> **拓展阅读：**
> 字典（dict）是 Python 提供的一种数据类型，用于存放有映射关系的数据，字典相当于两组数据，其中一组是键（key），另一组数据是值（value），可以通过 key 来进行访问。Python 访问字典元素的具体格式为：字典名[key]。
> for 循环常用于遍历字符串、列表、元组、字典、集合等序列类型，用于逐个获取序列中的各个元素。
> for 循环的语法格式如下：
>   for 变量 in 字符串 | 列表 | 元组 | 字典 | 集合
>   执行语句

（二）查看数据表的字段列表

查询股票日行情交易表（stk_hkextosse_quotation）中的所有字段，以确定所需的股票代码（Symbol）、交易日期（TradingDate）、收盘价（ClosePrice）的字段名是否在该表中。

查询代码如下：

```
# 查看股票日行情交易表 stk_hkextosse_quotation 字段列表
fielddata = oneplusx.getListFields（tablename = 'stk_hkextosse_quotation'）
# 从返回的字典中提取 data 值，即股票日行情交易表字段列表
if fielddata['state'] == 0:            # 如果返回状态码 state 为 0，则查询成功，提取字段名
    fieldlist = fielddata['data']
    for item in fieldlist:             # 打印所有字段信息
        print（item）
```

执行结果如图 1.2.3 所示，从中可以发现股票代码、交易日期、收盘价所对应的字段 Symbol、TradingDate、ClosePrice 确实在该表中。

```
{'Field': 'SecurityID', 'Type': 'decimal(20,0)', 'Null': 'YES', 'Key': '', 'Default': None, 'Extra': ''}
{'Field': 'InstitutionID', 'Type': 'decimal(20,0)', 'Null': 'YES', 'Key': '', 'Default': None, 'Extra': ''}
{'Field': 'TradingDate', 'Type': 'varchar(20)', 'Null': 'YES', 'Key': 'MUL', 'Default': None, 'Extra': ''}
{'Field': 'Symbol', 'Type': 'varchar(12)', 'Null': 'YES', 'Key': 'MUL', 'Default': None, 'Extra': ''}
{'Field': 'ShortName', 'Type': 'varchar(20)', 'Null': 'YES', 'Key': '', 'Default': None, 'Extra': ''}
{'Field': 'MarketLinkCode', 'Type': 'varchar(40)', 'Null': 'YES', 'Key': '', 'Default': None, 'Extra': ''}
{'Field': 'CurrencyCode', 'Type': 'varchar(40)', 'Null': 'YES', 'Key': '', 'Default': None, 'Extra': ''}
{'Field': 'Filling', 'Type': 'varchar(20)', 'Null': 'YES', 'Key': '', 'Default': None, 'Extra': ''}
{'Field': 'PreClosePrice', 'Type': 'decimal(10,3)', 'Null': 'YES', 'Key': '', 'Default': None, 'Extra': ''}
{'Field': 'OpenPrice', 'Type': 'decimal(10,3)', 'Null': 'YES', 'Key': '', 'Default': None, 'Extra': ''}
{'Field': 'ClosePrice', 'Type': 'decimal(10,3)', 'Null': 'YES', 'Key': '', 'Default': None, 'Extra': ''}
{'Field': 'HighPrice', 'Type': 'decimal(10,3)', 'Null': 'YES', 'Key': '', 'Default': None, 'Extra': ''}
{'Field': 'LowPrice', 'Type': 'decimal(10,3)', 'Null': 'YES', 'Key': '', 'Default': None, 'Extra': ''}
{'Field': 'Volume', 'Type': 'decimal(16,0)', 'Null': 'YES', 'Key': '', 'Default': None, 'Extra': ''}
{'Field': 'Amount', 'Type': 'decimal(20,0)', 'Null': 'YES', 'Key': '', 'Default': None, 'Extra': ''}
{'Field': 'Change', 'Type': 'decimal(10,3)', 'Null': 'YES', 'Key': '', 'Default': None, 'Extra': ''}
{'Field': 'ChangeRatio', 'Type': 'decimal(10,5)', 'Null': 'YES', 'Key': '', 'Default': None, 'Extra': ''}
{'Field': 'IsOpen', 'Type': 'varchar(12)', 'Null': 'YES', 'Key': '', 'Default': None, 'Extra': ''}
```

图 1.2.3 stk_hkextosse_quotation 表中字段信息

（三）根据条件查询数据

使用 query（ ）函数查询股票代码 Symbol 为 000001，交易日期 TradingDate 为 2016 – 12 – 05 的收盘价 ClosePrice 对应的数据，代码如下：

```
# tablename 赋值'stk_hkextosse_quotation'
# fields 赋值 Symbol, TradingDate, ClosePrice
# conditions 赋值 Symbol = '000001' and TradingDate = '2016 – 12 – 05'
# count 不填，默认查询所有数据
query = oneplusx. query( tablename = 'stk_hkextosse_quotation', fields = 'Symbol, TradingDate, ClosePrice', conditions = "Symbol = '000001' and TradingDate = '2016 – 12 – 05'")
# 从返回字典数据中提取 data 值，即带条件查询的数据
if query['state'] == 0:          # 如果返回状态码 state 为 0，则查询成功，提取查询的数据
    querydata = query['data']
    for item in querydata:       # 打印查询的数据
        print（item）
```

执行结果如下所示，找到了代码为 000001 的股票在 2016 – 12 – 05 的收盘价为 9.46 元。

```
['Symbol'：'000001', 'TradingData'：'2016 – 12 – 05', 'ClosePrice'：9.46]
```

二、Web Service 服务调用

CSMAR 数据公司提供了基于 Web Service 服务的应用程序接口，服务器地址为 http://fdp.csmar.com：9923。调用 Web Service API 一般使用 Python 中的 Requests 库。

（一）查询库中的表

从图 1.2.1 的接口说明中可以得知，用于查询数据库中的表的接口名称为 /api/v1/get_tablefields，请求方式为 get。编写代码向服务器发送请求，代码如下：

```
import requests                                    # 导入 requests 包
# 拼接目标服务器和请求的地址，获得最终的请求 URL
serverUrl = 'http://fdp.csmar.com:9923'            # Web Service 服务器地址
apiTableUrl = '/api/v1/get_alltables'              # 请求地址
Url1 = serverUrl + apiTableUrl                     # 拼接两个地址
# 调用 requests 库的 get 方法发送请求
response = requests.get（Url1）
```

请求成功后，解析返回的 JSON 字符串，获取响应内容。

```
# 获取返回结果 response 的 JSON 对象
result = response.json()
# 获取 JSON 数据的 data 内容
if result['state'] == 0:        # 如果返回响应码 state 为 0，则查询成功，提取查询的数据
    data = result['data']
    for item in data:           # 打印查询的数据
        print（item）
```

执行结果如下所示，可以看到所需要的股票日行情交易表 stk_hkextosse_quotation 在数据库中。

```
{'table_name': 'af_actual'}
{'table_name': 'af_anaforefeature'}
{'table_name': 'af_analystprofile'}
{'table_name': 'af_bench'}
{'table_name': 'stk_hkextosse_quotation'}
{'table_name': 'stkock_info'}
```

（二）查询数据表中的字段

从图 1.2.1 的接口说明中可以得知，用于查询数据表中的字段所使用的接口名称为 /api/v1/get_tablefields，请求方式为 get。编写代码向服务器发送请求，代码如下：

```
import requests                                    # 导入 requests 库
# 拼接目标服务器和请求的地址，获得请求地址
serverUrl = 'http://fdp.csmar.com：9923'           # Web Service 服务器地址
apifieldUrl = '/api/v1/get_tablefields'            # 请求地址
targetUrl = serverUrl + apifieldUrl                # 拼接两个地址
# 将表名与地址拼接，得到最终的请求 Url
tablename = 'stk_hkextosse_quotation'              # 要查询的表名
Url2 = targetUrl + '?tablename=' + tablename       # 其中？tablename＝是 CSMAR 数据公司 Web
                                                   #  Service 服务的请求参数

# 调用 requests 库的 get 方法发送请求
response = requests.get（Url2）
```

请求成功后，解析返回的 JSON 字符串，获取响应内容。

```
# 获取返回结果 response 的 json 对象
result = response.json（）
# 获取 JSON 数据的 data 内容
if result ['state'] == 0:          # 如果返回状态码 state 为 0，则查询成功，提取查询的数据
    data = result ['data']
    for item in data：             # 打印查询的数据
        print（item）
```

执行结果如图 1.2.4 所示，可以从中发现股票代码、交易日期、收盘价所对应的字段 Symbol、TradingDate、ClosePrice 确实在该表中。

```
执行结果：
{'Field': 'SecurityID', 'Type': 'decimal(20,0)', 'Null': 'YES', 'Key': '', 'Default': None, 'Extra': ''}
{'Field': 'InstitutionID', 'Type': 'decimal(20,0)', 'Null': 'YES', 'Key': '', 'Default': None, 'Extra': ''}
{'Field': 'TradingDate', 'Type': 'varchar(20)', 'Null': 'YES', 'Key': '', 'Default': None, 'Extra': ''}
{'Field': 'Symbol', 'Type': 'varchar(12)', 'Null': 'YES', 'Key': 'MUL', 'Default': None, 'Extra': ''}
{'Field': 'ShortName', 'Type': 'varchar(20)', 'Null': 'YES', 'Key': '', 'Default': None, 'Extra': ''}
{'Field': 'MarketLinkCode', 'Type': 'varchar(40)', 'Null': 'YES', 'Key': '', 'Default': None, 'Extra': ''}
{'Field': 'CurrencyCode', 'Type': 'varchar(40)', 'Null': 'YES', 'Key': '', 'Default': None, 'Extra': ''}
{'Field': 'Filling', 'Type': 'varchar(20)', 'Null': 'YES', 'Key': '', 'Default': None, 'Extra': ''}
{'Field': 'PreClosePrice', 'Type': 'decimal(10,3)', 'Null': 'YES', 'Key': '', 'Default': None, 'Extra': ''}
{'Field': 'OpenPrice', 'Type': 'decimal(10,3)', 'Null': 'YES', 'Key': '', 'Default': None, 'Extra': ''}
{'Field': 'ClosePrice', 'Type': 'decimal(10,3)', 'Null': 'YES', 'Key': '', 'Default': None, 'Extra': ''}
{'Field': 'HighPrice', 'Type': 'decimal(10,3)', 'Null': 'YES', 'Key': '', 'Default': None, 'Extra': ''}
{'Field': 'LowPrice', 'Type': 'decimal(10,3)', 'Null': 'YES', 'Key': '', 'Default': None, 'Extra': ''}
{'Field': 'Volume', 'Type': 'decimal(16,0)', 'Null': 'YES', 'Key': '', 'Default': None, 'Extra': ''}
{'Field': 'Amount', 'Type': 'decimal(20,0)', 'Null': 'YES', 'Key': '', 'Default': None, 'Extra': ''}
{'Field': 'Change', 'Type': 'decimal(10,3)', 'Null': 'YES', 'Key': '', 'Default': None, 'Extra': ''}
{'Field': 'ChangeRatio', 'Type': 'decimal(10,5)', 'Null': 'YES', 'Key': '', 'Default': None, 'Extra': ''}
{'Field': 'IsOpen', 'Type': 'varchar(12)', 'Null': 'YES', 'Key': '', 'Default': None, 'Extra': ''}
{'Field': 'TradingStatusID', 'Type': 'varchar(20)', 'Null': 'YES', 'Key': '', 'Default': None, 'Extra': ''}
{'Field': 'TradingStatus', 'Type': 'varchar(40)', 'Null': 'YES', 'Key': '', 'Default': None, 'Extra': ''}
{'Field': 'UPDATEID', 'Type': 'int(11)', 'Null': 'NO', 'Key': 'PRI', 'Default': None, 'Extra': ''}
```

图 1.2.4　Web Service API 查询数据字段

（三）查询数据

从图 1.2.1 的接口说明中可以得知，用于查询数据的接口名称为/api/v1/query_table，请求方式为 post。

现查询股票代码（Symbol）为 000001，交易日期（TradingDate）为 2016-12-05 的股票收盘价（ClosePrice）。编写代码向服务器发送请求，代码如下：

```
import requests                                    # 导入 requests 库
# 定义请求的 url
serverUrl = 'http://fdp.csmar.com:9923'            # Web Service 服务器地址
apiUrl = '/api/v1/query_table'                     # 请求地址
targetUrl = serverUrl + apiUrl                     # 拼接两个地址
# 定义请求的条件
tablename = 'stk_hkextosse_quotation'              # 查询的表名
fields = 'Symbol,TradingDate,ClosePrice'           # 查询的字段
conditions = " Symbol = '000001' and TradingDate = '2016-12-05'"    # 查询的条件
# 构建 data 数据，为 post 发送请求准备数据
data = {
    'tablename': tablename,
    'fields': fields,
    'conditions': conditions
}
# 用 post 请求 targetUrl 并传递 data 参数
response = requests.post(targetUrl, data = params)
```

请求成功后，解析返回的 JSON 字符串。

```
# 获取返回结果 response 的 JSON 对象
result = response.json()
# 获取 JSON 数据的 data 内容
if result['state'] == 0:                           # 如果返回响应码 state 为 0，则查询成功，提取数据
    data = result['data']
    for item in data:                              # 打印查询的数据
        print(item)
```

执行结果如下，可以看到查询出了代码为 000001 的股票在 2016 年 12 月 5 日的收盘价为 9.46 元。

```
['Symbol': '000001', 'TradingData': '2016-12-05', 'ClosePrice': 9.46]
```

三、保存数据文件

上述两种方法查询的数据还需将其转换为数组形式，然后导出存储成为本地 Excel 文件，步骤如下。

(一) 数据提取

把 data 变量中的数据解析到自定义的数组 querydata 中,并去掉每个数据前面的关键字。代码如下:

```
# 自定义股票交易信息数组 querydata
querydata = []
# 遍历 data,取股票代码 Symbol、交易日期 TradingDate、收盘价 ClosePrice、数据写入变量 querydata
for re in data:
    Symbol = re['Symbol']
    TradingDate = re['TradingDate']
    ClosePrice = re['ClosePrice']
    querydata.append([Symbol, TradingDate, ClosePrice])

# 打印自定义股票交易信息数组 querydata
for item in querydata:
    print(item)
```

执行结果如下,可以看到查询结果删除了字段的英文名,只保留了数据值。

```
['000001', '2016-12-05', 9.46]
```

(二) 数据存储为 Excel 文件

最后使用 .to_excel 函数,把 querydata 中的数据保存到"股票交易.xlsx"文件中,代码如下:

```
import pandas                    # 导入 pandas 库
# 通过 pandas.DataFrame 函数构建 df 对象,其中数据为股票交易信息数组 querydata,自定义 Excel 表头['股票代码','交易日期','收盘价格']
df = pandas.DataFrame(querydata, columns=['股票代码','交易日期','收盘价格'])
# 数据写入 Excel,文件名为"股票交易.xlsx",sheet 名为"股票交易信息",不显示行索引
df.to_excel('股票交易.xlsx','股票交易信息', index=False)
```

执行结果如图 1.2.5 所示。

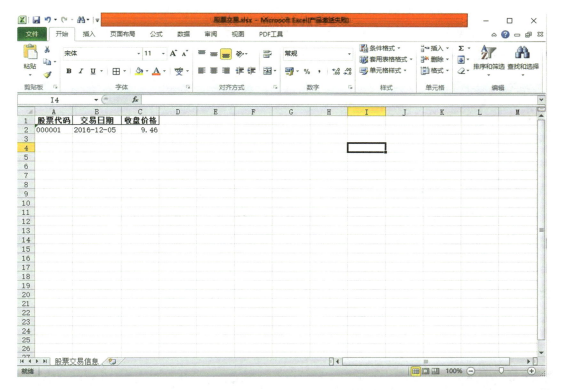

图 1.2.5 把数据存储到 Excel 表格中

任务小结

本任务首先介绍了 Python 模块和包的基本概念;然后介绍了导入包以及使用包中函数的方法;在此基础上介绍了 API 数据调用中所需要用的包,以及包中的常用函数;最后通过一个具体的实训任务,详细讲解了使用应用程序接口和使用 Web Service 接口两种方法获取指定数据的方法。通过本任务的学习,希望读者能够初步掌握用 Python 编写代码,调用接口获取数据的方法。

此外,Python 的 Pandas 包的内容非常丰富,本任务只介绍了其中的几个常用函数,更多的内容将会在后续的章节中进行讲述。

任务实训

请在金融大数据处理实训平台上调用 CSMARAPI 包,完成以下操作:

(1) 登录 CSMARAPI 账号,查看已购买的数据库。

(2) 查询 TRD_Co(公司文件表)的字段列表。

(3) 查询 TRD_Co(公司文件表)中股票代码为 000001,时间为:2010 年 1 月 1 日至 2016 年 12 月 31 日的数据。

CSMARAPI 包是 CSMAR 数据公司封装的 Python 服务包,包含用户登录函数、查看已购买的数据库名称、查看已购买的数据表名称、查看已购买数据表中所有的字段、查询已购买的数据表数据、下载数据并获取打包等功能，用户可在 CSMAR 数据库官网下载，也可以在金融大数据处理实训平台直接使用。

任务1.3 结构化数据处理

任务要求……………………

消费者物价指数 CPI（consumer price index）又称为居民消费价格指数，是反映一定时期内城乡居民所购买的生活消费品和服务项目价格变动趋势和程度的相对数。通过该指数，可以观察和分析消费品的零售价格和服务项目价格变动对城乡居民实际生活费支出的影响程度。假如你是一名数据分析师助理，现在有一个全国各地区（不含港澳台）食品 CPI 2016—2020 年数据表格（见表1.3.1），请对表中数据进行预处理，使得后续分析不会因为数据质量问题而出现偏差。

表 1.3.1 2016—2020 年全国各地区（不含港澳台）食品 CPI 情况

指标	地区	2016 年	2017 年	2018 年	2019 年	2020 年
食品	辽宁省	103	98.7	102.331	106.1	107.4
食品	山西省	103.3	98	101.962	106.3	106.93
食品	内蒙古自治区	102.6	99.32	102.341	105.4	105.7
食品	北京市	103.3	99.44	102.906	1052	105.7
食品	天津市	102.8	99.9	103.378	104.6	106.5
食品	河北省	103%	98.75%	102.174%	105.9%	107.1%
食品	黑龙江省	103.1	97.31	100.694	107.4	108
食品	吉林省	103.6	97.9	101.235	107.5	107.5
食品	上海市	104.8	100.7	102.513	105	105.3
食品	江苏省	104.7	99.23		107.1	109.15
食品	浙江省	105.1	99.1	102.605	106.2	107.4
食品	福建省	104.7	97.9	101.721	107.3	107
食品	安徽省	104.6	97.46	102.099	107.1	108.4
食品	山东省	104.3	98.3	102.36	107.9	109.5
食品		105.6	98.5	100.585	107.8	108.8
食品	河南省	104.1	96.84	101.225	107.4	108.5
食品	湖北省	105.4	98.3	101.597	107	109.33
食品	湖南省	105.3	98.7	100.793	107.32	108.3
食品	广东省	105.9	98.9	101.805	108.14	109.1

续表 1.3.1

指标	地区	2016 年	2017 年	2018 年	2019 年	2020 年
食品	广西壮族自治区	104.3	98.53	100.425	109.5	109.2
食品	重庆市	104.7	97	101.351	109.6	107.9
	重庆市	104.73	97.0	101.4	109.6	107.9
	海南省	106.1	99.3	100.907	108.12	108.4
食品	青海省	102.4	99.5	103.286	105.3	106.5
食品	云南省	104.3	99.83	100.224	106.6	111.6
食品	四川省	105	97.2	101.329	108.9	111
食品	西藏自治区	104.41	101.1	101.739	103.3	104.8
食品	宁夏回族自治区	103.2	99	103.282	108.44	105.4
食品	陕西省	103.3	98.2	101.896	105.6	107.6
食品	新疆维吾尔自治区	101.56	100.8	102.826	106.3	
	贵州省	104.5	99.21	100.346	106.4	110.3
食品	甘肃省	104	99.4	100.901	105.4	106.4

备注：以上数据根据国家统计局年度数据改造而得，不代表真实数据。

必备知识

结构化数据，是指可以使用二维表结构表示和存储的数据。结构化数据具有易于输入、存储、查询和分析的特点，因此在现实世界中被广泛应用。[①] 比如企业的财务报表、学校教务系统的学生成绩表等。表 1.3.2 所示五种开放式基金收益情况，即为典型的二维表结构数据。

表 1.3.2　五种开放式基金收益情况（结构化数据示例）

序号	基金代码	基金简称	日期	单位净值（元）	累计净值（元）	日增长率（%）	近1周（%）	近1月（%）	近3月（%）	近6月（%）
1	005669	前海开源公用	12-08	3.6315	3.6315	3.21	0.63	7.33	11.51	85.53
2	000689	前海开源新经	12-08	3.6595	3.7695	1.87	-1.35	5.26	12.83	83.99
3	001933	华商新兴活力	12-08	3.0780	3.0780	2.53	-2.04	4.66	13.37	74.79
4	001822	华商智能生活	12-08	3.2220	3.2220	2.58	-2.01	4.54	14.74	72.48
5	001704	国投瑞银进宝	12-08	4.8465	4.8715	2.13	-4.22	4.92	-6.06	71.56

其中横向所有单元数据组成的数据集称为"行"，纵向所有单元数据组成的数据集称为"列"。表 1.3.2 可表述为 5（行）×11（列）结构，其他表格的表述以此类推。

[①] 郝爽、李国良、冯建华等：《结构化数据清洗技术综述》，载《清华大学学报（自然科学版）》2018 年第 12 期。

要使用 Python 语言对表结构的数据进行处理，首先需要了解 Python 语言中是如何创建及表达表格型数据的，即 Pandas 库的 DataFrame 数据结构。

一、DataFrame 数据结构

使用 DataFrame 首先需要导入 Pandas 包。Pandas 是 Python 的一个数据分析包，内含大量库和一些标准的数据模型，提供大量能够快速便捷地处理数据的函数和方法。

DataFrame 是 Pandas 中一种表格型数据结构[①]，它包含已排序的列集合，每列可以是不同的值类型（如数值、字符串、布尔值等），其结构类似 Excel 文件中的表格，是结构化数据在 Python 语言中的一种表现形式。同时，DataFrame 类也是利用 Python 进行数据分析时最常用的类结构，它有着功能强大、方便快捷的数据处理函数。本节后续的代码示例都是基于对 DataFrame 对象的处理。

（一）字典方式构建 DataFrame 对象

通过创建字典、读取文件等多种方式均可构建 DataFrame 对象，其中最常用的是利用字典创建。

1. 构造方式

字典（dictionary）是 Python 内存放具有映射关系的表结构数据的常用方式。字典中保存了两组数据，一组数据是关键字"key"，另一组是 key 所对应的值"value"。以键值对 {key1：value1，key2：value2，…} 的形式展现。

构建 DataFrame 对象时，先定义数据字典，再将字典转化为 DataFrame 对象，流程如下。

（1）以表格中的列名称作为关键字"key"，列名称下的数据集合作为值"value"。value 中的多个数据用中括号（[ ]）括起来，数据之间以逗号（,）隔开，即

{列名称 A：[数据 A1，数据 A2，…]，

　列名称 B：[数据 B1，数据 B2，…]，…}

数据字典构造好后用等号（=）赋值给一个变量，如 data。

（2）通过 frame = pd.DataFrame（data）语句将字典 data 转化为 DataFrame 对象格式的变量 frame。

该方法简单直观，但只适用于数据量较小的情况。根据表 1.3.2 的数据，利用字典的构造创建一个 DataFrame 对象，具体代码如下：

[①] Wes McKinney：《利用 Python 进行数据分析》（第 2 版），徐敬一译，机械工业出版社 2018 年版。

```
import pandas as pd                    # 导入 pandas 包，并将其简称为 pd
# 定义一个变量 data，对表 1.3.2 中的部分数据进行模拟
    data = {
        '序号': [1, 2, 3, 4, 5],
        '基金代码': ['005669', '000689', '001933', '001822', '001704'],
        '基金简称': ['前海开源公用', '前海开源新经', '华商新兴活力', '华商智能生活', '国投瑞银进宝'],
        '日期': ['12-8', '12-8', '12-8', '12-8', '12-8'],
        '单位净值': [3.6315, 3.6595, 3.0780, 3.2220, 4.8465],
        '累计净值': [3.6315, 3.7695, 3.0780, 3.2220, 4.8715]
        }
    df = pd.DataFrame(data)            # 将变量 data 建为 DataFrame 形式，并将新构造的数据表定义为变
                                       # 量 df
    print(df)                          # 将构造好的 df 变量中的内容输出
```

运行以上代码，结果如下：

索引

	序号	基金代码	基金简称	日期	单位净值	累计净值
0	1	005669	前海开源公用	12-8	3.6315	3.6315
1	2	000689	前海开源新经	12-8	3.6595	3.7695
2	3	001933	华商新兴活力	12-8	3.0780	3.0780
3	4	001822	华商智能生活	12-8	3.2220	3.2220
4	5	001704	国投瑞银进宝	12-8	4.8465	4.8715

运行结果中发现，DataFrame 会自动在最左侧增加一个从 0 开始的序号列，来标示行的索引号。

拓展阅读：

字典构建时，多个键值对"key: value"列示在花括号内，并以逗号（,）隔开。例如：
d = {'姓名': '张三', '账号': '100010'}

上述例子中，通过 {} 定义了一个名字为 d 的字典对象，"姓名""账号"为这个字典对象的 key。其中，"姓名"对应的 value 为"张三"，"账号"对应的 value 为"100010"。key 和 value 通过冒号（:）建立映射关系，多个 key-value 之间通过逗号（,）进行分隔。同时要注意 Python 语言中要使用英文符号，字符型数据要以英文单引号引用。

当同一个 key 对应的 value 为多个值时，使用形如 [数据1, 数据2, …] 的列表结构来表示。例如：
d2 = {'姓名': ['张三', '李四'], '账号': ['100010', '100011']}

由于字典中的 key 是非常关键的数据，而且程序需要通过 key 来访问 value，因此字典中的 key 不允许重复，但是 value 可以重复。

输出结果的行、列索引值默认从 0 开始。

2. 自定义索引进行部分构造

在构建 DataFrame 对象过程中，通过设置参数 index 和 columns 可以自定义行和列的索引值，并抽取数据字典的部分内容构造 DataFrame 对象，具体用法如下：

$$pd.DataFrame（data，index = None，columns = None）$$

其中：

① data：传入的数据，可以是字典、列表、数组等格式。

② index：指定行标签，也叫行索引。当 index 缺省时，Pandas 自动生成从 0 开始的整数行索引；当使用 index = ［n1，n2，…］形式时，表示指定 n1、n2…为行索引，n 的个数要与 data 的行数相同，此时第一行的索引为 n1，第二行的索引为 n2，以此类推。

③ columns：是指定列索引。当 columns 缺省时，Pandas 自动生成从 0 开始的整数列索引；与 index 不同的是，当使用 columns = ［n1，n2，…］形式时，n 的个数可以小于或等于 data 的列数，表示取部分数据生成 DataFrame 对象。

例如给上文生成的基金数据设置大写中文的行索引，代码如下：

```
# 选择字典 data 中的四列并调整原字典的默认列顺序，行索引用大写的中文序号表示
frame1 = pd.DataFrame（data，index = ['一'，'二'，'三'，'四'，'五']）
print（frame1）
```

运行结果如下：

	序号	基金代码	基金简称	日期	单位净值	累计净值
一	1	005669	前海开源公用	12－8	3.6315	3.6315
二	2	000689	前海开源新经	12－8	3.6595	3.7695
三	3	001933	华商新兴活力	12－8	3.0780	3.0780
四	4	001822	华商智能生活	12－8	3.2220	3.2220
五	5	001704	国投瑞银进宝	12－8	4.8465	4.8715

又比如通过指定列索引 columns 的值，指定部分列进行 DataFrame 对象构造，并指定列的排序方式。代码如下：

```
# 选取字典 data 中的四列数据构造新的 DataFrame 对象，并指定列的顺序
frame2 = pd.DataFrame（data，columns = ['序号'，'基金简称'，'单位净值'，'基金代码']）
print（frame2）
```

运行结果如下：

	序号	基金简称	单位净值	基金代码
0	1	前海开源公用	3.6315	005669
1	2	前海开源新经	3.6595	000689
2	3	华商新兴活力	3.0780	001933
3	4	华商智能生活	3.2220	001822
4	5	国投瑞银进宝	4.8465	001704

再比如行列同时指定，给定行索引并选取部分数构造 DataFrame 对象。

```
# 复用上文案例中的字典 data，重新建构一个名为 df 的 DataFrame 对象
frame3 = pd.DataFrame (data, index = ['一', '二', '三', '四', '五'], columns = ['基金简称',
'单位净值', '基金代码'])
print (frame3)
```

运行结果如下：

	基金简称	单位净值	基金代码
一	前海开源公用	3.6315	005669
二	前海开源新经	3.6595	000689
三	华商新兴活力	3.0780	001933
四	华商智能生活	3.2220	001822
五	国投瑞银进宝	4.8465	001704

（二）DataFrame 中数据的获取

DataFrame 中通过不同的索引类型可定位所需数据的行与列，并获取对应的数据。表 1.3.3 是常用来获取数据表中元素的方式，下面进行示例说明。

表 1.3.3　DataFrame 索引选项

类型	描述
df［columns］［index］	获取 DataFrame 对象 df 中列索引值为 columns，行索引值为 index 的数据。其中［index］可以缺省，当［index］缺省时： ① df［columns］表示获取列索引为 columns 的单列数据 ② df［［columns1, columns2, …］］表示获取 columns1, columns2, … 多列数据
df.loc［index, columns］	获取 df 中行索引值为 index，列索引值为 columns 的数据。 ① 当 columns 缺省时，df.loc［index］表示取行索引值为 index 的所有列的数据 ② 当 index 缺省时，df.loc［:, columns］表示取列索引值为 columns 的所有行的数据

续表1.3.3

类型	描述
df.iloc［val1，val2］	获取 df 中行索引位置为 val1，列索引位置为 val2 的数据，只接受从 0 开始的整数。 ① 当 val2 缺省时，df.iloc［val1］表示取第 val1 行所有列的数据 ② 当 val1 缺省时，df.iloc［：，val2］表示取第 val2 列所有行的数据

1. 获取 DataFrame 的某一列或多列数据

获取上文 DataFrame 对象 frame3 中所有基金简称列的数据，代码如下：

```
print（frame3［'基金简称'］）
print（frame3.loc［：，'基金简称'］）
print（frame3.iloc［：，0］）          #"基金简称"这一列在 frame3 中位于第一列，因此位置序号为 0
```

运行结果均为：

```
一    前海开源公用
二    前海开源新经
三    华商新兴活力
四    华商智能生活
五    国投瑞银进宝
```

获取上文 DataFrame 对象 frame3 中所有基金简称和基金代码数据，代码如下：

```
print（frame3［［'基金简称'，'基金代码'］］）        #注意有多个列名时需要使用［］来表示
print（frame3.loc［：，［'基金简称'，'基金代码'］］）
print（frame3.iloc［：，［0，2］］）        #"基金简称"和"基金代码"在 frame3 中位于第 1 列和第 3 列，因此位置序号为 0 和 2
```

运行结果如下：

```
     基金简称      基金代码
一    前海开源公用   005669
二    前海开源新经   000689
三    华商新兴活力   001933
四    华商智能生活   001822
五    国投瑞银进宝   001704
```

2. 获取 DataFrame 的某一行或多行数据

获取上文 DataFrame 对象 frame3 中第 2 行的数据，代码如下：

```
print（frame3.loc['二']）          # 第 2 行的行索引值为"二"
print（frame3.iloc[1]）            # Python 中位置序号从 0 开始，因此第 2 行在序列位置中记为 1
```

运行结果均为：

```
基金简称      前海开源新经
单位净值      3.6595
基金代码      000689
```

获取上文 DataFrame 对象 frame3 中第 2、3 行的数据，代码如下：

```
print（frame3.loc[['二','三']]）   # 注意有多个列名时需要使用 [ ] 来表示
print（frame3.iloc[[1,2]]）        # 第 2、3 行的位置记为 1、2
```

运行结果为：

```
       基金简称    单位净值    基金代码
二    前海开源新经   3.6595    000689
三    华商新兴活力   3.0780    001933
```

3. 获取 DataFrame 指定行指定列的数据

获取上文 DataFrame 对象 frame3 中"华商新兴活力"基金的单位净值：

```
print（frame3['单位净值']['三']）      # 获取列索引"单位净值"，行索引"三"
print（frame3.loc['三']['单位净值']）
print（frame3.iloc[2,1]）
```

运行结果为：

```
3.078
```

DataFrame 中有多种方式访问数据，需要根据不同的索引类型确定行和列的使用顺序以及使用行和列的索引值或位置序号。

二、数据的读写

除了字典方式构造 DataFrame 对象之外，还可以通过 Pandas 提供的多种读写函数将表格型数据读取为 DataFrame 对象。部分常用的读写函数如表 1.3.4 所示。

表 1.3.4　Pandas 中常用的数据读写函数

函数	描述
pd. read_excel	从 Excel 文件中读取表格数据，例如 frame = pd. read_excel（'D：\data. xlsx'）表示将 D:\路径下的 data. xlsx 文件读入，构成 DataFrame 对象 frame
to_excel	将数据写入 Excel 文件中，例如 frame. to_excel（'D：\data_new. xlsx'）表示将 frame 变量中的数据写入 D:\路径下的 data_new. xlsx 文件中
pd. read_csv	从文件、URL 或文件型对象读取分隔好的数据，例如 frame = pd. read_csv（'D：\data. csv'，header = 0）表示将 D:\路径下的 data. txt 文件读入，构成 DataFrame 对象 frame
to_csv	将数据写入 CSV 文件中，frame. to_csv（'D:\data_new. csv'）表示将 frame 变量中的数据写入 D:\路径下的 data_new. csv 文件中
read_json	从 JSON 字符串中读取数据
to_json	将数据写入 JSON 字符串
read_table	从文件、URL 或文件型对象中读取分隔好的数据，制表符（'\t'）是默认分隔符

下面重点介绍 Excel 和 CSV 这两种常用文件格式的读写。

（一）读写 Excel 文件数据

在金融行业中 Excel 表格文件被广泛使用，如财务数据、订单数据等。Excel 表格文件的后缀名为 .xlsx。图 1.3.1 展示的是一份名为 data. xlsx 的 Excel 文件，其存放地址为 D 盘根目录下。

	A	B	C	D	E	F
1	序号	基金代码	基金简称	日期	单位净值	累计净值
2	1	005669	前海开源公用	12-8	3.6315	3.6315
3	2	000689	前海开源新经	12-8	3.6595	3.7695
4	3	001933	华商新兴活力	12-8	3.0780	3.0780
5	4	001822	华商智能生活	12-8	3.2220	3.2220
6	5	001704	国投瑞银进宝	12-8	4.8465	4.8715

图 1.3.1　Excel 文件 data. xlsx

1. 从 Excel 文件中读取数据

首先确定文件在系统中的存放路径。本任务的操作全部基于 Windows 操作系统，在电脑中找到文件，点击鼠标右键查看文件属性，即可得到文件路径。上文所述文件data.

xlsx 通过如图 1.3.2 所示的查找后，得知其路径为"D：\"。

图 1.3.2　找到硬盘上的文件地址

将位置和文件名进行组合，得到文件的完整路径"D：\data.xlsx"。其中，位置与文件名之间要用目录分隔符"\"隔开。

然后使用 Pandas 中的 pd.read_excel（）函数，将文件路径作为参数，将 data.xlsx 文件中的数据读入并转化为 DataFrame 对象形式。pd.read_excel（）函数的具体使用方法如下：

pd.read_excel（io，sheet_name=0，header=0，names=None，index_col=None，

usecols=None，dtype=None）

其中：

① io：读取文件的路径、URL 链接等，如"D：\data.xlsx"。

② sheet_name：需要读取的 Excel 文件中 sheet 页的名字，默认为 0，表示第一个 sheet。

③ header：指定某一行作为列索引，默认 header=0，表示第 0 行是列索引；如果设置 header=1，表示第 1 行是列索引。

④ names：设置列索引，默认 names=None，表示不指定。

⑤ index_col：指定某一列作为行索引，默认 None 表示不指定，自动从 0 开始生成索引号，如 index_col=1，表示第 0 列是行索引。

⑥ usecols：指定读取的列，例如 usecols=3 表示读取第 0 到第 3 列；usecols=['A：E']表示读取 Excel 文件中 A 列到 E 列的数据；默认为 None 表示全部读取。

⑦ dtype：指定读取的列数据是某个数据类型，类似 Excel 中的"设置单元格格式"。例如 dtype = {'基金代码'：int，'日期'：datetime} 表示在读取 Excel 文件数据时，'基金代码'这一列按照 int 数值类型读取，'日期'这一列按照 datetime 时间格式读取。默认为 None 表示无格式限制。

读取图 1.3.1 所示的 Excel 表格数据 data，具体代码如下：

```
frame4 = pd.read_excel（'D：\data.xlsx'）    # 读取指定路径下 Excel 文件，形成 DataFrame 对象
print（frame4）                              # 输出文件中数据
```

运行结果如下：

	序号	基金代码	基金简称	日期	单位净值	累计净值
0	1	005669	前海开源公用	12-8	3.6315	3.6315
1	2	000689	前海开源新经	12-8	3.6595	3.7695
2	3	001933	华商新兴活力	12-8	3.0780	3.0780
3	4	001822	华商智能生活	12-8	3.2220	3.2220
4	5	001704	国投瑞银进宝	12-8	4.8465	4.8715

如以上结果所示，DataFrame 会默认给表格数据添加行索引进行输出。如果想使用数据集本身的行索引号，可以在读取表格数据时设置参数 index_col，指定行索引所在的列。具体代码如下：

```
frame5 = pd.read_excel（'D：\data.xlsx'，index_col = 0）    # 以第一列的值作为序列号（Python 中列的序号从 0 开始）
print（frame5）
```

运行结果如下：

序号	基金代码	基金简称	日期	单位净值	累计净值
1	005669	前海开源公用	12-8	3.6315	3.6315
2	000689	前海开源新经	12-8	3.6595	3.7695
3	001933	华商新兴活力	12-8	3.0780	3.0780
4	001822	华商智能生活	12-8	3.2220	3.2220
5	001704	国投瑞银进宝	12-8	4.8465	4.8715

2. 将数据写入 Excel 文件

当数据经过预处理之后，如果需要将清洗后的数据存写入 Excel 文件中，可使用 to_excel（）函数。使用方法如下：

df.to_excel（excel_writer，sheet_name=0，columns=None，header=True，index=True）

其中：
① excel_writer：写入的路径对象，如'D：\data.xlsx'。
② sheet_name：将数据写入的 Excel 文件某个指定的 sheet 中。
③ columns：需要写入文件的列索引，默认 None 表示所有列都写入文件。
④ header：是否将列索引写入文件，默认为 True，表示写入列名。
⑤ index：是否将行索引写入文件，默认为 True，表示写入行索引。

将上文中 frame5 保存至 Excel 文件中，可以调用 Pandas 库中函数 .to_excel 将数据写入指定路径下的 Excel 文件中。代码如下：

```
frame5.to_excel（'D：\data_new.xlsx'）    # 将 frame5 中数据写入 D 盘下 data_new.xlsx 文件中
```

运行完成后，检查 D 盘根目录下是否生成文件名为 data_new.xlsx 的文件。其内容如图 1.3.3 所示。

A	B	C	D	E	F	G
	序号	基金代码	基金简称	日期	单位净值	累计净值
0	1	005669	前海开源公用	12-8	3.6315	3.6315
1	2	000689	前海开源新经	12-8	3.6595	3.7695
2	3	001933	华商新兴活力	12-8	3.0780	3.0780
3	4	001822	华商智能生活	12-8	3.2220	3.2220
4	5	001704	国投瑞银进宝	12-8	4.8465	4.8715

图 1.3.3　写入 Excel 文件内容

在输出 DataFrame 对象时，通常会默认为每一行加上一列行号（如图 1.3.3 最左列）。Excel 文件通常不需要该列序号，因此可以指定行索引 index 为 False，表示不输出该序号。代码如下：

```
frame5.to_excel（'D：\data_new.xlsx'，index=False）    # 不写入 DataFrame 自动添加的序列号
```

（二）读写 CSV 文件数据

CSV 文件也是一种常用来存储结构化数据的格式文件。CSV 文件以纯文本形式存储表格数据（数字和文本），每条记录由字段组成，字段间通常以逗号或制表符隔开，每条记录间以换行符分隔。图 1.3.4 是以 CSV 格式存储的数据。

序号	基金代码	基金简称	日期	单位净值	累计净值
1	005669	前海开源公用	12-8	3.6315	3.6315
2	000689	前海开源新经	12-8	3.6595	3.7695
3	001933	华商新兴活力	12-8	3.0780	3.0780
4	001822	华商智能生活	12-8	3.2220	3.2220
5	001704	国投瑞银进宝	12-8	4.8465	4.8715

图1.3.4 CSV格式文件预览

1. 从CSV文件读取数据

Pandas中以pd.read_csv()函数将CSV文件数据读入，具体用法如下：

pd.read_csv(filepath, sep=',', header='infer', names=None, index_col=None, usecols=None, skip_blank_lines=True)

① filepath：读取文件的路径、URL链接等，如"D:\data.xlsx"。

② sep：指定CSV文件中的分隔符，如果不指定则默认用逗号（,）分隔，可以指定"\n"换行符、"\r"回车符等。

③ header：指定某行作为列索引，默认为"infer"。

④ names：设置列名称，默认names=None，表示不指定。

⑤ index_col：指定某一列作为DataFrame的行索引，默认为None，即原CSV文件没有列索引，DataFrame对象自动添加0、1、2…

⑥ usecols：指定读取原数据集的某些列。

⑦ skip_blank_lines：是否跳过空白行，默认为True跳过不读空白行。

读取图1.3.4所示CSV格式的数据文件，代码如下：

```
frame6 = pd.read_csv('D:\data.csv', header=0)    # 读取指定路径的CSV文件，并且第一行为表格列索引
print(frame6)                                     # 将表格数据输出
```

运行结果如下：

0	1	005669	前海开源公用	12-8	3.6315	3.6315
1	2	000689	前海开源新经	12-8	3.6595	3.7695
2	3	001933	华商新兴活力	12-8	3.0780	3.0780
3	4	001822	华商智能生活	12-8	3.2220	3.2220
4	5	001704	国投瑞银进宝	12-8	4.8465	4.8715

2. 将数据写入CSV文件

当需要把新的数据写入CSV文件进行保存时使用.to_csv()函数，具体用法如下：

.to_csv(path_or_buf, sep=',', na_rep='', columns=None, header=True, index=

True）

其中：

① path_or_buf：输出文件路径或者文件对象。

② sep：同一行记录中各字段间的分隔符，默认为逗号（,）。

③ na_rep：空值的替代字符，默认为空字符串。

④ columns：要写入文件中的原 DataFrame 中的列，默认 None 为全部列。

⑤ header：是否将列索引写入文件，默认为 True 表示写入列索引。

⑥ index：是否将行索引写入文件，默认为 True 表示写入行索引。

将上文中 frame6 写入 CSV 文件，代码如下：

```
# 将数据写入 data_new.csv 文件，且不包含系统自动生成的序列号
frame6.to_csv（'D:\data_new.csv'，index = False）
```

程序运行后，在对应目录下生成了 data_new.csv 文件，其中内容如图 1.3.4 所示。

```
序号,基金代码,基金简称,日期,单位净值,累计净值
1,005669,前海开源公用,12-8,3.6315,3.6315
2,000689,前海开源新经,12-8,3.6595,3.7695
3,001933,华商新兴活力,12-8,3.0780,3.0780
4,001822,华商智能生活,12-8,3.2220,3.2220
5,001704,国投瑞银进宝,12-8,4.8465,4.8715
```

图 1.3.4　写入 CSV 文件内容

三、数据处理

数据处理是对数据按照所需的目标或要求进行特殊处理，最终得到标准、干净、完整、符合使用要求的数据，以便后续进一步使用。在大数据分析和建模的过程中，大量的时间花在加载、清洗、转换等数据准备工作上。[1] 其中，数据清洗的主要工作包括缺失数据处理、数据格式规范、异常数据处理、重复数据处理等。

Python 内置的 pandas 函数包提供了一个高级、灵活和快速的工具集，能够方便高效地将数据处理为所需的形式。本节介绍如何通过 Python 程序进行数据的清洗处理工作。

（一）缺失数据处理

数据缺失是真实数据集中普遍存在的问题。在数据采集过程中，信息量过大导致不能完整采集、人为因素造成信息被遗漏、属性值本身不存在（如未婚者配偶姓名）等因素都有可能会造成某一个或多个数据缺失。

---

[1] Wes McKinney：《利用 Python 进行数据分析》（第 2 版），徐敬一译，机械工业出版社 2018 年版。

对于缺失值的处理，最简单的方法是忽略或直接删除有缺失的数据。但是，这种方式会造成数据的丢失或不完整，可能会使后续的统计分析产生偏差。因此，补全数据也是常用的处理缺失值的方式。下面通过案例1详细讲述这些函数进行缺失值处理的方法。

案例1 某班级"金融大数据处理"课程的综合成绩如表1.3.5所示。该Excel表格的文件名为data.xlsx，存放地址为D:\，表中出现了数据缺失，导致班级整体情况无法统计，现需对缺失数据进行处理。

表1.3.5 "金融大数据处理"课程部分同学的成绩

学号	姓名	课程	成绩
20210001	张三	金融大数据处理	60
20210002	李四		90
20210003	王五	金融大数据处理	

1. 缺失值判断

当数据量较小时，通过print函数打印数据并观察结果，其中显示为"NaN"（Not a Number）的，即为缺失值，也称为空值（NaN）。对DataFrame对象可以使用isnull（）或notnull（）函数检测数据中是否含有空值，用法如下：

1）isnull（）：判断DataFrame对象中是否存在空值（NaN），并返回数据是否是缺失值的布尔值（即False或True）。

2）notnull（）：与isnull相反，判断DataFram对象中是否存在非空值，并返回布尔值。

3）要判断DataFrame对象的某一行或列是否存在空值，可以在isnull（）/notnull（）函数后加.any（）或.all（）函数，具体如下：

①.any（）表示数据中的任意一个：isnull（）.any（）判断每一列数据的任意一个是否存在空值；isnull（）.any（axis=1）判断每一行数据的任意一个是否存在空值。

②.all（）表示一列数据的全部：isnull（）.all（）判断每一列数据是否全部是空值；isnull（）.all（axis=1）判断每一行数据是否全部为空值。

（1）检测全部缺失值。

以表1.3.5中数据为例，通过pandas中isnull（）和notnull（）两个函数快速判断数据中是否存在缺失值。

```
frame = pd.read_excel（'D:\data.xlsx'，dtype = {'学号'：str}）    # 指定"学号"列是字符串格式
print（frame.isnull（））          # 代码A：使用isnull（）函数判断哪些值为空
print（frame.notnull（））         # 代码B：使用notnull（）函数判断哪些值不为空
```

这两个函数返回布尔类型的结果，对isnull（）函数来说，返回值中True表示该数

据项是空值，False 表示不是空值；对于 notnull（）函数来说，返回结果的含义与之相反。

上述代码运行结果如下所示，可以发现 isnull（）和 notnull（）运行结果正好相反，但表示的含义相同，都是有 10 个非空值、6 个空值。

代码 A 运行结果：

	学号	姓名	课程	成绩
0	False	False	False	False
1	False	False	True	False
2	True	True	True	True
3	False	False	False	True

代码 B 运行结果：

	学号	姓名	课程	成绩
0	True	True	True	True
1	True	True	False	True
2	False	False	False	False
3	True	True	True	False

（2）检测一行（列）是否存在缺失值。

当需要判断某一行（列）是否存在任意一个缺失值时，可在 isnull 或 notnull 后面加上 .any（）函数。当 any 后的括号内为空时，判断每一列是否存在任意一个缺失值；当使用 any（axis=1）时，判断每一行是否存在任意一个缺失值。具体代码如下：

```
print（frame.isnull（）.any（））          # 语句 C，列出每一列中是否有任意一个缺失值
print（frame.isnull（）.any（axis=1））    # 语句 D，列出每一行中是否有任意一个缺失值
```

语句 C 的运行结果：

学号	True
姓名	True
课程	True
成绩	True

语句 D 的运行结果：

0	False
1	True
2	True
3	True

结果显示数据的每一列都存在空值，第 2 行到第 4 行都存在空值。

（3）检测一行（列）是否全部缺失。

当需要判断某一行（列）是否全为缺失值时，可在 isnull 或 notnull 后面加上 .all（）函数。具体代码如下：

```
print（frame.isnull（）.all（））          # 语句 E，列出每一列中是否全为缺失值
print（frame.isnull（）.all（axis=1））    # 语句 F，列出每一行中是否全为缺失值
```

语句 E 的运行结果：

学号	False
姓名	False
课程	False
成绩	False

语句 F 的运行结果：

0	False
1	False
2	True
3	False

结果显示数据的每一列都不全为空，及不存在全空的列；第 3 行是全空值的行。

2. 缺失值处理

对缺失值不能简单地删除或忽略，而要根据数据本身的含义和缺失原因进行分析，从而更有效、正确地处理缺失值，减少与真实数据的偏差。缺失值的处理主要有删除和补全两种处理方法。

（1）删除缺失值。

对于缺失值的处理，最简单的方法就是直接删除。Pandas 中 dropna（）函数可用来删除缺失值所在的行或列。其用法为：

DataFrame.dropna（axis=0，how='any'，thresh=None，subset=None，inplace=False）

其中：

① DataFrame：DataFrame 对象形式的数据变量。

② axis：默认 axis=0/'index'表示按行删除；axis=1/'columns'则表示按列删除。

③ how：默认 how='any'，即存在任意一个缺失值的行（列）；如果 how='all'，则表示整行（列）都是缺失值的行（列）。

④ thresh：整数型（int）数据，表示当行（列）中非空数据多于 int 这个数值时，该行（列）被保留。例如 thresh=2 表示一行（列）中非空值大于等于 2，则该行/列会被保留；反之则会被删除。

⑤ subset：数组类型，表示从 subset 指定的行（列）中寻找缺失值。例如 subset=['学号'，'成绩']表示只从学号和成绩两列中寻找缺失值。

⑥ inplace：默认 False，即筛选后的数据存为副本；如果 inplace=True，则表示直接在原数据上更改。

删除存在任意一个缺失值的所有行或列。具体代码如下：

```
frame1 = frame.dropna（）          # frame 中任意一行存在缺失值，则删除该行
frame2 = frame.dropna（axis=1）    # frame 中任意一列存在缺失值，则删除该列
print（frame1）
print（frame2）
```

运行结果如下：

```
      学号      姓名      课程         成绩
0   20210001   张三    金融大数据处理    60.0
Empty DataFrame           # 原 DataFrame 中所有数据被删除，最后得到一个空的 DataFrame 对象
```

从运行结果可以看出，只要某一行（列）数据中出现了任意一个单元格为空值，就会被整行（列）删掉。该方法虽然简单，但与实际情况存在偏差。实际业务中，只有全空值的行才能够被整行删除。

删除数据全部缺失的行。使用 dropna（how = 'all'）删除全空值行，使用 dropna（axis = 1，how = 'all'）删除全空值的列。例如：

```
frame3 = frame.dropna（how = 'all'）    # 当一行全部是空值（缺失值）时，删除该行
print（frame3）
```

运行结果如下：

```
      学号      姓名      课程         成绩
0   20210001   张三    金融大数据处理    60.0
1   20210002   李四        NaN        90.0
3   20210003   王五    金融大数据处理     NaN
```

（2）补全缺失值。

在实际的数据处理工作中，更多的是分析数据缺失原因，并寻找合适的方法将"漏洞"进行补全。常用的方法是用固定值、临近值、均值等数值填充到缺失值处。缺失值补全的方式总结如表 1.3.6 所示。

表 1.3.6 常用的缺失值的处理方式

方法描述	说明
均值/中位数/众数补全	根据属性值的类型，用该属性取值的平均数/中位数/众数进行补全
固定值补全	将缺失的属性值用一个常量进行填补，如 0
临近值补全	使用缺失值临近的值进行填补
回归方法	对有缺失值的变量，根据已有数据和与其有关的其他变量的数据建立拟合模型来预测缺失的属性值

Pandas 中 fillna（）函数可用来补全缺失值。具体用法为：

DataFrame.fillna（value=None，method=None，axis=None，inplace=False，limit=None）

其中：

① value：指定用来填充的值，可以是单个值、字典类型（dict）或者其他的 DataFrame 对象。

② method：插值填入的方式，默认是 None，即使用 value 参数指定的数值填充；还有'backfill'/'bfill'表示用下一个非缺失值填充该缺失值；'pad'/'ffill'表示用前一个非缺失值去填充该缺失值。

③ axis：需要填充的轴，默认 axis=0 表示按行填充；axis=1/'index'表示按列填充。

④ limit：用户前向或后向填充时最大的填充范围，默认全部填充。

将上文中表 1.3.5 中数据先用 dropna（how='all'）函数将全为空的行删除后得到如下 frame3 结果：

	学号	姓名	课程	成绩
0	20210001	张三	金融大数据处理	60.0
1	20210002	李四	NaN	90.0
3	20210003	王五	金融大数据处理	NaN

该数据还有两处缺失值，一处是"课程"，一处是"王五"的"成绩"。

1）固定值填充。由于表 1.3.5 是同一门课程的成绩表，因此默认考试课程应当为"金融大数据处理"；而成绩缺失，经过查证发现王五同学缺考，因此王五的成绩认定为零分。此时可采用字典结构 {key=value} 定义所需填充的值，再用 fillna（）函数进行快速填充。具体代码如下：

```
values = {'课程':'金融大数据处理','成绩':0}
frame4 = frame3.fillna（value=values）
print（frame4）
```

运行结果如下：

	学号	姓名	课程	成绩
0	20210001	张三	金融大数据处理	60.0
1	20210002	李四	金融大数据处理	90.0
3	20210003	王五	金融大数据处理	0.0

2）临近值填充。即用缺失值所在列的前一个或后一个非缺失值填充。该方式要求缺失值的前一个数或后一个数不为空值。例如填充课程名称时，可以用"课程"列的前一个或后一个非空值进行临近填充。具体代码如下：

```
frame5 = frame3.fillna（method = 'ffill'）    # 用前一个非空值进行填充
frame6 = frame3.fillna（method = 'bfill'）    # 用后一个非空值进行填充
print（frame5）
print（frame6）
```

frame5 的运行结果如下所示，"王五"的成绩被填充为"90"。

	学号	姓名	课程	成绩
0	20210001	张三	金融大数据处理	60.0
1	20210002	李四	金融大数据处理	90.0
3	20210003	王五	金融大数据处理	90.0

frame6 的运行结果如下所示，由于"王五"之后没有其他数据，因此"王五"的成绩无法填充，依然为空值。

	学号	姓名	课程	成绩
0	20210001	张三	金融大数据处理	60.0
1	20210002	李四	金融大数据处理	90.0
3	20210003	王五	金融大数据处理	NaN

3）均值/中位数/众位数/最大/最小值补充。实际数据分析工作中，常用平均值（mean）、中位数（median）、最大值（max）、最小值（min）、众位数（value_counts）等来填充空值。例如王五参加了考试，但出于种种原因，试卷丢失，这时可以用班级成绩的平均值来进行缺失值填充。多种方式填充的代码如下：

```
frame7 = frame3.fillna（frame3［'成绩'］.mean（））           # 使用'成绩'列均值进行填充
frame8 = frame3.fillna（frame3［'成绩'］.max（））            # 使用'成绩'列最大值进行填充
frame9 = frame3.fillna（frame3［'成绩'］.min（））            # 使用'成绩'列最小值进行填充
frame10 = frame3.fillna（frame3［'成绩'］.median（））        # 使用'成绩'列中位数进行填充
frame11 = frame3.fillna（frame3［'成绩'］.value_counts（）.index［0］）   # 使用'成绩'列最高频次数值进行填充
```

需要说明的是，缺失值的补全更适合数据量较大的情况，当数据量够大时，少量的数据用均值、前后非空值等方式填充对于数据整体的分析结果来说影响不大。如果数据量比较小，一个数据项的改动就可能会大大影响最后的计算结果，那么，为了保证数据质量，需要对数据缺失的原因进行分析和溯源。缺失值的补全最重要的是选取合适的填充值，提高数据的质量，减少误差。填充值的选取需要结合数据表中具体数据的特征，特别是当数据表中存在个别异常值时，还需要考虑如何减少其干扰，后面章节会介绍如何发现数据表中的异常值或极端值。

（二）数据格式规范

在实际数据处理工作中，数据的来源多种多样，数据格式可能各不相同。即使同一数据源，在信息采集、录入时因操作问题也可能造成采集后所获数据格式不统一、不规范。常见的格式不规范问题有以下几种。

（1）不同数据源对同一事物描述的单位不一致。比如 A 数据源中销售额单位是"元"，而 B 数据源中销售额单位为"万元"。在进行数据汇总时，如果不统一单位格式，就会导致计算结果错误。

（2）同类型数据格式不一致。比如都是时间型数据，但有的表示形式为"年/月/日"，有的为"年–月–日"。又比如数值型数据，有的小数点后面保留两位，有的小数点后面保留一位。

（3）数据格式不正确。数据的复制粘贴过程往往易造成数据格式的丢失，比如数值型数据复制到 Excel 表格中变成文本数据等。

（4）空白字符或者特殊字符。有些数据中会出现特殊字符，文本类型数据前、后、中间位置出现没必要的空格。

（5）大小写不规范。数据中有英文字母时，有的全大写，有的全小写，有的则大小写都有。

这些数据格式问题均会对后续的数据分析造成不方便或者困难，因此在数据清洗过程中要根据数据类型和特征，对数据格式进行规范化处理。具体处理流程如下文所述。

1. 数据格式的查看

在进行格式规范之前，首先要查看数据表中各数据的数据类型。Pandas 中的数据类型和 Python 本身自带数据类型有所区别，常用的类型对比见表 1.3.7。

表 1.3.7　Python 和 Pandas 中数据类型对比

类型	Pandas dtype	Python type
字符（文本）类型	object	str
整数数值类型	int64	int
浮点数值类型	float64	float
布尔类型（True/False）	bool	bool
日期和时间类型	datetime64	NA

使用 Pandas 中的 info（）和 dtypes（）两个函数可以快速查看数据类型，帮助数据分析人员快速定位类型不匹配的列。用法如下：

（1）DataFrame.info（）：输出 DataFrame 对象中各列的索引、非空计数、数据类型以及内存使用。

（2）DataFrame.dtypes（）：返回 DataFrame 对象中每一列的数据类型。

下面以案例 2 为例，详细讲述如何使用 Python 快速进行数据格式规范处理。

案例 2　某银行信用卡中心有多种信用卡产品，每种产品都有自己的客户信息数据。现要制作该信用卡中心整体的客户信息表，需要将各个产品的客户信息进行汇总，以便统一进行客户关系的维护。部分汇总后数据如表 1.3.8 所示，存放在电脑 D:\下，文件名为 data.xlsx。

表 1.3.8　客户信息汇总

客户编号	姓名	拼音	出生日期	性别	信用额度
001	张三丰	ZHANG SAN FENG	1985-10-5	男	50,000.50 元
002	李天	LI tian	1977/05/06	M	10 万元
003	王非	wang fei	1980/12/27	女	60000 元
004	赵田	Zhao Tian	1990/9/9	男	
005	周洲	Zhou ZHOU	1966/8/15	F	￥150000.60 元

将表 1.3.8 中数据读入 DataFrame 对象中，并使用 info（）函数查看各列数据的基本信息。具体代码如下：

```
frame = pd.read_excel（'D:\data.xlsx'）    # 将 Excel 文件读取进 DataFrame 对象
print（frame.info（））
```

运行结果如下：

```
< class 'pandas.core.frame.DataFrame' >
RangeIndex: 5 entries, 0 to 4          # 表示行数有 5 行，不包含索引行
Data columns (total 6 columns):        # 表示列数有 6 列
 #   Column   Non-Null Count   Dtype
---  ------   --------------   -----
 0   客户编号    5  non-null    int64    # 第 0 列"客户编号"有 5 个非空值，整数型（int64）
 1   姓名      5  non-null    object   # 第 1 列"姓名"有 5 个非空值，字符对象型（object）
 2   拼音      5  non-null    object   # 第 2 列"拼音"有 5 个非空值，字符对象型（object）
 3   出生日期    5  non-null    object   # 第 3 列"出生日期"有 5 个非空值，字符对象型（object）
 4   性别      5  non-null    object   # 第 4 列"性别"有 5 个非空值，字符对象型（object）
 5   信用额度    5  non-null    object   # 第 5 列"信用额度"有 5 个非空值，字符对象型（object）
dtypes: int64(1), object(5)            # 数据中 int64 1 列，object 5 列
memory usage: 368.0+ bytes             # 共 368 字节
```

从上述运行结果中可以看出 info（） 函数的运行结果把各列的列名、非空值的个数、数据类型都一一进行了罗列，最后汇总每种数据类型的列的个数，展示的信息较为详细。

此外，也可以通过 dtypes（） 函数查看各列的数据类型，具体代码如下：

```
print（frame.dtypes）        # 输出各列数据类型
```

运行结果如下：

```
客户编号        int64
姓名          object
拼音          object
出生日期        object
性别          object
信用额度        object
dtype：object
```

2. 数据类型的转换

通过上文对数据类型的查看，得知表 1.3.8 中 5 列的数据类型均为 object。但是，出生日期应该为日期型（datetime64），信用额度应该为浮点数值型（float64）。因此，需要将这两列的数据格式进行转换。

（1）数据类型强制转换 astype（） 函数。

Pandas 中 astype（） 函数可对列数据类型进行强制转换，使用方法如下：

$$DataFrame.astype（dtype，copy = True）$$

其中：

① dtype：需要被转换成的类型，可以选择"object""int64""float64""datetime64"等；也可以使用字典方式 {col1：dtype1，col2：dtype2…} 同时选择多个列进行不同类型的转换，例如 .astype（{'出生日期'：'datetime64'，'年龄'：'float64'}）将出生日期的数据类型变成日期型，年龄变成浮点数值型。

② copy：是否将转换后的数据覆盖原数据，默认选择 True，表示返回一个副本；设置 copy = False 则直接覆盖原数据。

把表 1.3.8 中的"出生日期"列的数据类型转换成日期型，使用 astype（） 函数代码如下：

```
#"出生日期"列转化为日期型
frame ['出生日期'] = frame ['出生日期'].astype（'datetime64'）
```

将表1.3.8中"信用额度"列的数据类型转换成浮点型时,发现原数据列的数据是带有单位"元""万元""￥"的字符串类型数据,无法强制转化为浮点型,否则代码运行会报错,如下所示:

```
#"信用额度"列转化为数值浮点型float64
frame['信用额度'] = frame['信用额度'].astype('float64')
```

运行结果报错,提示信息显示"不能把字符串的50,000.50元转换成浮点型"。

```
ValueError: could not convert string to float:'50,000.50元'
```

此时需要把各单位先行统一,并去掉"元""万元""￥"字符后,才能进行数据类型的转换,下文格式统一章节会进行详细方法说明。

(2) 日期格式转换to_datetime()函数。

Pandas中to_datetime()函数可将指定数据转换成日期格式,用法如下:

$$DataFrame.to\_datime(arg,format=None)$$

其中:

① arg:需要处理的数据的索引值。

② format:日期格式,包括"%Y-%m-%d"表示年月日格式,"%Y-%m-%d %H:%M:%S"表示年月日并指定时分秒。

例如将上述frame数据中的"出生日期"列转化为日期型数据,代码如下:

```
frame['出生日期'] = pd.to_datetime(frame['出生日期'])
print(frame['出生日期'].dtypes)
```

运行结果如下:

```
datetime64[ns]
```

(3) 数值格式转换to_numeric()函数。

Pandas中to_numeric()函数可以把列数据类型转换成数值型的float64或int64,用法如下:

$$pd.to\_numeric(arg,downcast)$$

其中:

① arg:需要处理的数据。

② downcast:转换后的数据类型,可以是"int64""object""float64",默认转换为

float64 浮点型。

通过一个简单的示例来说明如何调用 to_numeric（）函数。

```
s = pd.Series（['1.0','2',-3]）    # 构建一个序列，前两个数据为字符型，第三个为数值型
print（s.dtypes）                   # 输出 s 此时的数据类型
s = pd.to_numeric（s）              # 将 s 转换成数值类型
print（s.dtypes）                   # 查看转换后的数据类型
```

运行结果如下：

```
object
float64
```

从运行结果可以看出，原本构建的数据 s 是 object，经过 to_numeric（）函数转换后，数据类型变成了 float64，数据类型转换成功。

（4）运行错误问题。

在进行类型转换的时候，也有可能会出现转换失败的情况。这个时候需要根据失败的提示信息来分析应该怎样进一步处理源数据。例如上文中提到的类似"10 万元"这样带有单位的数据，读取后在 Pandas 中显示为字符串型，无法直接用函数转化为数值型 float64 或 int64，需要去掉单位字符才可以使用 astype（）进行转换。

此外，在数据采集和录入过程中，出于种种原因，可能产生不合理的数据。例如月份超过了 12，出现 2 月 30 日；时间的分或秒超过了 60；等等。此时，数据格式转换也会报错。例如：

```
d = {'col1'：[1, 2]','col2'：['2021-2-31','2021-12-31']}
df = pd.DataFrame（data = d）                      # 构造一个 DataFrame 对象
print（df['col2'].astype（'datetime64'））           # 将第二列的数据类型转换成时间型
```

运行结果如下：

```
ValueError: day is out of range for month
ParserError: day is out of range for month: 2021-2-31
```

错误提示信息显示，2021-2-31 这个日期超出合理的时间范围，此时需要溯源，找到出错的原因，进一步修改该数据。

3. 空白字符的处理

空格在文本型数据中是非常普遍的，为了便于后续数据分析时能够进行统一计算，

需要把不必要的空格删除。空格可能的情况有：

1）文本字符中的空格。比如"abc "，一共是四个字符，三个字母加上一个空格。

2）数据内容为空白字符。空白字符包括制表符、空格、换行符等。比如数据采集时，采集的内容记录为空白字符，此处空白字符并不等于缺失值，空白字符的处理方式和缺失值的处理方式在 Pandas 里是有区别的。

（1）空白字符检测。

观察表 1.3.8，可以看到姓名一列中"王 非"名字中间有一个空白字符，"周洲"前面有一个空白字符，信用额度一列中有一个看似空白的列。因为空白字符在显示的时候不容易与空值进行区分，可以使用 values（）函数将具体的数据信息直观地显示出来，具体代码如下：

```
print（frame.values）    # 查看 frame 中所有数据信息
```

运行结果如下：

```
[[1001 '张三丰' 'ZHANG SAN FENG' '1985 - 10 - 5' '男' '50,000.50 元']
 [1002 '李天' 'LI tian' '1977/05/06' 'M' '10 万元']
 [1003 '王   非' 'wang fei' '1980/12/27' '女' '60000 元']
 [1004 '赵田 \n' 'Zhao Tian' '1990/9/9' '男' '  ']
 [1005 '   周洲' 'Zhou ZHOU' '1966/8/15' 'F' '￥150000.60 元']]
```

从结果来看，在"姓名"和"信用额度"两列共四处出现了空白字符。其中，"姓名"列中的空白字符都是和其他非空字符一起出现的，而"信用额度"列只有空白字符。对于这两种情况，采取不同的处理方式。

（2）去除字符串前后的空白字符。

Pandas 中去除字符型（object）数据中的空白字符可以使用表 1.3.9 所示的三个函数。

表 1.3.9　Pandas 中去除字符串前后空白字符的函数

函数	用途	举例
strip	同时去除字符串左右两边的空格字符	常用：Series.str.strip/lstrip/rstrip（to_strip = None） 其中：to_strip 是指定要删除的字符集，可以是字符串或 None，当默认为 None 时，表示删除空格。例如： s = pd.Series（['1. Ant. ', '2. Bee! \n', '3. Cat? \t']） print（s.str.lstrip（'123.'））　　　# 删除左侧 1、2、3 字符 print（s.str.strip（））　　　　　　# 删除字符前后的空格
lstrip	去除字符串开头的空格符	
rstrip	去除字符串末尾的空格符	

使用 strip（）函数去除表 1.3.8 中"姓名"列和"信用额度"列字符串前后的空白字符。具体代码如下：

```
frame［'姓名'］ = frame［'姓名'］.str.strip（）      # 先用.str 将"姓名"列转化为字符型，然后去除掉字符前后的空格
frame［'信用额度'］ = frame［'信用额度'］.str.strip（）
print（frame［'姓名'］.values）
print（frame［'信用额度'］.values）
```

运行结果如下：

```
['张三丰' '李天' '王  非' '赵田' ' 周洲']
['50，000.50 元' '10 万元' '60000 元' '' '￥150000.60 元']
```

处理后的结果中，"赵田"和"周洲"字符中的空白字符被正确地处理掉了，但"王 非"中间的空格仍然存在；"信用额度"列中空白字符被处理掉了，变成了一个长度为 0 的字符串，这种情况下是不能被 isnull（）函数识别出来，从而按照缺失值的处理方式进行处理的。因此，这两处空白字符还需要采用其他方式处理。

（3）空白字符替换。

对于字符间的空白符号可以用空字符进行替换，从而消除空白字符。Pandas 中的 replace（）函数常被用来查找并替换数据，使用方法如下：

DataFrame.replace（to_replace = None，value = None，inplace = False，limit = None，regex = False，method = 'pad'）

其中：

① to_replace：需要被替换的值。

② value：替换后的值。

③ inplace：是否要改变原数据表格，True 表示改变，默认为 False，表示不改变。

④ limit：限制替换的次数。

⑤ regex：是否使用正则表达式，False 是不使用，True 是使用，默认是 False。

⑥ method：替换方式，包括 pad/ffill（用前一个值去替换该值）、bfill（用后一个值去替换该值）。

1）字符间的空白字符替换。正则表达式"\s+"表示任意一个空白字符，下面用该正则表达式将表 1.3.8 中的空白字符替换为空字符（''）。代码如下：

```
frame = frame.replace(r'\s+', '', regex=True)   # r'\s+'是Python中表示任意空白字符的正
则表达式,表示将数据中的空白字符用空字符串替换
print(frame['姓名'].values)                       # 查看替换后"姓名"列的数据值
print(frame['信用额度'].values)                   # 查看替换后"信用额度"列的数据值
print(frame['信用额度'].isnull())                 # 查看替换后"信用额度"列是否有缺失值
```

运行结果如下:

```
['张三丰' '李天' '王非' '赵田' '周洲']
['50,000.50元' '10万元' '60000元' '' '¥150000.60元']
0    False
1    False
2    False
3    False
4    False
Name:信用额度, dtype: bool
```

运行结果显示,"王 非"中间的空格被去掉了,但"信用额度"的空字符串没有被当成空值。为了方便后续进行空值处理,把"信用额度"的空字符串转换成空值,然后再使用处理空值的方法来进行数据补全;或者直接替换成一个特定的数值,数据分析人员可以根据实际的业务需求选择合适的处理方法。

2)完全空白字符的替换。前后无字符的完全空字符的正则表达式为"^\s*$",下面用该正则表达式将完全空白字符转换为空值(NaN),代码如下:

```
import numpy as np                  # 导入NumPy包,并将其简称为np,后续代码中np.nan空字符需要
frame = frame.replace(r'^\s*$', np.nan, regex=True)   # ^\s*$表示从字符串的开头(^)
到字符串的结尾($)都是空白字符(\s)的数据,即只有空白字符的数据替换成空值
print(frame['信用额度'].values)        # 查看替换后"信用额度"列的数据值
print(frame['信用额度'].isnull())      # 查看替换后"信用额度"列的数据值
```

运行结果如下所示,可以看出"信用额度"列的空白字符被替换成空值NaN,并且可以被isnull()函数检测出来。这样,下面进行空值处理的时候就方便了许多。

```
['50, 000.50 元' '10 万元' '60000 元' nan '￥150000.60 元']
0    False
1    False
2    False
3    True
4    False
Name：信用额度, dtype：bool
```

此外，还可以按照需要，将空白字符直接替换成一个特定值，代码如下：

```
frame = frame.replace (r'^\s*$', 0, regex = True)    # 将头到尾都为空白值的数据替换成 0
print (frame ['信用额度'].values)                      # 查看替换后"信用额度"列的数据值
```

运行结果如下：

```
['50, 000.50 元' '10 万元' '60000 元' 0 '￥150000.60 元']
```

可以发现，"信用额度"列的空白字符被直接替换成 0，省去了空值处理的过程。因此，replace（）函数也可用于缺失值的补全。

拓展阅读：

正则表达式是一个特殊的字符序列，它能帮助方便地检查一个字符串是否与某种模式匹配。表中列出了一些常用的模式表示方式及其说明。

表 1.3.10　Pandas 中常见的正则表达式

模式	说明
^	匹配字符串的开头
$	匹配字符串的末尾
.	匹配任意字符，除了换行符
re *	匹配 0 个或多个表达式
re +	匹配 1 个或多个表达式
a | b	匹配 a 或者 b
\w	匹配字母、数字及下划线
\W	匹配非字母字符、数字及下划线
\s	匹配任意空白字符，等价于 [\t\n\r\f]
\S	匹配任意非空白符

上文中用到的正则表达式"\s+","\s"表示的是任意空白字符,"+"则意味着匹配一个或多个该模式,因此"\s+"表示的是字符中一个至多个任意空白字符。

经过上述日期格式转换以及空白字符处理后的最终数据如表 1.3.11 所示。

表 1.3.11　空白字符处理后的客户信息汇总

客户编号	姓名	拼音	出生日期	性别	信用额度
001	张三丰	ZHANGSANFENG	1985－10－5	男	50,000.50 元
002	李天	LItian	1977－05－06	M	10 万元
003	王非	wangfei	1980－12－27	女	60000 元
004	赵田	ZhaoTian	1990－9－9	男	0
005	周洲	ZhouZHOU	1966－8－15	F	¥150000.60 元

4. 数据格式的统一

当从多个数据源采集数据时,不可避免地会出现数据格式不统一的问题,包括大小写不统一、单位不统一、小数位数不统一、描述方式不统一等,这时需要对数据进行格式的统一处理。

(1) 大小写的统一。

当某一列数据为字母时,需要统一大小写格式。如表 1.3.11 中姓名的拼音有的全部大写,有的全部小写,有的首字母大写,需要根据实际需求选择合适的方式进行统一。

Python 中用可以使用 upper()、lower()、title() 函数来统一大小写,用法如表 1.3.12 所示。

表 1.3.12　Pandas 中转换大小写的函数

函数	用途	举例
str.upper()	将文本转换成全大写形式	例如 s = pd.Series(['A','b','Cat'])
str.lower()	将文本转换成全小写形式	print(s.str.upper()),输出结果为:A B CAT print(s.str.lower()),输出结果为:a b cat
str.title()	将文本转换成首字母大写,其余小写的形式	print(s.str.title()),输出结果为:A B Cat

以表 1.3.11 中数据为例,"拼音"列是客户姓名的汉语拼音,通常拼写方式是首字母大写或者全部大写。下面将"拼音"列数据按照首字母大写进行格式统一,代码如下:

```
frame['拼音'] = frame['拼音'].str.title()    # 将"拼音"列转换成首字母大写,其余小写的形式
print(frame['拼音'])
```

运行结果如下：

```
0    Zhangsanfeng
1    Litian
2    Wangfei
3    Zhaotian
4    Zhouzhou
Name：拼音，dtype：object
```

（2）单位的统一。

对某列同一事物的描述，不同来源的数据可能会采用不同的单位。例如对于身高，有的使用 cm 作为单位，有的使用 m 作为单位。这时需要对数据进行单位统一转换，否则可能给后续分析计算带来偏差。

利用 Pandas 中 replace（）函数进行单位的统一和单位字符的去除。以表 1.3.11 所示数据为例，在上文试图将"信用额度"列数据类型转换成 float64 时，因为其中含有字符型数据而出现报错，现在需要将"万元"单位统一为"元"，并且去掉字符单位"元"；特殊字符"￥"也需要去掉。

此处使用多个 replace（）函数叠加，将字符串中的"万"字符替换为字符"0000"，并将"元"和"￥"字符替换成空白字符"''"以便去除，最后将字符型格式转换为 float64 浮点型数据格式。代码如下：

```
# 去掉',' 和'￥'两个字符，regex = True 表示使用正则替换，在字符串中匹配指定内容进行替换
frame［'信用额度'］ = frame［'信用额度'］.replace（'，'，''，regex = True）.replace（'￥'，''，regex = True）
frame［'信用额度'］ = frame［'信用额度'］.replace（'万'，'0000'，regex = True）.replace（'元'，
''，regex = True）                    # 统一万元和元的单位，去掉"元"
frame［'信用额度'］ = frame［'信用额度'］.astype（'float64'）    # 转换成 float64 数据类型
print（frame［'信用额度'］）
```

运行结果如下：

```
0      50000.5
1     100000.0
2      60000.0
3          0.0
4     150000.6
Name：信用额度，dtype：float64
```

拓展阅读：

上文中要将"信用额度"列的单位"万元"和"元"进行单位统一，并将"元"字符替换成空白字符''，以便于去掉"元"字符，除了直接使用 replace（）函数外，还可以将替换办法编制成一个自定义函数，通过 DataFrame.apply（）函数进行调用。该方法在数据量大，并且多行需要进行格式规范的时候更为简洁，避免了对数据的每列进行单独 replace（）计算。

以上文中对"信用额度"列数据进行格式统一为例。其代码如下：

```
# 定义一个函数来处理"信用额度"列的格式
def convert_value（value）：
    new_value = value.replace（'，'，''）.replace（'¥'，''）    # 去掉"，"和"¥"两个特殊字符
    new_value = new_value.replace（'万'，'0000'）.replace（'元'，''）
                                                         # 万元转化为元，并去掉'元'
    return new_value                                     # 返回替换之后的新值

frame［'信用额度'］ = frame［'信用额度'］.apply（convert_value） # 对"信用额度"列数据运用 convert_value 函数来转换格式
frame［'信用额度'］ = frame［'信用额度'］.astype（'float64'）    # 转换成 float64 数据类型
print（frame［'信用额度'］）
```

其中，apply（）函数是将定义的函数应用到由列/行形成的一维数组上，其函数如下：
DataFrame.apply（func，axis = 0，raw = False，result_type = None，args =（），**kwargs）
常用参数说明：
func：方法名称，是需要应用在每行或每列的方法名。
axis：选择将方法应用于行或列，默认 axis = 0/'index'表示应用于列；axis = 1/'columns'表示应用于行。

（3）小数位数的统一。

同一指标下的数值型数据，由于数据来源不同，可能小数点后保留的位数不同，为方便展示和计算，也需要进行统一化处理。例如表 1.3.11 中信用额度下有的小数点后保留了 2 位，有的是整数，需要进行统一格式处理。

小数位数统一化处理可以使用 Pandas 的 round（）函数：

$$\text{DataFrame.round（decimal）}$$

其中，decimal 是将 DataFrame 对象进行四舍五入后保留的小数位数，例如 frame.round（0）表示将 frame 数据四舍五入保留整数；frame.round（1）表示将 frame 数据四舍五入保留 1 位小数。decimal 也可以是字典形式的数组，例如 frame.round（｛'Key1'：1，'Key2'：0｝）表示将 frame 的列索引为 Key1 的数据四舍五入保留小数点后 1 位，列索引为 Key2 的数据取整数。

如果要将表 1.3.11 中"信用额度"列的数值型数据取整数，代码如下：

```
frame = frame.round(0)
print(frame['信用额度'])
```

运行结果如下,可以看出50000.5被四舍五入为50001.0;150000.6被四舍五入为150001.0。

```
0    50001.0
1   100000.0
2    60000.0
3        0.0
4   150001.0
```

(4)描述方式的统一。

有时某一种事物可以有多种不同的描述方式,例如"性别"可以使用"男"或者"女"来进行标识;也可以使用"F"或者"M"来进行标识。当数据汇总要按照性别进行分类时,将无法快速筛选得到准确结果。

描述方式的不统一也可以用replace()来进行字符串的替换。以表1.3.11中"性别"列数据为例,性别分别用了"男/女"和"M/F"两种方式表达,此处保留"男/女",将"M/F"转换成对应的字符。代码如下:

```
print(frame['性别'].values)                    # 查看转换前的"性别"列
frame['性别'] = frame['性别'].str.upper().replace({'M':'男','F':'女'})   # 先转换为大写,然后再用映射关系,将"M"转换为"男",将"F"转换为"女"
print(frame['性别'])                           # 查看转换后的"性别"列
```

运行结果为:

```
['男' 'M' '女' '男' 'F']
0    男
1    男
2    女
3    男
4    女
Name: 性别, dtype: object
```

经过上述一系列操作,表1.3.11中的数据最后变成如下形式,格式规范化处理完毕。

	客户编号	姓名	拼音	出生日期	性别	信用额度
0	1001	张三丰	Zhangsanfeng	1985-10-05	男	50000.0
1	1002	李天	Litian	1977-05-06	男	100000.0
2	1003	王非	Wangfei	1980-12-27	女	60000.0
3	1004	赵田	Zhaotian	1990-09-09	男	0.0
4	1005	周洲	Zhouzhou	1966-08-15	女	150001.0

（三）异常数据处理

异常值通常指样本中数值明显偏离其余观测值的个别值，也称为离群点。异常值的分析也称为离群点分析。在数据集中，异常值可能是需要被去掉或修改的噪声数据，也有可能是对数据分析而言含有重要有效信息的数据。因此在数据清洗过程中，识别出异常值对于后续分析的准确性非常重要。常用来检测异常值的方法有简单统计量分析、箱型图分析、3倍标准差等方法。

案例3 某公司人力资源部门要对2021年12月研发部门员工的工资做统计分析，数据如表1.3.13所示，存放在D:\，文件名为data.xlsx。数据分析人员需要先对工资表信息进行核对，查找是否有异常情况。

表1.3.13 某公司研发部门员工工资

日期	工号	姓名	年龄	所在部门	工资
2021/12/1	200113	丁海丰	23	研发部	900
2021/12/1	200102	张三	33	研发部	12000
2021/12/1	200109	郭智睿	32	研发部	12050
2021/12/1	200111	李智杰	32	研发部	12050
2021/12/1	200105	吴一凡	31	研发部	13100
2021/12/1	200112	丁玉亭	31	研发部	17700
2021/12/1	200108	叶小辉	31	研发部	18000
2021/12/1	200114	黄拓拓	30	研发部	19100
2021/12/1	200110	李智杰	29	研发部	19600
2021/12/1	200104	许明	29	研发部	19700
2021/12/1	200106	吴子裕	260	研发部	19700
2021/12/1	200103	郭浩	29	研发部	21700
2021/12/1	200115	黄斌	28	研发部	21700
2021/12/1	200116	许桥友	28	研发部	22000
2021/12/1	200101	李欣谢	34	研发部	22050
2021/12/1	200108	叶炜浩	33	研发部	52050

表格中日期为时间数据类型;工号、姓名、部门均是文本字符型;年龄、工资是数值型,也是异常值检测的重点对象。

1. 简单统计量分析

当数据量较大时,直接观察数据往往效果不佳。此时先对变量做描述性统计,能够比较快速地发现明显不合理的数据。最常用的统计量是最大值和最小值,用来判断变量的取值是否超出了合理的范围。

Pandas 中的 describe() 函数可以展示列数据的统计性描述信息,包括数值的均值、方差、最大最小值、非空值数量,以及字符型数据的不重复值个数、重复频次等,便于快速、粗略地了解数据的集中趋势和分布情况,为后续进一步的数据处理提供基础。具体使用方法如下:

describe(percentiles = None, include = None, exclude = None, datetime_is_numeric = False)

其中:

① percentiles:设置数值型特征的统计量,默认为 [.25,.5,.75],表示数值从小到大排序后,位于 25%、50%、75% 数据量时的数值,可以进行修改,如用 describe(percentiles = [.5,.75,.8]) 修改为统计并输出位于 50%、75%、80% 数据量时的数值。

② include:计算并输出某类数据的统计量,默认为计算数值型列数据的特征统计量;也可选择 include = ['object'] 表示统计字符型数据;include = 'all' 表示输出所有列的统计信息。

③ exclude:与 include 相反,表示某些数据不需要计算特征统计量,默认不排除任何数据。

④ datetime_is_numeric:是否把时间类型当成数值类型处理,默认为 False;当选择 True 时,把时间类型列看成数值类型,在默认情况下输出其统计信息。

输出结果:

① 如果统计的是数值型数据,则输出结果为:count 表示非空数据的个数,mean 表示该列数据的平均值,std 表示该列数据的标准差,25%/50%/75% 表示 25%/50%/75% 分位上的数值,max/min 分别表示该列数据的最大值/最小值。

② 如果统计的是字符型数据,则输出结果为:count 表示非空数据的个数,unique 表示去重后值的个数,top 表示出现频次最高的值,freq 表示出现的最高频次。

(1)数值型数据列统计。

以表 1.3.13 中的数据为例,用 describe() 函数判断"年龄"和"工资"两个数值型数据列的基本统计信息,代码如下:

```
frame = pd.read_excel ('D:\data.xlsx')        # 读入数据表格文件
print (frame.describe ())                      # 对数值型的数据列进行统计
```

运行结果如下：

```
            年龄          工资
count    16.000000    16.000000      # 非空值个数
mean     44.562500    18337.500000   # 平均值
std      57.510543    8442.856941    # 标准差
min      23.000000    900.000000     # 最小值
25%      29.000000    12837.500000   # 位于25%数据量位置的数据的值
50%      31.000000    19350.000000   # 位于50%数据量位置的数据的值
75%      32.250000    21700.000000   # 位于75%数据量位置的数据的值
max      260.000000   52050.000000   # 最大值
```

从"年龄"列的统计信息发现最小值为23，最大值为260，显然数据异常。通过核对出生日期，发现录入数据时出现错误，应该是26，误输入成260，需要将原年龄数据进行修正。

"工资"一列的统计信息中暂未发现明显异常，类似这种不容易通过常识判断出异常值的情况，可以借助统计学中的箱型图或者标准差的计算加以判别，后面两节将介绍这两种检测异常值的方式。

（2）字符型数据列统计。

以表1.3.13中的数据为例，用describe（）函数判断"工号""姓名""所在部门"三个字符型数据列的基本统计信息，代码如下：

```
print (frame.describe (include = 'object'))   # 指定输出文本类型列的统计信息
```

运行结果如下：

```
           工号       姓名      所在部门
count      16       16       16         # 非空值个数
unique     15       15       1          # 不重复值的个数
top        200108   李智杰    研发部      # 重复频次最高的值
freq       2        2        16         # 重复频次最高的数据的出现频率
```

分析输出结果，"工号"一列计数共有16，但不重复的值为15，出现频次最高的为"200108"，出现次数为2。说明"200108"这个数据值出现了一次重复，工号是每个员工的唯一标识号，不应该有重复，因此此处应溯源原数据，找出重复的原因。经核查，最后一行数据"叶炜浩"的工号录入错误，正确的工号为200107，需要进行更正。

"姓名"列输出结果显示"李智杰"名字出现了两次。但是，姓名可能有重复，查看原数据发现两人工号不同，年龄、工资均不同，因此可以判断只是重名而已，不做处理。

"所在部门"列一共有 16 个值，但只有一个唯一值"研发部"，共出现了 16 次，意味着 16 行记录里，这一列都是"研发部"，符合要求，无须进一步处理。

2. 箱型图分析

箱型图是一种用于显示一组数据分散情况的统计图，因形状如箱子而得名。它能显示出一组数据的最大值、最小值、中位数及上下四分位数。

在《金融大数据处理（初级）》教程中，曾经介绍过四分位数法进行异常值检测的方法。箱型图分析就是基于四分位数法，它提供了识别异常值的一个标准：异常值通常为小于 QL－1.5IQR 或大于 QU＋1.5IQR 的值。其中 QL 称为下四分位数，表示全部观察值中有 1/4 的数据取值比它小；QU 称为上四分位数，表示全部观察值中有 1/4 的数据取值比它大；IQR 称为四分位数间距，是上四分位数 QU 与下四分位数 QL 之差。[①] 箱型图示例如图 1.3.5 所示。

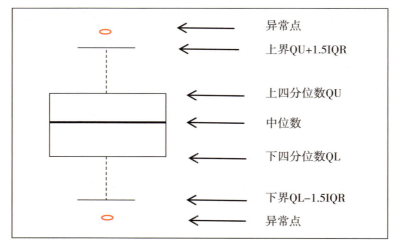

图 1.3.5　箱型图示例

图 1.3.5 中，上界（QU＋1.5IQR）之上，下界（QL－1.5IQR）之下的值均为异常值。上四分位数和下四分位数计算方法略微复杂，但有了上述 describe（）函数的输出值后，异常值区间计算就变得简单很多。25% 处的数值即为下四分位数，75% 处的数值即为上四分位数，再套用公式计算上界和下界。

---

① 张良均等：《Python 数据分析与挖掘实战（第 2 版）》，机械工业出版社 2019 年版。

(1) 计算上下界判断异常值。

表 1.3.13 中的数据在处理完"年龄"和"工号"的异常值后,对"工资"列的数据无法通过简单的数据统计识别出异常值,此时可用箱型图进一步进行分析。

计算表 1.3.13 中"工资"列的箱型图,具体代码如下:

```
des = frame.describe()
q1 = des['工资']['25%']        # 直接获取"工资"列 25% 分位数,即为下四分位数
q3 = des['工资']['75%']        # 直接获取"工资"列 75% 分位数,即为上四分位数
iqr = q3 - q1                  # 四分位数差
min_value = q1 - 1.5 * iqr     # 计算下界限的值
max_value = q3 + 1.5 * iqr     # 计算上界限的值
print('分位差为:%.3f,下限为:%.3f,上限为:%.3f'% (iqr, min_value, max_value))
                               # %.3f 表示调整格式为保留小数点后 3 位的浮点型数值
```

运行结果如下:

分位差为:8862.500,下限为:-456.250,上限为:34993.750

根据计算结果,"工资"列中小于下界限值 -456.250 或大于上界限值 34993.750 的均为异常值。对比表 1.3.13 中"工资"列的数据,可以得出最后一个值 52050 属于异常值,需要再次核对原数据,决定是否需要进行更正。

(2) 绘制箱型图判断异常值。

此外还可以通过用 Pandas 中 boxplot() 函数直接绘制箱型图,更加直观地观测异常值。boxplot() 函数只适用于 DataFrame 对象,Series 对象无法使用,具体用法如下:

DataFrame.boxplot(column = None, fontsize = None, rot = 0, grid = True, figsize = None, return_type = None)

其中:

① column:指定要进行箱型图分析的列,输入为 str 或由 str 构成的 list,默认为 None。

② fontsize:箱型图坐标轴字体大小。

③ rot:箱型图坐标轴旋转角度,默认为 0。

④ grid:箱型图网格线是否显示,默认为 True。

⑤ figsize:箱型图窗口尺寸大小。

⑥ return_type:指定返回对象的类型,默认为 None 表示不指定,当 return_type = 'axis'时,表示返回绘制 boxplot 的 matplotlib 轴;当 return_type = 'dict'时,表示返回一个字典,该字典有几个固定的键值,分别为"whiskers""caps""boxes""fliers""means",

其中"fliers"表示的是异常值点；当 return_type = 'both'时，表示返回一个带轴和字典的数组。

对表 1.3.13 中"工资"列的数据绘制箱型图，代码如下：

```
p = frame.boxplot（column = '工资'，return_type = 'dict'）    # 根据"工资"列数据绘制箱型图
y = p ['fliers'] [0] .get_ydata ()                              # 获取字典中异常值的纵坐标
print (y)                                                       # 输出异常值的值
```

输出结果如下所示，通过对箱型图的观测可以看到一个明显的异常值，其纵坐标（即图中的 y 值），为 52050，与前文中通过计算得到上界和下届判断异常值的结果一致。

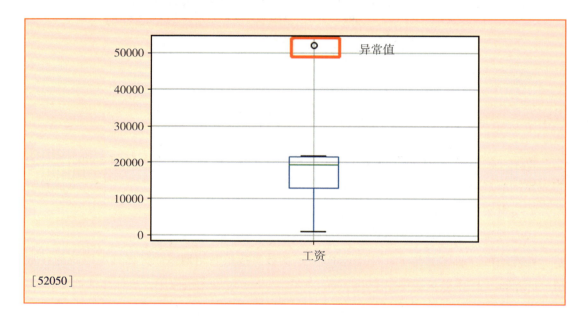

箱型图依据实际数据绘制，对数据没有任何限制性要求，如服从某种特定的分布形式，它能真实、直观地表现数据分布的本来面貌。箱型图识别异常值的结果比较客观，在识别异常值方面有一定的优越性。

3. 3σ 原则

如果数据服从正态分布，在 3σ 原则下，异常值被定义为一组测定值中与平均值的偏差超过 3 倍标准差的值。在正态分布的假设下，和平均值 μ 之间的距离超过 3σ 的值出现的概率为 $P(|x-\mu|>3\sigma) \leq 0.003$，属于极个别的小概率事件。如图 1.3.6 所示，红色箭头所指处就是异常值出现的范围。

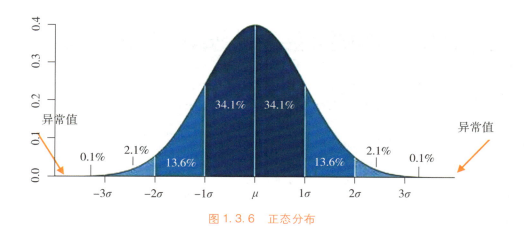

图 1.3.6 正态分布

假设表 1.3.13 中"工资"数据符合正态分布,可直接利用 describe() 函数计算出标准差和平均值,再根据 3σ 原则检测出异常值。具体代码如下:

```
des = frame.describe()
std = des['工资']['std']                # 获取"工资"列的标准差
mean = des['工资']['mean']              # 获取"工资"列的平均值
data = frame['工资']                    # 抽取 frame 中"工资"列数据
print(data[abs(data - mean) > 3 * std]) # 用 data 中每个数据减均值 mean,当差的绝
对值 abs 大于 3σ 时,输出相应的 data 数据,即计算 |x-μ|>3σ 的异常值
```

运行结果如下,检测出的异常值结果和利用箱型图分析得到的异常值一致。

```
15    52050
Name:工资, dtype: int64
```

异常值分析是检验数据是否录入错误以及含有不合常理的数据。忽视异常值的存在是十分危险的,把异常值包括到数据的计算分析过程中,对结果会产生不良影响;重视异常值的出现,分析其产生原因,常常成为发现问题进而改进决策的契机。

4. 异常值处理

经过了异常值检测之后,对发现的异常值需要视具体情况确定处理方法。有的可以直接删除异常值所在的数据记录;有的异常值可以用其他数据修正;有些异常值则可能蕴含着有用的信息,需要在具有异常值的数据集上进一步分析和挖掘。常用的异常值处理方法如表 1.3.14 所示。

表 1.3.14　异常值处理的常用方法

异常值处理方法	方法描述	举例说明
删除异常值记录	直接将含有异常值的记录删除	噪声数据可以直接删除
视为缺失值	将异常值视为缺失值，按照缺失值处理的办法进行处理	将异常值用 NaN 进行替换，然后采用均值、最大、最小值等进行替换
平均值修正	可用前后两个观测值的平均值修正该异常值	已知某个表格中数据已经按照年龄大小进行了排序，若某一个年龄值出现异常，可以使用前后值的平均值来修正该异常值
不处理	直接在具有异常值的数据集上进行挖掘建模	上述工资案例中的异常工资值，虽然检测出异常，但也在该公司规定的合理工资范围内，因此不做处理

对上文中表 1.3.13 数据进行统计分析，发现"年龄"列中有异常值 260，需要更正为 26；最后一行数据"叶炜浩"的工号录入错误，正确的工号为 200107；此外"叶炜浩"的工资偏离整体员工工资分布水平，经查证发现录入错误，正确工资为 32050 元。

下面使用 .loc［］函数选定异常值所在的位置，进行重新赋值修改处理，方法如下：
　　　　Series.loc［index／［index list］,column／［column list］］= value

.loc［］函数中第一个参数指定行位置，第二个参数指定列位置，第二个参数缺省时表示取指定行的所有列数据。参数可以是一个行（列）的索引值如"年龄"，也可以是多个行索引值组成的列表，如［'年龄'，'工号'，'工资'］。" = value"表示将 value 赋值给 .loc 指定的位置。

下面对表 1.3.13 中发现的异常值进行更正，代码如下：

```
# 选择 frame 数据中年龄恒等于 260 的行，"年龄"列的数据，并将该数据重新复赋值为 26
frame.loc［frame［'年龄'］= =260，'年龄'］］=26
# 选择 frame 数据中姓名是叶炜浩的行，"工号"列的数据，并将该数据重新复赋值为 200107
frame.loc［frame［'姓名'］= ='叶炜浩'，'工号'］］=200107
# 选择 frame 数据中姓名是叶炜浩的行，"工资"列的数据，并将该数据重新复赋值为 32050
frame.loc［frame［'姓名'］= ='叶炜浩'，'工资'］］=32050
Print（frame.describe（include ='all'））    # 计算并展示所有列数据的统计值
```

运行结果如下，日期型数据"日期"、文本型数据"工号""姓名""所在部门"展示了非空数据数量（count）、不重复数据数量（unique）、重复最高次数（freq）及对应的值（top），其余特征输出结果为空值（NaN）；而数值型数据"年龄"和"工资"展示了非空数据数量（count）、均值（mean）、方差（std）、最大/最小值（max/min）、各分位值（25%/50%/75%），其余特征为空值（NaN）。

	日期		工号	姓名	年龄	所在部门	工资
count	16		16	16	16.000000	16	16.000000
unique	1		16	15	NaN	2	NaN
top	2021-12-01 00:00:00		200111	李智杰	NaN	研发部	NaN
freq	16		1	2	NaN	15	NaN
mean	NaN		NaN	NaN	29.937500	NaN	17712.500000
std	NaN		NaN	NaN	2.839454	NaN	6776.073101
min	NaN		NaN	NaN	23.000000	NaN	900.000000
25%	NaN		NaN	NaN	28.750000	NaN	12837.500000
50%	NaN		NaN	NaN	30.500000	NaN	19350.000000
75%	NaN		NaN	NaN	32.000000	NaN	21700.000000
max	NaN		NaN	NaN	34.000000	NaN	32050.000000

分析输出结果可以发现"年龄"最大值为34，不再是260；"工号"重复频次为1，即无重复；"工资"的最大值变成32050，所有异常值均被修正完毕。

（四）重复数据处理

数据分析中，数据重复的情况非常常见。数据重复包括部分重复和完全重复，对于完全重复的数据，删除多余数据，保留一条即可；对于部分重复的数据，需要核对数据内容，检查重复的合理性，然后做出更正或删除。

案例4 某保险公司部门需要定期维护客户的个人信息，小王拿到该部门内部保存的一份客户信息表，数据如表1.3.15所示，数据表名为data.xlsx，保存在电脑D:\下，现需对数据进行清洗，以提高客户信息数据的质量。

表1.3.15 部门客户信息

姓名	出生日期	手机号	客户等级	录入日期
张三	1983/5/6	13901100015	1	2020/12/30
李四	1975/12/13	13911336673	2	2021/3/30
王五	1988/7/10	13901355950	2	2021/6/30
李四	1975/12/13	18866883723	3	2021/6/30
张三	1983/5/6	13901100015	1	2021/8/20
王五	1990/3/20	15966661793	4	2021/11/30

1. 重复值的识别

Pandas中的duplicated（）函数通过返回布尔值Series来判断DataFrame对象中每一行是否与之前出现过的行相同，即是否存在重复的情况。如果返回值为True，则说明该行为重复行；若为False，则说明没有重复。具体函数用法如下：

$$\text{duplicated}(\text{subset}=\text{None},\ \text{keep}=\text{'first'})$$

其中：

① subset：指定进行重复值比较的列，默认对全部列进行比较。

② keep：可选择 {'first', 'last', False} 中的任何一个，指定重复行的位置，并返回布尔值 True/False。默认 keep = 'first'表示第一次出现的行标记为 False，其余重复行标记为 True；当 keep = 'last'时，将最后一次出现的重复行标记为 True，其余标记为 False；当 keep = False 时，将所有重复值标记为 True。

用 duplicated（）来判断表 1.3.15 中的数据是否存在重复值，代码如下：

```
import pandas as pd
frame = pd.read_excel（'D:\data.xlsx'）    # 读取数据文件
print（frame.duplicated（））               # 判断各行是否有重复，并打印判断结果
```

运行结果如下，全部都是 False，说明数据中没有两行是所有数据都重复的。

```
0    False
1    False
2    False
3    False
4    False
5    False
dtype: bool
```

分析表格发现，"姓名"列中"张三""李四""王五"这几个名字存在重复，对应的"出生日期"和"手机号"也存在数据重复。再将相同名字的两条记录逐列比对，发现对应"张三"的两条记录，"出生日期"和"手机号"都相同，只是录入时间不一致，这有可能是在不同的时间对"张三"的相关记录进行了重复录入。因此需要通过筛选特定的列，再次检验数据是否重复。

在上述案例中是客户的基本信息表，因此当"姓名""出生日期""手机号"都相同时，就认定为重复记录。通过 duplicated（）函数中的 subset 参数设定需要比较的列，再次进行重复值判断，代码如下：

```
print（frame.duplicated（['姓名','出生日期','手机号']））    # 指定比较该三列的值
```

运行结果如下：

```
0    False
1    False
2    False
3    False
4    True
5    False
dtype: bool
```

其中第 5 行"张三"的数据记录被判定为重复（True），而第 1 条"张三"的记录被判定为不重复（False），这是因为使用 duplicated（）函数时没有指定标记方式，函数默认将第一次出现的行标记为 False，其余重复为 True。如果想标记出所有出现重复的行，则可设置 keep 参数为 False，代码如下：

```
print（frame.duplicated（subset = ['姓名','出生日期','手机号']，keep = False））
```

运行结果如下所示，所有出现重复记录的行都被标注为 True。

```
0    True
1    False
2    False
3    False
4    True
5    False
dtype: bool
```

2. 重复值的删除

找到了重复值之后，需要对重复值进行删除处理，Pandas 中的 drop_duplicates（）函数可以用于删除 duplicated（）函数返回结果中被标记为 True 的行。具体函数如下：

DataFrame.drop_duplicates（subset = None，keep = 'first'，inplace = False）

其中：

① subset：指定进行重复值比较的列，默认所有列。

② keep：可选择 {'first'，'last'，False} 中的任何一个，指定多个重复数据中保留行的位置。默认"first"，表示保留第一次出现的重复数据行，其余重复行删除；"last"表示保留最后一次出现的重复数据行，其余重复行删除；"False"表示所有重复记录行均删除。

③ inplace：是否重新生成一个副本数据，默认 False，表示重新生成一个副本，True 表示直接在原数据上修改。

将上文中发现的第5行"张三"的重复记录删除，代码如下：

```
print（frame.drop_duplicates（subset =［'姓名，'出生日期，'手机号'］））
```

运行结果如下，行索引号为4的第5行记录作为重复值被删除。

	姓名	出生日期	手机号	客户等级	录入日期
0	张三	1983-05-06	13901100015	1	2020-12-30
1	李四	1975-12-13	13911336673	2	2021-03-30
2	王五	1988-07-10	13901355950	2	2021-06-30
3	李四	1975-12-13	18866883723	3	2021-06-30
5	王五	1990-03-20	15966661793	4	2021-11-30

在得到的运行结果中，再次对同名记录进行分析，发现客户"李四"也有两条记录，并且姓名、出生日期相同，但手机号不一样。结合"李四"客户的其他信息比较（数据中未体现，比如身份证号码等）发现两人其实为同一人，再结合"录入时间"数据，发现可能是"李四"客户更换了手机号导致出现多条记录。因此，保留最后一条"李四"的数据记录，将之前的重复记录进行删除，代码如下：

```
print（frame.drop_duplicates（subset =［'姓名'，'出生日期'］，keep ='last'））
```

运行结果如下：

	姓名	出生日期	手机号	客户等级	录入日期
2	王五	1988-07-10	13901355950	2	2021-06-30
3	李四	1975-12-13	18866883723	3	2021-06-30
4	张三	1983-05-06	13901100015	1	2021-08-20
5	王五	1990-03-20	15966661793	4	2021-11-30

再次观察运行结果，发现有两个"王五"，但他们的出生日期、手机号均不相同，应该是同名的两个人，因此不作为重复记录进行处理。

任务实施

2016—2020年中国大陆各地区食品CPI数据如开篇任务要求中表1.3.1所示，现在进行数据清洗处理。

一、数据读取

将表1.3.1中数据保存在D:\下data.xlsx文件中,将数据读取至DataFrame对象中。代码如下:

```
import pandas as pd                                              # 导入pandas包
frame = pd.read_excel('D:\data.xlsx', sheet_name='CPI_case')     # 读取文件
print(frame)
```

运行结果如下:

	指标	地区	2016年	2017年	2018年	2019年	2020年
0	食品	辽宁省	103	98.7	102.331	106.1	107.4
1	食品	山西省	103.3	98	101.962	106.3	106.93
2	食品	内蒙古自治区	102.6	99.32	102.341	105.4	105.7
3	食品	北京市	103.3	99.44	102.906	1052	105.7
4	食品	天津市	102.8	99.9	103.378	104.6	106.5
5	食品	河北省	103%	98.75%	102.174%	105.9%	107.1%
6	食品	黑龙江省	103.1	97.31	100.694	107.4	108
7	NaN	NaN	NaN	NaN	NaN	NaN	NaN
8	食品	吉林省	103.6	97.9	101.235	107.5	107.5
9	食品	上海市	104.8	100.7	102.513	105	105.3
10	食品	江苏省	104.7	99.23	NaN	107.1	109.15
11	食品	浙江省	105.1	99.1	102.605	106.2	107.4
12	食品	福建省	104.7	97.9	101.721	107.3	107
13	食品	安徽省	104.6	97.46	102.099	107.1	108.4
14	食品	山东省	104.3	98.3	102.36	107.9	109.5
15	食品	NaN	105.6	98.5	100.585	107.8	108.8
16	食品	河南省	104.1	96.84	101.225	107.4	108.5
17	食品	湖北省	105.4	98.3	101.597	107	109.33
18	食品	湖南省	105.3	98.7	100.793	107.32	108.3
19	食品	广东省	105.9	98.9	101.805	108.14	109.1
20	食品	广西壮族自治区	104.3	98.53	100.425	109.5	109.2
21	食品	重庆市	104.7	97	101.351	109.6	107.9
22	NaN	重庆市	104.73	97	101.4	109.6	107.9
23	NaN	海南省	106.1	99.3	100.907	108.12	108.4
24	食品	青海省	102.4	99.5	103.286	105.3	106.5
25	食品	云南省	104.3	99.83	100.224	106.6	111.6
26	食品	四川省	105.0	97.2	101.329	108.9	111
27	食品	西藏自治区	104.41	101.1	101.739	103.3	104.8
28	食品	宁夏回族自治区	103.2	99	103.282	108.44	105.4
29	食品	陕西省	103.8	98.2	101.896	105.6	107.6
30	食品	新疆维吾尔自治区	101.56	100.8	102.826	106.3	NaN
31	NaN	贵州省	104.5	99.21	100.346	106.4	110.3
32	食品	甘肃省	104	99.4	100.901	105.4	106.4

二、数据格式规范

（一）查看数据格式

首先查看表1.3.1中各列的数据类型，如不符合预期则进行类型转换。代码如下：

```
print（frame.dtypes）
```

运行结果如下：

```
指标      object
地区      object
2016 年   object
2017 年   object
2018 年   object
2019 年   object
2020 年   object
dtype: object
```

2016年至2020年CPI数据均为object字符类型，需要将其转换成浮点型。

（二）转换数据格式

将2016年的数据转化为浮点型数据，程序如下，发现运行报错。

```
frame = frame.astype（{'2016 年': 'float64'}）
ValueError: could not convert string to float: '103%'
```

检查运行错误的原因，显示不能把字符串103%转换成float类型。观察表1.3.1，发现"河北省"的CPI数值后有"%"，需要先去除"%"，然后再转换成float类型。代码如下：

```
# 字符串的末尾（$）是%的，替换为空字符
frame = frame.replace（r'% $', '', regex = True）
# 将2016—2020年的列数据用字典方式转换为浮点型
frame = frame.astype（{'2016 年': 'float64', '2017 年': 'float64', '2018 年': 'float64', '2019 年': 'float64', '2020 年': 'float64'}）
# 查看转换后的数据类型是否是浮点型
print（frame.loc [:, ['2016年', '2017年', '2018年', '2019年', '2020年']].dtypes
```

运行结果如下:

```
2016 年    float64
2017 年    float64
2018 年    float64
2019 年    float64
2020 年    float64
dtype: object
```

(三) 处理空字符及特殊字符

从表 1.3.1 的读取结果可以看到,"地区"列有一些空字符及特殊字符存在,这些符号不利于后续的数据存储及分析,需要进行清除。代码如下:

```
# 将一个至多个任意空白字符替换成空字符
frame = frame.replace(r'\s+', '', regex=True)
# 将"地区"列数据中的特殊字符"*"和"-"去掉
frame['地区'] = frame['地区'].replace(r'\*', '', regex=True).replace(r'-', '', regex=True)
```

此外,从表 1.3.1 中可以发现各年的 CPI 数据小数位数不统一,小数点后有的保留 1 位,有的保留 3 位,有的是整数,应该要进行小数位数的统一处理。但是后续在进行数据异常值检测、空值填充时可能要进行数据计算,并将计算结果填充或替换进 frame 数据中。通常计算出的数值是多位小数,这些多位小数被填充进 frame 中后,Python 会自动将该位置所在列的全部数据变成统一小数位数。例如"工资"栏是小数点后 0 位,A 某工资缺失,用平均工资进行填充,计算出的平均工资是 8532.345,当该数据被填充到"工资"列后,"工资"列所有数据将统一变成小数点后 3 位,导致需要再次统一小数位数。因此暂时不进行小数位数的统一,待全部计算完毕后再处理。

三、异常值处理

观察表 1.3.1 中数据,发现有个别 CPI 数据为空,在进行缺失值填充之前,先进行异常值检测,以免使用均值或邻近值填充缺失值的时候受到异常值的影响。

通过查看各数据列的简单统计描述信息,找出明显异常的数据,代码如下:

```
print(frame.describe())    # 查看数值类型列的统计描述信息
```

运行结果如下：

	2016 年	2017 年	2018 年	2019 年	2020 年
count	32.000000	32.000000	31.000000	32.000000	31.000000
mean	104.131250	98.728750	101.749548	136.453750	107.826129
std	1.079626	1.099621	0.903570	167.074647	1.649638
min	101.560000	96.840000	100.224000	103.300000	104.800000
25%	103.275000	97.975000	101.066000	106.050000	106.715000
50%	104.300000	98.725000	101.739000	107.100000	107.900000
75%	104.747500	99.340000	102.350500	107.955000	108.950000
max	106.100000	101.100000	103.378000	1052.000000	111.600000

从统计结果可以发现，2019 年列的最大值为 1052，该数值明显和其他数值出入较大。经过原数据的比对，发现为数据录入时出现错误，将 105.2 误输入成 1052，对表格数据进行更正。

```
print（frame［'2019 年'］.values)                        # 输出替换前该列数据的值
frame［'2019 年'］.replace（1052，105.2，inplace = True) # inplace = True 更正后结果覆盖原数据
print（frame［'2019 年'］.values)                        # 输出替换后该列数据的值
```

运行结果：

[106.1 106.3 105.4 105.2 104.6 105.9 ……]

四、重复值删除

分析表 1.3.1 中数据，2016—2020 年 CPI 的值是允许出现重复的，无须进行判断和处理。只有"地区"列不应该出现重复，因此只需分析该列是否存在重复数据。

（一）重复值检测

重复值的判断有多种方法，第一种是用 duplicated（）方法对每一行是否重复进行判断；第二种是利用 describe（）方法输出的唯一值来进行重复值判断。

第一种方法，使用 duplicated（）函数，代码如下：

```
print（frame.duplicated（'地区'))
```

运行结果如下,发现第 22 行出现重复值。

```
         ……………
    18   False
    19   False
    20   False
    21   False
    22   True
    23   False
```

第二种方法,使用 describe() 函数,代码如下:

```
print (frame. describe (include = 'object'))
```

运行结果如下,发现"地区"列的"重庆市"重复了 2 次。

```
           指标      地区
    count   29       31
    unique   1       30
    top     食品     重庆市
    freq    29        2
```

结合两种方法的结果,可以得知第 22 行"地区"列重复了,重复值为"重庆市"。

(二) 重复值删除

对比重复的两行数据,发现数据完全一致,因此需要将重复记录进行删除,代码如下:

```
frame = frame. drop_duplicates ('地区', keep = 'last')    # 将地区名出现重复的记录删除,保留最后出现的数据
```

五、缺失值处理

(一) 空值检测

从结果中明显发现一个空行,需要删除。除空行外,可以发现数据中还存在不少空值,用 isnull() 函数检测空值情况。代码如下:

```
print (frame. isnull (). all (axis = 1))      # 查看是否有全为空的行,axis = 1 表示按行查看
frame = frame. dropna (how = 'all')          # 删除全部为空的行
print (frame. isnull (). any ())             # 查看是否有存在任意一个空值的列
```

运行结果如下:

```
指标    True
地区    True
2016年  False
2017年  False
2018年  True
2019年  False
2020年  True
dtype: bool
```

从运行结果可以看出,"指标""地区""2018年""2020年"4列都存在缺失值,但无法得知空值的个数,需要再次查询各列数据。当数据量较大时,人工观测缺失数据容易出现偏差,因此用 info() 函数查看每列数据的类型及非空值个数,以进一步了解缺失值数量和位置。代码如下:

```
print(frame.info())          # 查看数据
```

运行结果如下所示。可以看出一共有32行,"指标"列有29个非空值,也就是说有3个空值;"地区""2018年""2020年"三列均有31个非空值,1个空值。

```
<class 'pandas.core.frame.DataFrame'>
Int64Index: 32 entries, 0 to 32
Data columns (total 7 columns):
# Column  Non-Null Count  Dtype
---------------------------------
0 指标     28 non-null  object
1 地区     30 non-null  object
2 2016年   31 non-null  float64
3 2017年   31 non-null  float64
4 2018年   30 non-null  float64
5 2019年   31 non-null  float64
6 2020年   30 non-null  float64
dtypes: float64(5), object(2) memory usage: 1.9+ KB None
```

(二) 固定值填充空值

分析空值的原因和处理办法。

(1) 表1.3.1是食品的 CPI 数据,"指标"列显然应该全部为"食品",因此对"指标"列的缺失值,全部补充为"食品"字符。

（2）"地区"列应该是全国（不含港澳台）各省、自治区、直辖市地名。利用排除法发现缺失值应该为"江西省"，因此该列的缺失值处补充为"江西省"。

执行代码如下：

```
#"指标"列的空值全部填充为"食品"，"地区"列的空值，全部填充为"江西省"
frame = frame.fillna（{'指标'：'食品'，'地区'：'江西省'}）
```

（三）均值填充空值

"2018年"和"2020年"两列的缺失值都为CPI数据。因为一个省份的CPI数据在多年间是渐进变化的，因此可以用一省份多年CPI的均值来填充缺失值；此外在一个年度中，全国的CPI指标整体涨跌情况大致相同，因此也可以用该年度全国各省份CPI的均值来填充某省份CPI的缺失值。

这里对2018年江苏省缺失的CPI数据用2018年全国各省份的平均值进行替换；对2020年缺失的新疆维吾尔自治区的CPI，用该地区2016—2020年数据的平均值进行替换。

```
mean_2018 = frame ['2018年'].mean()           # 计算"2018年"列的平均值
mean_2020 = frame.iloc [29, [2, 3, 4, 5]].mean()  # 计算的新疆维吾尔自治区2016—
2020年CPI数据的平均值，iloc函数只接受整数型的位置序号，并且从0开始计数
# 用mean_2018填充"2018年"列的空值，用mean_2020填充"2020年"列的空值
frame = frame.fillna（{'2018年'：mean_2018，'2020年'：mean_2020}）
```

运行结果如下，所有空值都被修正处理。要注意的是由于删除了一行空白行，因此数据中行索引值为7的行缺失，但用iloc调用行时，由于只能使用行对应的位置整数，因此要调用行索引值为30的新疆维吾尔自治区的数据，需要使用的iloc参数是该行所在的位置号29（从0开始的第29行），这里要注意索引值与位置号的区别。

	指标	地区	2016年	2017年	2018年	2019年	2020年
0	食品	辽宁省	103.00	98.70	102.33100	106.10	107.4000
1	食品	山西省	103.30	98.00	101.962000	106.30	106.9300
2	食品	内蒙古自治区	102.60	99.32	102.341000	105.40	105.7000
3	食品	北京市	103.30	99.44	102.906000	105.20	105.7000
4	食品	天津市	102.80	99.90	103.378000	104.60	106.5000
5	食品	河北省	103.00	98.75	102.174000	105.90	107.1000
6	食品	黑龙江省	103.10	97.31	100.694000	107.40	108.0000
8	食品	吉林省	103.60	97.90	101.235000	107.50	107.5000
9	食品	上海市	104.80	100.70	102.513000	105.00	105.3000
10	食品	江苏省	104.70	99.23	101.749548	107.10	109.1500
11	食品	浙江省	105.10	99.10	102.605000	106.20	107.4000
12	食品	福建省	104.70	97.90	101.721000	107.30	107.0000
13	食品	安徽省	104.60	97.46	102.099000	107.10	108.4000

14	食品	山东省		104.30	98.30	102.360000	107.90	109.5000
15	食品	江西省		105.60	98.50	100.585000	107.80	108.8000
16	食品	河南省		104.10	96.84	101.225000	107.40	108.5000
17	食品	湖北省		105.40	98.30	101.597000	107.00	109.3300
18	食品	湖南省		105.30	98.70	100.793000	107.32	108.3000
19	食品	广东省		105.90	98.90	101.805000	108.14	109.1000
20	食品	广西壮族自治区		104.30	98.53	100.425000	109.50	109.2000
21	食品	重庆市		104.70	97.00	101.351000	109.60	107.9000
22	食品	重庆市		104.73	97.00	101.400000	109.60	107.9000
23	食品	海南省		106.10	99.30	100.907000	108.12	108.4000
24	食品	青海省		102.40	99.50	103.286000	105.30	106.5000
25	食品	云南省		104.30	99.83	100.224000	106.60	111.6000
26	食品	四川省		105.00	97.20	101.329000	108.90	111.0000
27	食品	西藏自治区		104.41	101.10	101.739000	103.30	104.8000
28	食品	宁夏回族自治区		103.20	99.00	103.282000	108.44	105.4000
29	食品	陕西省		103.80	98.20	101.896000	105.60	107.6000
30	食品	新疆维吾尔自治区		101.56	100.80	102.826000	106.30	102.8715
31	食品	贵州省		104.50	99.21	100.346000	106.40	110.3000
32	食品	甘肃省		104.00	99.40	100.901000	105.40	106.4000

（四）小数位数统一

上述输出结果中可以发现 CPI 的数据小数位数并未统一，有的小数点后保留 2 位，有的保留 4 位、6 位等情况，为了方便展示，进行小数点后保留 1 位的统一化处理。代码如下：

```
frame = frame.round（1）
```

六、完整代码

```
import pandas as pd                                              # 导入 Pandas 包
pd.set_option（'display.unicode.ambiguous_as_wide'，True）        # 设置输出格式，使得行列对齐
pd.set_option（'display.unicode.east_asian_width'，True）

# 格式规范
frame = pd.read_excel（'data1.xlsx'）                             # 读取文件
frame = frame.replace（r'% $'，''，regex = True）                 # 去掉末尾的%
frame = frame.astype（｛'2016 年'：'float64'，'2017 年'：'float64'，'2018 年'：'float64'，'2019 年'：
'float64'，'2020 年'：'float64'｝）                                # 将 CPI 数据转换为浮点型数值
```

```
frame = frame.replace（r'\s+'，''，regex = True）        # 将一个至多个任意空白字符删除
frame［'地区'］= frame［'地区'］.replace（r'\*'，''，regex = True）.replace（r'-'，''，regex = True）
                                                        # 删除"*"和"-"特殊符号

# 异常值处理
print（frame.describe（））                             # 查看数据基本统计信息
print（frame［'2019 年'］.values）                      # 输出异常值所在列的数据值
frame［'2019 年'］.replace（1052，105.2，inplace = True）  # 更正异常数据 1052 为 105.2
print（frame［'2019 年'］.values）                      # 输出替换后该列数据的值

# 重复值删除
print（frame.duplicated（'地区'））                     # 查看"地区"列是否重复
print（frame.describe（include = 'object'））           # 查看文本数据统计信息
frame = frame.drop_duplicates（'地区'，keep = 'last'）  # 将"地区"重复的记录删除，保留最后出现的数据
print（frame）                                          # 查看数据

# 缺失值处理
print（frame.isnull（）.all（axis = 1））                # 查看是否有全为空的行，axis = 1 表示按行查看
frame = frame.dropna（how = 'all'）                     # 删除全部为空的行
print（frame.isnull（）.any（））                        # 查看是否有全为空的行
frame = frame.fillna（{'指标'：'食品'，'地区'：'江西省'}）  # "指标"列填充"食品"，"地区"列填充"江西省"
mean_2018 = frame［'2018 年'］.mean（）                  # 计算"2018 年"列的平均值
mean_2020 = frame.iloc［29，[2，3，4，5]］.mean（）       # 计算第 29 行的平均值
frame = frame.fillna（{'2018 年'：mean_2018，'2020 年'：mean_2020}）  # 均值填充缺失值处
frame = frame.round（1）                                # 保留小数点后 1 位
```

最后经过数据清洗，得到的数据如下：

	指标	地区	2016 年	2017 年	2018 年	2019 年	2020 年
0	食品	辽宁省	103.0	98.7	102.3	106.1	107.4
1	食品	山西省	103.3	98.0	102.0	106.3	106.9
2	食品	内蒙古自治区	102.6	99.3	102.3	105.4	105.7
3	食品	北京市	103.3	99.4	102.9	105.2	105.7
4	食品	天津市	102.8	99.9	103.4	104.6	106.5
5	食品	河北省	103.0	98.8	102.2	105.9	107.1
6	食品	黑龙江省	103.1	97.3	100.7	107.4	108.0
8	食品	吉林省	103.6	97.9	101.2	107.5	107.5
9	食品	上海市	104.8	100.7	102.5	105.0	105.3

10	食品	江苏省	104.7	99.2	101.8	107.1	109.2
11	食品	浙江省	105.1	99.1	102.6	106.2	107.4
12	食品	福建省	104.7	97.9	101.7	107.3	107.0
13	食品	安徽省	104.6	97.5	102.1	107.1	108.4
14	食品	山东省	104.3	98.3	102.4	107.9	109.5
15	食品	江西省	105.6	98.5	100.6	107.8	108.8
16	食品	河南省	104.1	96.8	101.2	107.4	108.5
17	食品	湖北省	105.4	98.3	101.6	107.0	109.3
18	食品	湖南省	105.3	98.7	100.8	107.3	108.3
19	食品	广东省	105.9	98.9	101.6	108.1	109.1
20	食品	广西壮族自治区	104.3	98.5	100.4	109.5	109.2
22	食品	重庆市	104.7	97.0	101.4	109.6	107.9
23	食品	海南省	106.1	99.3	100.9	108.1	108.4
24	食品	青海省	102.4	99.5	103.3	105.3	106.5
25	食品	云南省	104.3	99.8	100.2	106.6	111.6
26	食品	四川省	105.0	97.2	101.3	108.9	111.0
27	食品	西藏自治区	104.4	101.1	101.7	103.3	104.8
28	食品	宁夏回族自治区	103.2	99.0	103.3	108.4	105.4
29	食品	陕西省	103.8	98.2	101.9	105.6	107.6
30	食品	新疆维吾尔自治区	101.6	100.8	102.8	106.3	102.9
31	食品	贵州省	104.5	99.2	100.3	106.4	110.3
32	食品	甘肃省	104.0	99.4	100.9	105.4	106.4

任务小结

本次任务学习了结构化数据的定义及数据清洗的方法。采集到的原始数据可能会存在各种各样的问题，称为"脏数据"。这样的"脏数据"会对后续分析、建模、挖掘等带来困难或导致结果不准确。本次任务中关于数据处理的方式包括：缺失值处理、数据格式规范、异常值分析以及重复值处理，对应的 Python Pandas 函数库的函数如表 1.3.16 所示。这些方法在实际数据处理中并没有一定的顺序要求，数据处理人员需要结合数据本身的特点，恰当、合理地选择处理流程和相应方法，灵活使用。

表 1.3.16　数据处理函数

数据处理	函数名	具体用法
DataFrame 对象构造	pd.DataFrame（构造 DataFrame 对象）	pd.DataFrame（data, index = None, columns = None） ① data：传入的数据，接受字典、列表、数组等格式，字典格式为 {A：[A1, A2, …]，B：[B1, B2, …]，…} ② index：指定行索引，接受数字或列表 ③ columns：指定列索引，索引个数可以小于 data 的列数

续表 1.3.16

数据处理	函数名	具体用法
从文件中读取数据	read_excel（从 Excel 文件中读取数据）	pd.read_excel（io, sheet_name = 0, header = 0, names = None, index_col = None, usecols = None, dtype = None） ① io：读取文件的路径 ② sheet_name：需要读取的 Excel 文件中 sheet 页名 ③ header：指定其一行作为列索引 ④ names：设置列索引 ⑤ index_col：指定其一列作为行索引 ⑥ usecols：指定读取的列 ⑦ dtype：指定读取数据时列的数据类型
	read_csv（从 CSV 文件中读取数据）	pd.read_csv（filepath, sep = ',', header = 'infer', names = None, index_col = None, usecols = None, skip_blank_lines = True） ① filepath：读取文件的路径 ② sep：指定 CSV 文件中的分隔符，默认为',' ③ header：指定某行作为列索引 ④ names：设置列名称 ⑤ index_col：指定某列作为行索引 ⑥ usecols：读取原数据集的某些列 ⑦ skip_blank_lines：是否跳过空白行，默认为 True
	read_json	从 JSON 字符串中读取数据
	read_table	从文件、URL 或文件型对象读取分隔好的数据，制表符（'\t'）是默认分隔符
将数据写入文件	to_excel（数据写入 Excel 文件）	DataFrame.to_excel（excel_writer, sheet_name = "Sheet", columns = None, header = True, index = True, Startcol = 0） ① excel_writer：写入的文件路径 ② sheet_name：表示将数据写入的 excel 文件指定的 sheet 中 ③ columns：写入文件的列索引 ④ header：是否将列索引写入文件，默认为 True ⑤ index：是否将行索引写入文件，默认为 True ⑥ Startcol：起始行，默认从 0 开始写入
	to_csv（数据写入 CSV 文件）	.to_csv（path_or_buf, sep = ',', na_rep = ' ', columns = None, header = True, index = True） ① path_or_buf：输出文件路径和对象 ② sep：同一行记录中各字段间的分隔符，默认',' ③ na_rep：空值的替代字符，默认空字符串 ④ columns：要写入的列 ⑤ header：是否将列索引写入文件，默认为 True ⑥ index：是否将行索引写入文件，默认为 True
	to_json	将数据写入 JSON 字符串

续表 1.3.16

数据处理	函数名	具体用法
从 DataFrame 中获取数据	df [ ] [ ] （获取 DataFrame 对象 df 中的数据）	df [columns] [index] ① [index] 行索引值，可以缺省 ② [columns] 列索引值，df [columns] 表示获取列索引为 columns 的单列数据；df [[columns1，columns2，…]] 表示获取 columns1，columns2，…多列数据
	df.loc [ ] （用索引获取数据）	df.loc [index，columns]，获取 df 中 index、columns 的数据 ① df.loc [index] 表示取行索引值为 index 的所有列的数据 ② df.loc [:，columns] 表示取列索引值为 columns 的所有行的数据
	df.iloc （用位置号获取数据）	常用形式：df.iloc [val1，val2]，获取 df 中行索引位置为 val1，列位置为 val2 的数据，只接受从 0 开始的整数 ① df.iloc [val1] 表示取第 val1 行所有列的数据 ② df.iloc [:，val2] 表示取第 val2 列所有行的数据
缺失值处理	isnull （判断是否有空值）	判断数据中是否存在空值（NaN），并返回是否是缺失值的布尔值 ① insnull ().any () 判断一列数据的任意一个是否存在空值 ② insnull ().all () 判断一列数据是否全部是空值
	notnull （是否不为空）	isnull 的反函数
	dropna （过滤缺失值）	DataFrme.dropna (axis = 0，how = 'any'，thresh = None，subset = None，inplace = False) ① axis：默认 axis = 0/'index'，按行删除；axis = 1/'columns'，按列删除 ② how：how = 'any'/'all' 任意一个缺失还是全部缺失 ③ thresh：整数，当行（列）中非空数多于 int 时，该行（列）被保留 ④ subset：从 subset 指定的行（列）中寻找缺失值 ⑤ inplace：筛选后的数据是否覆盖原数据
	Fillna （缺失值填充）	Series.fillna (value = None，method = None，axis = None，inplace = False，limit = None) ① value：用来填充的值 ② method：插值填入的方式，backfill/bfill 表示用下一个非缺失值填充；pad/ffill 表示用前一个非缺失值去填充 ③ axis：需要填充的轴，axis = 0 按行填充，axis = 1 按列填充 ④ limit：用户前向或后向填充时最大的填充范围

续表 1.3.16

数据处理	函数名	具体用法
格式规范	info（数据统计）	输出 DataFrame 对象中各列的索引、非空计数、数据类型以及内存使用
	dtypes（查看数据类型）	返回 DataFrame 对象中每一列的数据类型
	astype（数据类型转换）	DataFrame.astype（dtype，copy = True） ① dtype：被转换成的类型，可选'object'、'int64'、'float64'、'datetime64'等；可用字典方式 {col1：dtype1，col2：dtype2 …} 同时对多个列进行不同类型的转换 ② copy：是否将转换后的数据覆盖原数据
	to_datatime（数据转换为日期型）	DataFrame.to_datatime（arg，format = None） ① arg：数据的索引值 ② format：日期格式，'% Y - % m - % d'、'% Y - % m - % d % H:% M:% S'等
	to_numeric（数据转换为数值型）	pd.to_numeric（arg，downcast） ① arg：需要处理的数据 ② downcast：转换后的数据类型，'int64'、'object'、'float64'等，默认 float64
	values（显示数据的值）	检测数据的值，常用形式：DataFrame.values
	strip/lstrip/rstrip（去除特定字符）	同时去除字符串左右两边的空格字符，常用形式：Series.str.strip（） 去除字符串开头的空格符，常用形式：Series.str.lstrip（） 去除字符串末尾的空格符，常用形式：Series.str.rstrip（）
	upper/lower/title（转换大小写）	全大写：Series.str.upper（） 全小写：Series.str.lower（） 首字母大写，其余小写：Series.str.title（）
	replace（数据替换）	DataFrame.replace（to_replace = None，value = None，inplace = False，limit = None，regex = False，method = 'pad'） ① to_replace：需要被替换的值 ② value：替换后的值 ③ inplace：是否要改变原数据表格，默认为 False ④ limit：限制替换的次数 ⑤ regex：是否使用正则表达式，默认 False 不使用 ⑥ method：替换方式，包括 pad/ffill（用前一个值去替换该值）、bfill（用后一个值去替换该值）
	round（保留小数位）	DataFrame.round（decimal）四舍五入保留 n 位小数，decimal 是四舍五入后保留的小数位数

续表 1.3.16

数据处理	函数名	具体用法
异常值处理	describe（基本统计描述）	describe（percentiles = None, include = None, exclude = None, datetime_is_numeric = False） ① percentiles：设置数值型特征的统计量，默认为 [.25，.5，.75] ② include：计算某类数据的统计量，默认数值型数据，可选 ['object'] 文本型或 "all" 全部 ③ exclude：与 include 相反 ④ datetime_is_numeric：是否把时间类型当成数值类型处理，默认 False
	boxplot（绘制箱型图）	DataFrame.boxplot（column = None, fontsize = None, rot = 0, grid = True, figsize = None, return_type = None） ① column：指定要进行箱型图分析的列 ② fontsize：箱型图坐标轴字体大小 ③ rot：箱型图坐标轴旋转角度 ④ grid：箱型图网格线是否显示 ⑤ figsize：箱型图窗口尺寸大小 ⑥ return_type：指定返回对象的类型
	duplicated（寻找重复值）	duplicated（subset = None, keep = 'first'） ① subset：指定进行重复值比较的列或行 ② keep：可选择 {'first', 'last', False} 指定重复行的位置，并返回布尔值 True/False。"first" 第一次出现的行标记为 False，"last" 最后一次出现的重复行标记为 True，"False" 将所有重复值标记为 True
	drop_duplicates（删除重复值）	删除 duplicated（）函数判定为 true 的重复数据，常用形式：DataFrame.drop_duplicates（subset = None, keep = 'first', inplace = False） ① subset：指定进行重复值比较的列，默认所有列 ② keep：可选择 {'first', 'last', False} 指定多个重复数据中保留行的位置。默认 'first' 保留第一次出现的，'last' 保留最后一次出现的，false 所有重复记录行均删除 ③ inplace：是否重新生成一个副本数据，默认 False

技能实训……………………

根据《关于印发〈保险合同相关会计处理规定〉的通知》（财会〔2009〕15 号），各保险公司需按照相关口径要求定期报送数据。现有 2021 年 11 月全国各地区原保险保费收入汇总表格，但表格中数据还需进一步处理。请同学们使用本节任务介绍的数据处理相关技术对此表格进行数据清洗，以获得更高质量的数据。

表 1.3.17 2021 年 11 月全国各地区原保险保费收入情况

(单位：亿元)

地区	合计	财产保险	寿险	意外	健康险
全国合计	41644	10574		1123	7898
集团、总公司本级	32	26	0	3	3
北京市	2300	399	1358	59	484
天津	613	141	346	17	109
河北	1865	494	988	41	342
辽宁	908	262	464	19	163
大连	349 亿	75 亿	214 亿	7 亿	53 亿
上海	1797	477	955	70	295
江苏省	2872		2217	87	568
浙江	2249	672		1215	362
宁波	348	159	138	10	41
福建省	971	232	503	28	208
厦门	225	64	114	7	40
厦门	225 亿元	64 亿元	114 亿元	7 亿元	40 亿元
山东	2635	613	1386	64	572
青岛	429	130	198	10	91
广东	3839	911	2137	128	663
深圳市	1303	340	584	41	338
海南	281	66	75	6	34
山西	923	210	537	20	156
吉林	640	159	326	15	140
黑龙江	922	186	507	16	213
	1275	397	607	35	236
江西	850	239	419	23	169
河南	2210	496	1197	49	468
湖北	1743	348	1007	40	348
湖南	1395	351	698	38	308
重庆	900	193	492	24	191
四川	2566	500	1117	560	389
贵州	459	195	169	19	76
云南省	640	237	237	26	140
西藏	￥3,700,000,000	￥2,500,000,000	￥500,000,000	￥300,000,000	￥400,000,000
陕西	974	232	559	22	161
甘肃	459	120	244	13	82
青海	98	40	39	3	16

续表 1.3.17

地区	合计	财产保险	寿险	意外	健康险
宁夏	198	60	95	7	36
新疆	643	214	287	17	125
内蒙古	607	190	287	15	115
广西	733	219	328	27	159
	¥	¥	¥	¥	¥

任务 1.4　文本数据处理

任务要求……………………

现代金融行业中非结构化数据占比已达到信息总量的 75%～85%。其中，文本数据作为重要的非结构化数据之一，在市场营销、舆情分析等场景中都有重要的应用。例如点评平台对消费者的评论进行关键词提取，可以对店家的服务进行评估；公共社交平台对某一个话题的文本进行提取，可以获知大众对某一个话题的看法，把握相关舆情。通过现代信息处理技术发掘这些文本的价值具有重要的作用，文本数据处理技术是每个数据分析师必备的职业技能。

请使用文本数据处理工具完成以下工作：

（1）采集新浪财经（https://finance.sina.com.cn/）首页—"意见领袖"板块中的主题信息。（见图 1.4.1）

图 1.4.1　新浪财经首页—"意见领袖"板块

（2）将采集到的"意见领袖"板块第一篇新闻进行关键词信息提取，取词频排名前 20 的词，生成词云图。

（3）提取图1.4.2中的内容，并生成数据表。

图1.4.2　2021年全国各省（区、市）GDP排名前10

（4）将《工商银行：工商银行H股公告——2021年第三季度报告》PDF文件转换成Word格式，并进行加水印处理。（PDF格式季报下载链接：http://file.finance.sina.com.cn/211.154.219.97：9494/MRGG/CNSESH_STOCK/2021/2021-10/2021-10-30/7632991.PDF）

必备知识

一、文本分析处理的概念

文本数据处理是分析处理文本文档、网络社交媒体信息；互联网网页等文本数据的方法，把非结构化的数据整合成为结构化的数据，达到从难以量化的海量文本中提取出大量有价值、易存储、结构化的数据信息的目的。

早期，文本分析处理是采用人工阅读的方式识别文本信息，但随着文本数量的增加，该方法不仅耗时耗力，提取信息的精度也因阅读者理解能力的差别而受到制约。随着信息技术的发展，人们开始将计算机处理技术引入文本的大数据分析中。常用的技术有自然语言处理技术和文字识别技术。

（一）自然语言处理技术

自然语言处理技术（natural language processing，NLP）是以语言为对象，利用计算机技术来分析、理解和处理自然语言的一种方式。即把计算机作为语言研究的工具，在计算机的支持下对语言信息进行定量化的研究，并提供可供人与计算机共同使用的语言描述。

自然语言处理技术主要应用于机器翻译、舆情监测、自动摘要、观点提取、文本分类、问题回答、文本语义对比、语音识别等方面。图1.4.3为自然语言处理技术的简单应用。

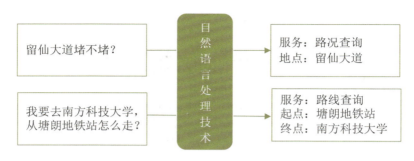

图1.4.3　自然语言处理技术示例

（二）文字识别技术

文字识别技术也称光学字符识别（optical character recognition，OCR），是指电子设备（如扫描仪、数码相机）检查纸上打印的字符，通过检测暗、亮的模式确定其形状，然后用字符识别方法将形状翻译成计算机文字的过程。文字识别技术是采用光学的方式将纸质文档中的文字转换成为黑白点阵的图像文件，并通过识别软件将图像中的文字转换成文本格式，供文字处理软件进一步编辑加工。

OCR技术已经普遍应用于日常生活，最为熟悉的是快递收件和寄件信息的填写、淘宝的拍照识物、名片识别、百度网页拍照识别图片上的文字等。OCR技术在金融领域的应用也比较广泛，如卡号识别、支票识别、财务报表信息识别等。

二、文本数据分析处理过程

文本数据分析处理过程是将无结构化的原始文本转化为结构化、高度抽象、特征化、计算机可以识别和处理的信息的过程。具体来说包含四个步骤：语料获取、预处理、文档表示与文档特征抽取，如图1.4.4所示。

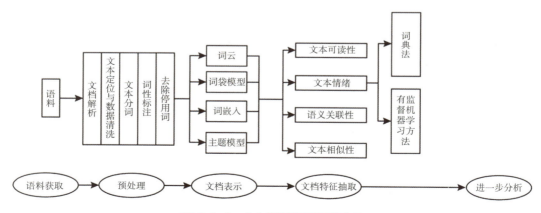

图1.4.4　文本数据分析处理过程

（一）语料获取

常用的语料获取方法主要有手工收集和网络抓取两种。手工收集需要消耗大量的时间和人力成本，随着文本量以及获取难度的不断增加，越来越多的场景中选择运用编程软件（如 Python）或智能采集软件（如希施玛采集器、八爪鱼、神箭手）等工具，从网络中自动抓取文本数据。网络抓取一方面能够便捷、迅速地获取文本信息；另一方面还可以对采集的数据进行格式和内容的整理，以便进行下一步分析。

（二）预处理

语料获取后，需要对文本进行预处理，包括文档解析、文本定位与数据清洗、文本分词、词性标注、去除停用词的操作。

1. 文档解析

文档解析是进行文本预处理的第一步，即获取里面的信息内容。计算机中存储的电子文档仅仅实现了电子化存储。在计算机领域，电子化文档被统称为富格式文档，这些文档包含文本段落、表格、图表等多种内容形态，但这并不意味着机器可以自动处理，实现"机器可阅读"。

2. 文本定位与数据清洗

文本定位是指对需要的文本信息进行定位，进而将该内容提取出来。例如在财务报告文本中，可以运用正则表达式来定位报告正文中信息对象的开头和结尾，进而将该部分内容提取出来。

数据清洗是指对文本中视为噪声的内容进行清洗和删除，噪声内容主要包括广告、超文本标记语言（HTML）、直译式脚本语言、图片等。比如获取网页新闻信息时，网页中可能插入广告图片，正文词条中可能包含超链接，文本内容中包含非必要的符号、标点、数字等。数据清洗后只保留文本数据和必要的标点。

3. 文本分词

文本分词就是将句子、段落这种长文本分解为以字词为单位的结构，方便后续的处理分析工作。因为词语才是能够独立运用的最小语言单位。

这在英文文本中很好处理，英文单词之间通过空格就可以实现自动分词。而中文文字之间没有空格切分，这就需要对中文文本进行专门的分词处理。举个句子："小明住在朝阳区"，我们期望得到的分词的结果是"小明/住在/朝阳/区"，而不是"小明/住/在/朝/阳区"。

常用的分词方法有基于规则的和基于统计的。无论哪种方法，在中文文本分词时要注意三个事项：切分颗粒度、歧义词的识别和新词的识别。

（1）切分颗粒度如太小容易破坏词语的意思。比如"老鼠"能清晰完整地表达出含义，如果切分成"老/鼠"则破坏了词本身的含义，变成了"年老的鼠"的含义。而句子的粒度太大，承载的信息量过多，则很难复用。

（2）针对歧义词，应该选择合适的分词模式。比如"乒乓球拍卖完了"这句话，不同的分词方式表达了不同的意思："乒乓球/拍卖/完了"；"乒乓/球拍/卖/完了"。

（3）在信息爆炸的时代，新词汇层出不穷，及时积累和快速识别新词是一大难点。比如"凡尔赛"，不是指法国宫殿，而是低调炫耀之意。

常用的分词工具有 Jieba、HanLPL 等基于编程语言的工具，也有如百度 NLP、希施玛采集器这样的一键式智能文本处理工具。目前，许多数据分析师多采用 Jieba 来对企业财务报告、年度业绩说明、股票论坛帖子进行分词，但 Jieba 的使用需要具备一定的编程功底。

4. 词性标注

词性是识别语义信息的重要一环。常见的词性有名词、动词、连接词、副词、量词等，词性标注就是对切分后的词语的词性做标记。通过词性标注，计算机能够识别词语的种类、消除词语歧义，进而能识别语法结构，降低计算机语义分析的难度。

例如两个句子"这只狗狗的名字叫开心"和"我今天很开心"中，"开心"代表了不同的含义，通过词性标注可以将其进行区分。否则两个"开心"词频为2，会在后续分析中引入误差。

中英文在词性标注方面具有较大差异。英文单词能通过词尾变换来揭示词性的变化，例如"-ing""-ness"和"-ment"等均对确认词性给予了具体的提示。但中文词语未对词性做出明确规范，主要靠语法和语义来识别词性，即"英语重形合、汉语重意合"。

举例来说，表1.4.1是对中文文本分词后进行词性标注的展示。

表1.4.1 中文文本分词的词性标注

冬季 t 时间词	奥林匹克运动会 nz 其他专名	简称 v 动词	为 p 介词	冬奥会 j 简语省略	， x 非语素字	是 v 动词	世界 n 名词
规模 n 名词	最大 a 形容词	的 uj 结构助词	冬季 t 时间词	综合性 n 名词	运动会 n 名词	， x 非语素字	每 r 代词
四年 m 数词	举办 v 动词	一届 m 数词	。 x 非语素字				

拓展阅读：

表1.4.2　中文词性标注符号

代码	名称	代码	名称	代码	名称
a	形容词	p	介词	nr	人名
b	区别词	q	量词	ns	地名
c	连词	r	代词	nt	机构团体
d	副词	s	处所词	nx	字母专名
e	叹词	t	时间词	nz	其他专名
f	方位词	u	助词	tg	时语素
g	语素	v	动词	ud	结构助词
h	前接成分	w	标点符号	ug	时态助词
i	成语	x	非语素字	uj	结构助词的
j	简称略语	y	语气词	ul	时态助词了
k	后接成分	z	状态词	uv	结构助词地
l	习用语	ad	副形词	uz	时态助词着
m	数词	ag	形语素	vd	副动词
n	名词	an	名形词	vg	动语素
o	拟声词	dg	副语素	vn	名动词

5. 去除停用词

停用词是指对句子语法结构很重要，但本身传达意义较少的词语。比如英文里的冠词（the，a）、连词（and，or）以及动词"to be"等；中文里的标点符号、特殊符号、表示逻辑关系的连接词（和、然而、因为、所以）以及俚语等。

停用词增加了文本数据处理的难度，提高了文本分析的成本。比如"《猫和老鼠》里的老鼠每次都能成功逃走"，去除停用词后，可以拆分成"猫/老鼠/成功/逃走"。

此外，停用词还需要根据具体语义内容和分析目的来决定。例如当研究文本情感时，保留语气词以及特定的标点符号，能有利于衡量文本的情感程度。

（三）文档表示

文本数据属于稀疏的高维度数据，计算机处理存在困难，因此对文本数据进行预处理后，还需要将文档中的信息以特定的方式表示出来，以便数据分析人员或计算机进行下一步的分析。常见的文档表示方法有：词云（word cloud）、词袋模型（bag of words）、词嵌入（word embedding）和主题模型（topic model）。

1. 词云

词云是一种文本数据的可视化技术。词云技术能够描述词语在文本中出现的频率，当词语出现频率较高时，会以较大且醒目的形式呈现。图1.4.5是词云图示例。

图 1.4.5　词云图示例

2. 词袋模型

词袋模型是一种建立在文字词组语序不重要的假设之上，将文本看作若干个词语的集合，只计算每个词语出现次数的一种文本向量化的表示方法。图 1.4.6 是词袋模型示例图。

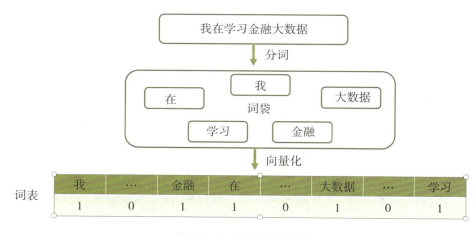

图 1.4.6　词袋模型示例

3. 词嵌入

词嵌入是一种词的数值化表达，是将词汇映射到一个多维向量空间中的方法的统称。举例来说，假设在文本中包含"猫""狗""学习"等若干词，将这些词映射到某向量空间中，可得到"猫"对应的向量为（0.1，0.2，0.3），"狗"对应的向量为（0.2，0.2，0.4），"学习"对应的向量为（0.4，-0.5，0.2）。

由于意义相似的词具有相似的表示，通过词嵌入技术将词语映射成向量后，向量之间的距离和位置可以表示文本中词语的上下文、语法和语义的相似性及关联。以上面的"猫""狗""学习"三个词为例，计算机通过计算词向量之间夹角余弦值 cos 而得出词之间的相似性（见图 1.4.7）。

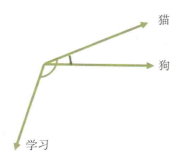

图 1.4.7　词嵌入应用示例

4. 主题模型

主题模型会自动分析每个文档，统计文档内的词语，根据统计的信息来断定当前文档含有哪些主题，以及每个主题所占的比例各为多少。最常用的主题模型是 LDA（Latent Dirchlet Allocation）。

举例来说，某电子商务网站的一则评论"比较了多个智能手机后选择了华为 Mate 20，性价比还可以。另外，就是考虑到它是 6.53 英寸的屏幕，大小比较合适，否则携带很不方便"。

经过主题模型分析，可以发现该评论包括两个主题"价格"和"屏尺寸"。"屏尺寸"主题相关的词包含"6.53""屏幕""大小""携带"；"价格"主题相关的词为"还可以"，此外还有情感词"合适""不方便"。

（四）文档特征抽取

文档特征抽取可以增强文本可读性，分析文本情绪、语义关联性、文本相似性。

1. 文本可读性

文本可读性反映读者理解文本信息的难易程度。以投资研报为例，文本可读性较低时，投资者难以理解文本编辑者所传达的信息，进而会影响到投资者的投资行为。

2. 文本情绪

文本情绪的提取方法主要包括词典法和有监督机器学习方法。

词典法是指运用情绪词典来研究文本情绪或语气语调的方法。在构建金融舆情分析词典时，金融领域的专业知识也尤为重要，只有将金融知识应用于词典的构建过程中，才能使词典更适用于金融文本的分析。

在金融文本情绪分析中，学者常用朴素贝叶斯模型和支持向量机模型来进行有监督的机器学习。

3. 语义关联性

语义关联性就是根据某一类词语去识别文本语义特征的过程。具体而言，首先依照某一类关键词构建词表，然后计算词表中词语在文档中的词频，进而识别出文本中与关键词语义相关的语义特征。

例如这两个句子："乔布斯离我们而去了。""苹果价格会不会降？"是否相关呢？如果由人来判断，一眼便可得知两句话是相关的。虽然两个句子之间没有任何公共词语，但是第二句中的"苹果"不是指吃的苹果，而是苹果手机，第一句中的"乔布斯"是苹果公司的核心领袖。然而，机器无法通过上下语义进行判断。通过对文本语义关联性的分析，将文本中的关键词关联多个相互连接的对象，将大大有利于机器对语义的识别以及相关内容的推荐，这在搜索引擎中也经常遇到。

4. 文本相似性

文本数据处理中经常需要判断两个文本是否相似，并计算相似程度。在问答系统中，会准备一些经典问题和对应的答案，当用户的问题和经典问题很相似时，系统直接返回准备好的答案。

任务实施……………………

文本数据处理可以利用编程语言、智能采集软件完成，本任务采用希施玛采集器进行实践。希施玛采集器可以智能识别网页，通过鼠标点选进行数据采集、字段添加和删除、文本处理、图片识别等智能数据处理，实现所见即所得。希施玛采集器可以通过http://ym.gtadata.com.cn:8080/下载。

一、文本数据采集

任务要求采集新浪财经首页"意见领袖"板块中的主题信息。

（一）创建任务

打开希施玛采集器，如图1.4.8所示。在搜索栏中输入新浪财经网址 https://finance.sina.com.cn/，点击开始，即创建了采集任务，同时系统开始自动识别指导网页。

图1.4.8 希施玛采集器首页

还可以通过如图1.4.9所示的左侧目录栏，点击右侧"新建任务"按钮，新建并开始数据采集。点击"新建任务"后，弹出任务窗格。弹窗中点击"新建任务组"按钮，对任务组命名（如新浪财经 "意见领袖"）；在任务窗格的"网址"栏内输入新浪财经网址（https：//finance.sina.com.cn/），点击开始，即开始自动化页面识别工作。

图1.4.9　希施玛采集器—新建任务

系统识别出页面后，会出现如图1.4.10所示的"步骤提示"框。由于所要采集的"意见领袖"数据就在网站首页，无须翻页，因此选"否"。如果要采集的数据不再当前页面，可点击"是"进行翻页。

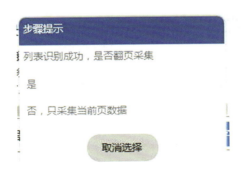

图1.4.10　希施玛采集器—步骤提示

（二）选择采集内容

系统识别出网页后，会默认采集第一个列表。如果所采集的数据不是所需的，可以点击图1.4.11中"数据预览"栏的"清空数据"按钮来删除数据。然后通过鼠标点选的方式，选定要采集的栏目。

将鼠标点击到"意见领袖"列表框的顶部，使列表框处于选中状态。选中后，列表框的颜色会发生变化，同时弹出"步骤提示"框，在提示框内，选择"采集列表数据"，系统将自动采集选中栏目的数据，并将采集结果显示在下方的"数据预览"栏内。

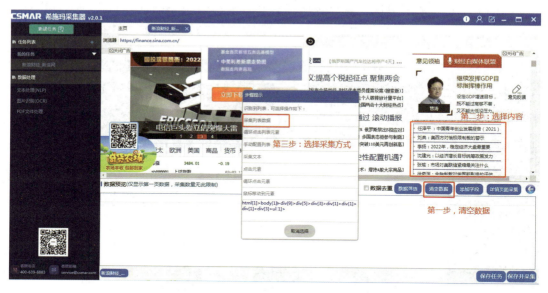

图1.4.11　希施玛采集器—采集内容和采集方式选择

此时仍然会弹出如图1.4.10所示的"步骤提示"框。选择"是"，则翻页采集分页的所有数据；如果选"否"，则只能采集当前页面的数据。

系统将可能采集到的数据显示在图1.4.12所示的"数据预览"栏内。如果对预采集的数据不满意，可以进行数据去重、筛选、添加字段、详情页面采集等操作。

图1.4.12　希施玛采集器—采集预览

（三）采集并导出

在图1.4.12中点击"保存并采集"后，程序开始自动采集。待采集数据完成后，弹出"采集成功"提示框。在图1.4.13所示的列表内可以看到采集到的数据。

图1.4.13　希施玛采集器—采集

点击"导出数据"按钮，弹出"数据导出"任务框。在图1.4.14中可以选择将数据导出为文件，如.xls/.xlsx、.txt、.csv；也可以导出到数据库，目前支持MySQL、SQL Server数据库。

　　　　a. 导出为文件　　　　　　　　　b. 导出到数据库

图1.4.14　希施玛采集器—导出数据

如果出现采集网页失败，可以在图1.4.15的"步骤设置"中设置等待时间为15 s，然后点击"应用"，再次开始采集任务。

图 1.4.15　希施玛采集器—新闻详情

二、文本处理（NLP）

任务要求将采集到的"意见领袖"板块第一篇新闻进行关键词信息提取，并生成词云图。此处使用希施玛采集器中的"文本处理"（NLP）功能。

（一）输入文本

在图 1.4.12 中"数据预览"栏内选择采集到的第一篇"意见领袖"文章，点击其后的链接网址，打开详情页面，如图 1.4.15 所示。

点击图 1.4.15 左侧目录栏内的"数据处理—文本处理"（NLP）按钮，创建一个文本处理任务，如图 1.4.16 所示。并将刚才查看的意见领袖新闻详情页（见图 1.4.15）的内容拷贝到图 1.4.16 的"输入文本"框内。

图 1.4.16　希施玛采集器—文本处理

根据任务要求，在图1.4.16中设置提取前"20"名关键词，然后点击"关键词提取"，生成词频分析结果。

（二）生成词云

再点击图1.4.16中的"生成词云图"按钮，生成该新闻的词云图，如图1.4.17所示。

图1.4.17　希施玛采集器—词云图

三、图片识别

点击图1.4.18左侧目录栏的"图片识别"（OCR）按钮，进入图片识别页面。

在图1.4.18上方的"选择图片"栏上传所需要识别的图片，然后点击"识别"即可自动识图。想要提取出图片中的数据，可以勾选"调用表格"功能，系统会自动将识别的内容排版成为表格。

图1.4.18　希施玛采集器—图片识别

四、PDF 文件处理

PDF（portable document format）是一种被广泛应用的文档格式，许多电子图书、公司公文、网络资料、电子邮件等都在使用 PDF 格式文件。

下载"工商银行：工商银行 H 股公告——2021 年第三季度报告"（下载链接：http://file.finance.sina.com.cn/211.154.219.97：9494/MRGG/CNSESH_STOCK/2021/2021－10/2021－10－30/7632991.PDF）PDF 文档，并用希施玛采集器进行自动化格式转换、加/去水印处理。

（一）PDF 格式转换

点击图 1.4.8 左侧"PDF 文件处理"按钮，进入 PDF 文件处理页面。点击 PDF 文件处理页面上方的"PDF 转换"按钮，进入如图 1.4.19 所示的 PDF 转换页。

点击"选择文件"按钮，选择本地 PDF 文件，并选择转换后文件的输出格式，目前支持.txt、.docx、.xlsx/xls 三种格式。最后填入本地输出路径，点击"转换"按钮即可。

图 1.4.19　希施玛采集器—PDF 转换

（二）PDF 加/去水印

点击图 1.4.19 上方的"PDF 加水印"按钮，进入如图 1.4.20 所示的 PDF 加水印页面。

在图左侧"水印类型"选项栏内,可以勾选文本水印和图片水印两种形式,并可对水印的颜色、字体大小、旋转角度、位置进行调整。

图 1.4.20　希施玛采集器—PDF 加水印

设置好水印类型后,选择文件的本地存储路径,点击"确认添加"即可生成增加水印的文件副本,并将副本存储在指定的路径中。

此外,还可以通过"PDF 去水印"功能,删除 PDF 文档的水印。删除水印的内容也可以自定义,要注意的是,此时要正确地输入整个水印的内容,否则系统查找水印失败,将无法执行操作。

任务小结

本任务介绍了文本数据分析处理的含义、使用的技术,重点讲解了文本分析处理的步骤,包括语料获取、预处理、文档表示、特征提取四大步骤,并对其中的核心知识点进行了讲解和举例,让读者对文本分析处理的流程和方法建立基本的认知。

在任务实践中,采用了智能化的文本数据处理工具,进行了文本数据采集、词频计算、词云图生成、图片识别、PDF 文档处理等操作,让读者对现代智能文本数据处理的应用和效果有了进一步的了解。

技能实训

请完成以下操作：

（1）采集新浪财经官网中"公司研究"栏目中的数据，并导出为 Excel 文件。

（2）将采集到的公司研究系列的第一篇报道进行词频分析，生成词云图。

（3）将采集到的公司研究系列的第一篇报道中的图片转化为 Excel 格式的表格。

（4）寻找一篇 PDF 版的公司研报，试一试将其转化为 Word 格式，并增加水印。

项目 2　金融数据库搭建及使用

【引言】

当今世界是一个充满数据的互联网世界，日常生活的方方面面都需要用到数据，也随时产生数据，比如出行数据、消费记录，每天用通信工具发出文本消息、图片或音视频等。这些形形色色的数据通过抽取、转化、加载后整合进一个"仓库"之中，形成行为分析的数据基础。这个"仓库"就是数据库，它的存储空间很大，可以存放成千上亿条数据。但是，大量的数据如果随意地进行存放，没有规则，那么查询的效率会很低。因此，需要针对不同的数据类型及业务需求，对数据的存储结构进行设计，以使数据存储合理化。

对数据分析师来说，了解不同类型数据库的应用特点，针对业务需要设计合适的数据存储结构，并能从数据库中快速、准确地检索数据，是一项必备的技能。本项目将从认识数据库、数据库表设计、数据存储、数据查询四个方面对金融数据库表的搭建和使用技术一一展开介绍。希望读者从中能学习到有效应对现实世界中复杂多样大数据所需要的知识与方法。

【学习目标】

1. 知识目标

（1）了解常见的关系型数据库、非关系型数据库、新兴的 NewSQL 数据库，并掌握不同类型数据库的适用场景和优缺点。

（2）了解数据库设计的流程和方法，掌握数据表物理结构设计的规范。

（3）掌握 SQL 语言的数据库建表操作，以及表内增删改操作的语句。

（4）掌握 SQL 语言的数据单表查询、联表查询操作。

2. 技能目标

（1）在面对业务数据存储时，能根据不同类型数据库的特点，提出数据库选择的恰当解决方案。

（2）能够根据业务数据的需求，进行简单的需求分析、概念结构和逻辑结构设计、物理结构设计，最终设计出所需的数据库表。

（3）能够在 MySQL 数据库中创建一张新的表格，将数据存储入表，并进行新增、修改、删除等基本操作。

（4）能够在 MySQL 数据库中进行单表查询和联表查询，快速、准确地获得所需的数据。

3. 思政目标

（1）了解数据存储对数字经济社会的重要性，树立正确的价值观。

（2）通过任务实践培养学生的创新能力，提高学生的综合素养。

（3）培养学生对数据知识的兴趣，为将来从事数据工作打好基础，提高职业素养。

任务 2.1　数据存储技术概述

任务要求……………

某公司是一家国内外知名的数据提供商，该公司主要从事金融数据智能采编与分发。公司提供的数据包括国内外经济数据、股票实时行情数据、上市公司基本信息、研报公告等，数据量大约有 20 TB。公司数据系统的日访问量可达上万用户，对用户登录的响应速度要求很高；上市公司基本信息的更新频率较低，对并发性要求不高，但对稳定性有很高的要求；对股票实时行情数据的数据量巨大，更新极其频繁，并发性要求高，需毫秒级低延时。请根据该公司的以上业务选择合适的数据存储系统。此外，该公司还有一些使用频率较低的数据如用户信息、操作日志等，从公司经济效益考虑，建议选择存储成本低的数据存储系统。

必备知识……………

数据库可以看作数据存储的"仓库"，通过数据库，可以实现数据系统的高效管理。关系型数据库在很长一段时间中是数据存储的主流。然而，随着信息技术的爆炸式发展，层出不穷的数据应用衍生出各种数据类型，关系型数据库在处理大数据集时开始吃力。一些主要针对非结构化数据的储存管理系统开始出现，它们更强调数据库数据的高并发读写和多样化存储形式，提供了良好的负载平衡策略和容错手段。下面就对数据库的概念、关系型数据库和非关系型数据库的类型和典型应用作一一介绍。

一、数据库基础知识

（一）数据库的概念

数据库是"按照数据结构来组织、存储和管理数据的仓库"，是一个长期存储在计算机内的、有组织的、可共享的、统一管理的大量数据的集合。

从狭义方面讲，数据库是用于存储数据的地方，相当于一个电子化的文件柜。一个数据库可能包含多个表或者文件，一个数据库系统中通常包含多个数据库。

从广义方面理解，数据库不仅是一个存储数据的容器，还是一个按数据结构来存储和管理数据的计算机软件系统。一方面，数据库是合理保管数据的实体；另一方面，数据库管理系统（DBMS）定义了数据的存储结构，提供数据的操作机制、数据库的事务管理和运行功能、数据库的建立和维护功能，以及与其他软件系统的通信，维护数据的安全性、完整性和可靠性，实现数据的有效管理。

（二）数据库的分类

在数据库的发展史中，数据库模型主要分为层次式数据库、网络式数据库和关系型数据库三种。过去，网络式数据库和层次式数据库曾很好地解决了数据的集中和共享问题，但在数据独立性和抽象级别上仍存在较大欠缺。而关系型数据库降低了数据模型建模的复杂度，采用了易于理解和实现的二维表结构，简单清晰，因此关系型数据库一度在数据库领域占据霸主地位。

现在，随着信息技术的不断发展，数据类型越发多样，数据间关系日趋复杂，为了满足新的数据类型、新的应用场景，数据库技术也在不断迭代更新。目前，最常用的数据库主要分为关系型数据库和非关系型数据库两种。

二、关系型数据库

1970 年，美国 IBM 公司 San Jose 研究室的研究员 E. F. Codd 首次提出了数据库系统的关系模型，开创了数据库的关系方法，开启了关系数据的理论研究，为数据库技术奠定了理论基础。

（一）关系型数据库的概念

关系型数据库指采用了关系模型来组织数据，由二维表及其之间的联系组成的一个数据组织。关系型数据库以二维行列分布的表格来存储数据，表格中每一行代表一条独特的数据记录，每一列代表数据的不同特性，这种存储格式可以直观地反映实体间的关系，是一种结构化的数据库。

一个关系型数据库中可以包含一个或多个表格，表格间如存在一定的关系，可通过联结（join）语句对两表建立关系，如图 2.1.1 所示。

个股基本数据

股票代码	股票名称	发行价格	发行数量
002336	人人乐	26.98	100000
601117	中国化学	5.43	1233000
002329	皇氏集团	20.1	27000
300040	九洲集团	33	18000

联结(join)

个股年交易数据

股票代码	交易年份	年个股交易股数	年个股流通市值
002336	2014	648483028	4340000
002336	2015	1575032633	5796000
002336	2016	1230850561	4508632.5
601117	2014	14367129238	46616850
601117	2015	24348540948	33988370
601117	2016	5778530160	33396410

图 2.1.1　关系型数据库表间关系

(二) 关系型数据库的优缺点

1. 优点

关系型数据库具有易理解、使用方便、易维护的优点，具体如下。

（1）易理解。关系型数据库采用二维表结构，简单清晰、贴近逻辑关系，相对网状、层次等其他数据库模型来说更容易理解。

（2）使用方便。使用通用的结构化查询语言（Structured Query Language，SQL）执行数据的检索和操作，操作方便、二次学习成本低，因此关系型数据库是目前使用最广泛的数据库。

（3）易维护。表结构具有丰富的完整性，包括实体完整性、参照完整性和用户定义完整性，大大降低了数据冗余和数据不一致的概率，易于维护。

2. 缺点

关系型数据库也有不足之处，特别是对海量的、结构多样的数据存储来说，有以下缺点。

（1）硬盘I/O压力大。当数据量庞大时，读写并发性较高，对于传统关系型数据库来说，硬盘I/O容易遇到瓶颈。

（2）不适用于非结构化数据。文本、图片、XML、HTML、图像、音频、视频信息无法方便地存储和查询。

（3）横向扩展性差。无法通过添加更多的硬件和服务节点来扩展性能和负载能力，往往需要停机维护和数据迁移才能对数据库系统进行升级和扩展。

（4）性能欠佳。在关系型数据库中，为了保证数据库的ACID特性[①]，必须尽量按照其要求的范式进行设计，多表的关联查询以及复杂的SQL报表查询效率低。

（三）主流的关系型数据库

主流的关系型数据库包括Oracle、MySQL、SQL Server等，每种数据库的语法、功能和适用场景各具特色。

1. Oracle

Oracle（全称：Oracle Database）是甲骨文公司出品的一款以分布式数据库为核心的关系型数据库管理系统。Oracle具有完整的数据管理功能，同时兼顾了数据的大量性、数据保存的持久性、数据的共享性和数据的可靠性。

Oracle在数据库产品领域处于领先地位，其系统可移植性好、使用方便、功能强，

---

① ACID特性：指数据库管理系统（DBMS）在写入或更新资料的过程中，为保证事务（transaction）是正确可靠的，所必需具备的四个特性——原子性（atomicity，或称不可分割性）、一致性（consistency）、隔离性（isolation，又称独立性）、持久性（durability）。

能在主要的平台（包括 Windows）上运行，并且完全支持所有的工业标准，适用于各类大、中、小、微机环境；在处理大数据方面，Oracle 在并行处理、实时性、数据处理速度方面都有较好的性能，相较其他关系型数据库稳定性好、安全机制强，是一种高效、可靠且适应高吞吐量的数据库。因此，许多传统企业、政府、金融机构等常选用 Oracle 数据库。Oracle 数据库非开源，对硬件的要求很高，因此其部署成本较高。

2. MySQL

MySQL 由瑞典 MySQL AB 公司开发，属于 Oracle 旗下产品，是目前最为流行的开放源代码的数据库管理系统，是完全网络化的、跨平台的关系型数据库系统。

MySQL 是目前运行速度最快的 SQL 数据库，支持多种操作系统和多种开发语言，提供多种 API 接口。MySQL 软件易于安装，体积小、执行速度快、性能卓越、服务稳定、易于维护。此外，MySQL 使用的是访问数据库最常用的标准化语言——SQL，并且开放源代码，用户直接从网上下载即可免费使用，自主性强。因此，一般中小型网站都选择 MySQL 作为数据库。

3. SQL Server

SQL Server 是 Microsoft 公司推出的关系型数据库管理系统，适合大容量的数据存储，可扩展性强、相关软件集成度高，并且操作简单，以 Client/Server 为设计结构，支持多个开发平台、支持企业级的应用程序、支持 XML、支持数据仓库、支持用户自定义函数和全文搜索，以及具有文档管理功能、索引视图、存储过程和分布式查询功能等。

SQL Server 数据库分为完整型、标准型和免费型。完整型主要针对大型企业，其数据库和基于 Web 的数据库适用于复杂数据要求的企业；标准型主要针对中小型企业，因为没有大小和用户的限制，所以可以作为小型 Web 服务器或者是分支机构的后端数据库；免费型只有少量的功能并限制了数据库的大小和用户。

三、非关系型数据库

非关系型数据库以关系型数据库为基础，很多思想和智慧都来源于关系型数据库，比如事务、分布处理、集群、查询语言等，但对比关系型数据库，是一种全新的思维。

（一）非关系型数据库的含义与特点

非关系型数据库（NoSQL）指除关系型数据库之外的其他数据存储形式，是非关系型、分布式，且一般不保证遵循 ACID 原则的数据存储系统的统称。

非关系型数据库中的数据以"键值对"（Key-Value）方式存储，且结构不固定，每一个元组可以有不一样的字段，可以根据需要增加键值对，不局限于固定的结构，因此减少了时间和空间的成本。

1. 优点

与关系型数据库相比，非关系型数据库具有格式灵活、速度快、高扩展性、成本低等优点。

（1）格式灵活。存储数据的格式可以是键值对形式，其中值（Value）可以是数值、文档、图片等多种形式，使用灵活、应用场景广泛；而关系型数据库只支持基础类型。

（2）速度快。无须经过SQL层解析，读写性能很高。不需要像关系型数据库那样对多表进行联结，仅根据ID取出相应的Value就可以完成查询，查询速度快。

（3）高扩展性。非关系型数据库可以使用硬盘或随机存储器作为载体，而关系型数据库只能使用硬盘。同时，非关系型数据库基于键值对格式进行存储，数据没有耦合性，容易扩展。

（4）成本低。非关系型数据库部署简单，基本都是开源软件。

2. 缺点

非关系型数据库不支持SQL语句，学习和使用成本较高；数据结构相对复杂，没有强大的事务关系，无法保证数据的完整性和安全性，复杂查询方面比较欠缺；附加功能、商业智能（BI）和报表等支持也较差。

（二）非关系型数据库的分类

按数据模型的不同，目前非关系型数据库的主流分类有以下四种。

（1）键值存储数据库。主要采用哈希表技术，存储特定的键和指向特定的数据指针。该模型简单、易于部署。例如Redis、Memcached、Riak KV、Hazelcast、Ehcache、Voldemort、Oracle BDB等均属于此类数据库。

（2）文档型数据库。以嵌入式版本化文档为数据模型，支持全文检索、关键字查询等功能。例如MongoDB、Amazon DynamoDB、Couchbase、CouchDB、SequoiaDB等均属于此类数据库。

（3）列存储数据库。数据存储采用列式存储架构，相比传统的行式存储架构，数据访问速度更快、压缩率更高，支持大规模横向扩展。例如Cassandra、HBase、Riak、GBase 8a等均属于此类数据库。

（4）图（Graph）数据库。以图论为理论根基，用节点和关系所组成的图为模型，支持百亿乃至千亿量级规模的巨型图的高效关系运算和复杂关系分析，例如Neo4j、OrientDB、Titan等均属于此类数据库。

上述四类非关系型数据库依据其数据模型的不同，表现出了不同的优劣势，适用于不同的应用场景，具体如表2.1.1所示。

表2.1.1 四类 NoSQL 数据库的对比

分类	数据模型	优势	劣势	典型应用场景
键值存储数据库	哈希表	查找速度快	数据无结构化，通常只被当作字符串或者二进制数据	内容缓存，主要用于处理大量数据的高访问负载，也用于一些日志系统等
文档型数据库	键值对扩展	数据结构要求不严格，表结构可变，不需要预先定义表结构	查询性能不高，缺乏统一的查询语法	Web 应用
列存储数据库	列式数据存储架构	查找速度快，支持分布横向扩展，数据压缩率高	功能相对受限	分布式文件系统
图数据库	节点和关系组成的图	利用图结构相关算法，比如最短路径、节点度关系查找等	可能需要对整个图做计算，不利于图数据分布存储	社交网络、推荐系统、意向图、消费图、兴趣图、关系图谱等

（三）典型的非关系型数据库

随着大数据技术的不断发展，越来越多的商业应用场景选择使用非关系型数据库。下面主要介绍 Redis、MongoDB、HBase、Neo4j 四种主流非关系型数据库。

1. Redis

Redis 是一个基于网络的免费、开源 Key – Value 内存数据库，具有较高的性能，并支持多种 Value 存储类型，包括字符串（string）、链表（list）、集合（set）、有序集合（zset）和哈希类型（hash），并支持各种不同方式的排序。其数据缓存在内存中，相较于其他数据库，查询效率更高、延时更低。同时支持数据持久化，能周期性地把更新的数据写入磁盘或把修改操作写入追加的记录文件，能够实现主从同步备份。

Redis 的主要应用场景包括获取某网站最新文章、计数器、发布/订阅消息功能、缓存关系数据库中被频繁访问的表数据、手机验证码等。新浪微博就使用了 Redis 数据库。

2. MongoDB

MongoDB 是一个面向文档的分布式数据库，介于关系数据库和非关系数据库之间，是非关系数据库当中功能最丰富、最像关系数据库的，其可伸缩性大、可用性高、可靠性强。

MongoDB 支持的数据结构非常松散，存储模式自由，可以把不同结构的文件存储在同一个数据库里，因此可以用来存储比较复杂的数据类型；支持动态查询，可以实现类似关系数据库中单表查询的绝大部分功能，而且支持对数据建立索引，并可通过网络访问。

MongoDB 已应用到各个领域，如游戏、物流、电商、内容管理、社交、物联网、视频直播等。特别是用户信息、存储订单信息、订单状态等以内嵌文档形式存储的数据，非常适合于使用 MongoDB 查询和更新。例如优酷、视觉中国网站都使用了 MongoDB。

3. HBase

HBase 是一个开源的、高可靠性、高性能、面向列、可伸缩的分布式存储系统。

HBase 适合存储大表数据，表的规模可以达到数十亿行、数百万列，并且对大表数据的读、写访问几乎可达到实时级别。但其占用内存多，读取性能不高，API 相比其他 NoSQL 数据库较为笨拙。

HBase 的主要应用场景为用户画像、数据存储、消息/订单存储、时序数据/气象数据存储等，可以支持 NewSQL 语句。

4. Neo4j

Neo4j 是专业级的图数据库，由 Java 实现，源代码免费开放。与普通图处理或内存级数据库不同，Neo4j 提供了完整的数据库特性，包括事务的 ACID 支持、集群支持、备份与故障转移等，这使其适合于企业级生产环境下的各种应用。

Neo4j 如今已经被广泛应用于各类业务场景，包括网络管理、软件分析、科学研究、路由分析、组织和项目管理、决策制定、社交网络等诸多方面。

> **拓展阅读：**
> 目前国内外企业正在使用的 NoSQL 数据库还包括：BeansDB（豆瓣社区）、Tair（淘宝数据平台）、HandlerSocker（飞信空间）、Bigtable（谷歌）、SimpleDB（亚马逊）等。

四、新兴的数据存储系统——NewSQL

随着数据应用技术日新月异的发展，数据类型、规模逐渐增多，在数据量以 GB、TB、PB 级为单位的今天，如何更好地应对大规模数据访问，是许多热门互联网应用在扩展存储系统时常常遇到的问题。

NoSQL 数据库提供了良好的扩展性和灵活性，有效地弥补了传统关系数据库的缺陷，但由于其采用非关系型数据模型，不支持事务的 ACID 四性、不具备高度结构化查询等特性，因此查询效率不佳，尤其是复杂查询方面，不如关系型数据库。近年来出现了一种新的关系型数据库——NewSQL。

（一）NewSQL 数据库的概念

NewSQL 是对各种新的可扩展、高性能的 SQL 数据库的统称，是一种新式的关系型数据库管理系统。"New"一词用以与传统关系型数据库相区别。这类数据库不仅具有 NoSQL 对海量数据的存储管理能力，还保持了传统数据库支持 ACID 和 SQL 等特性，把关系模型的优势发挥到分布式体系结构中，并且精简了传统关系数据库中不必要的组件，以提高效率。因此，NewSQL 数据库几乎可以无缝、完整地替换原有系统的关系型数据库。

不同的 NewSQL 数据库的内部结构差异较大，但都具有两个共同特点：一是支持关系型数据模型，二是使用 SQL 作为其主要语言。

（二）典型的 NewSQL 数据库

目前，主流的 NewSQL 数据库包括 VoltDB、Spanner、Clustrix、GenieDB、ScalArc、Schooner、RethinkDB、ScaleDB、Akiban 等。此外，还有一些在云端提供的 NewSQL 数据库，如 Amazon RDS、Microsoft SQL Azure、Database.com、Xeround 和 FathomDB 等。

1. VoltDB

VoltDB 是一个内存数据库，使用了 NewSQL 创新的体系架构，释放了主内存运行的数据库中消耗系统资源的缓冲池，在执行交易时可比传统关系型数据库快 45 倍。VoltDB 可扩展服务器数量约为 39 个，每秒可处理 160 万个交易（300 个 CPU 核心），具备同样处理能力的 Hadoop 则需要更多的服务器。

2. Spanner

Spanner 是一个可扩展、多版本、全球分布式并且支持同步复制的数据库。Spanner 具有无锁读事务、原子模式修改、读历史数据无阻塞的良好特性。

任务实施……………………

公司数据系统的日访问量可达上万用户，对用户登录的响应速度要求很高，因此可选择 Redis 数据库。Redis 数据库的数据缓存在内存中，与其他数据库相比查询效率高、延时低，特别适用于频繁访问的场景，如用户登录、手机验证码登录等。

由于上市公司基本信息的查询和更新频率较低，对并发性要求不高，因此多种数据库均可适用，如 SQL Server、MySQL 等。

股票实时行情数据数据量巨大，更新极其频繁，并发性要求高，毫秒级低延时，一般直接内存缓存，同时会写一份存于 Redis 数据库——Redis 数据库的查询效率高、延时低。

对公司低频使用的数据如用户信息、操作日志等，从公司经济效益考虑可以选择开源的 MySQL 数据库。MySQL 数据库易于安装、体积小、执行速度快、性能卓越、服务稳定，维护成本低；支持多种操作系统、开放源代码，使用成本低。一般中小型网站绝大多数使用 Linux 操作系统的互联网企业，都在使用 MySQL 作为后端数据库。

任务小结……………………

在大数据时代下，数据库架构向着多元化方向不断发展，形成了传统关系型数据库、

NoSQL 数据库和 NewSQL 数据库三个阵营，三者各有自己的应用场景和发展空间。在这一发展过程中，传统关系型数据库并没有就此被完全取代，在基本架构不变的基础上，许多关系型数据库产品开始引入内存计算和一体机技术以提升处理性能。在未来一段时期内，三个阵营共存共荣的局面还将持续。

本次任务重点讲解了几种典型的关系型数据库、非关系型数据库、新兴的 NewSQL 数据库，并对各自的优缺点进行了比较。希望通过提升对各类数据库特点和应用场景的了解，帮助我们在将来面对数据库选择问题时可找到恰当的解决方案。

技能实训

（1）什么是关系型数据库？
（2）NoSQL 有哪些特点？
（3）什么是 NewSQL 数据库？
（4）请列举你知道的关系型数据库。

任务 2.2 数据库设计

任务要求

A 公司是总部位于深圳的一家投资公司，专注于通过数据分析方法寻找投资机会。公司现在需要收集股票市场排名前十的行业板块的数据，并统计其平均收益率，以便更好地做出投资决策。假定你是该公司的一名数据分析师，现在根据业务目标，收集所需数据并搭建数据库进行存储，完成数据源定位、数据库表概念结构设计、逻辑结构设计及物理结构设计的全流程。

必备知识

数据库设计是指根据业务的需求，设计并构造最优的数据模型，建立数据库的过程。经过合理设计的数据库，能够有效存储数据并贴合用户的信息查询和信息处理要求。

数据库设计过程可分为四个阶段，分别是需求分析阶段、概念结构和逻辑结构设计、物理结构设计、实施及运行维护。

通过需求分析确定数据库设计的目的及要求；进行概念结构设计，以确定数据库中的实体，并在此基础上转换为数据逻辑模型，如关系型的二维数据表；逻辑模型建立完成后即可进行物理结构设计，包括数据表的结构、字段的定义和类型等；物理结构设计完毕后，相关研发人员便可搭建数据库，进行数据库的实施、运行和维护。

一、需求分析

需求分析是通过调研和分析,理解用户对数据的需求以及对数据库功能、性能、可靠性等方面的具体要求,将用户非形式的需求描述转化为完整的需求定义的过程。

需求分析首先要收集需求,确定数据库的主题和用途;然后查找资料,明确数据库中要包含的信息;最后确定数据源。经过需求分析后,初步确定数据库中要包含的内容。

(一)收集需求

收集需求的主要渠道有用户意见、市场调研、竞品调研等。用户是数据需求最直接的来源,要时刻关注用户的使用频率、意见反馈以及使用习惯等。通过市场调研可以了解相关的热点经济话题和最新研究成果等,从中寻找业务结合点。研究分析竞品是需求分析重要的一环。以金融数据为例,国内外知名财经数据库 Compustat、CRSP、Ruters、Datastream 等数据丰富、全面,并且定期更新热点数据,为我们设计数据库提供了蓝本,还可以结合自身业务情况,对数据主题、内容进行优化。

(二)查找资料

需求收集完成后,初步确定数据主题和用途。接下来要查找书籍、论文、报刊、互联网资讯等,收集大量的相关资料,细化和完善主题的内容,明确数据库表要包含的信息。以金融行业为例,如果要建立股票数据库,则需要收集市场交易规则、公告、上市公司财报、股票交易相关专业知识等,以便确定相关的数据指标和计算方法。

(三)确定数据源

数据源是保障需求落地的基础,也是确保数据可靠性的关键。以金融行业数据为例,常见数据源有:国家统计局、上海证券交易所、深圳证券交易所、各类财经网站、CSMAR 数据库、Wind 金融终端、Choice 金融终端等。一般来说,政府部门、权威机构发布的数据可靠性最强,专业的数据提供商在数据的及时性、稳定性、特色方面表现更好。

确定数据源之前,需要对比数据样本,了解不同数据源对主题的覆盖范围、数据质量、数据服务的提供方式、服务报价等,筛选出符合要求的数据源并进行排名,除主数据源外,再挑选出3~5家优质的数据源作为备选。

二、概念结构与逻辑结构设计

概念结构设计将用户需求抽象转化为便于理解的实体关系图,逻辑结构设计则是在概念结构模型的基础上,将关系图转化为便于机器理解的数据逻辑模型,如二维表格,并细化表间关系,过程如图2.2.1所示。

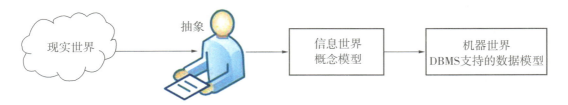

图2.2.1 对象抽象的过程

(一) 概念结构设计

概念结构设计可将需求分析得到的用户需求抽象为信息结构,即概念模型。概念结构是各种数据模型的共同基础,它比数据模型更独立于机器、更抽象,从而更加稳定,在概念结构设计的过程中,实体关系模型是最常用的一种工具。

实体关系(Entity-relationship model,E-R)模型是用来描述现实世界的概念模型,其基本要素包括:实体、联系和属性。

(1)实体。是指现实生活中任何可以被认知、区分的事物。例如一个班级有多个学生,学生和班级都可看作实体。

(2)联系。是指实体之间的关系,包括一对一、一对多、多对多三种。例如一个学生只对应一个班级,而一个班级可以有多个学生,因此班级和学生这两个实体间是一对多。

(3)属性。实体的某一特性称为属性。例如学生信息包含姓名、学号等,因此姓名、学号都可看作学生这一实体的属性。

在绘制E-R图时,各要素用不同的符号进行表示,实体用矩形框表示,联系用菱形框表示,属性用椭圆框表示,具体如表2.2.1所示。要素之间用实线连接,并在连线上标明关系的类型。

表2.2.1 E-R图三要素

名称	实体	联系	属性
描述符号	实体名称	联系	属性
作用	客观存在的可区分事物	实体间的联系	实体具有的属性

以图2.2.2学生成绩单数据表的E-R图为例,实体包含学生和成绩单,在图中以矩形框表示。每个学生都会拥有自己的成绩单,因此两个实体间的联系为"拥有",用菱

形表示并连接两个实体。学号 ID、姓名、年级、班级是学生这一实体的属性，用椭圆框表示并与实体进行连接。同样的，成绩单这个实体的属性包括课程 ID、学生 ID、分数，用椭圆框表示并与实体相连接。

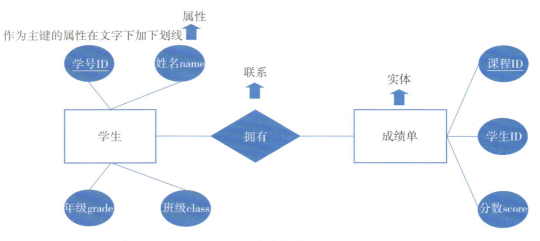

图 2.2.2　学生成绩单 E-R 图

（二）逻辑结构设计

逻辑结构设计是设计用户从数据库所看到的模型结构，即数据库系统所支持的数据模型。此模型既要面向用户，又要面向系统，需便于数据库管理系统的实现。逻辑结构设计阶段的主要工作便是将概念结构（如 E-R 模型）转换为数据逻辑模型（如关系模型）。

本文主要介绍将 E-R 模型转换为关系模型的方法。其核心是将 E-R 图中实体、实体的属性和实体之间的联系转化为关系模式，并用表结构来表达。

1. 实体及属性转换为表结构

在对 E-R 图进行逻辑结构设计时，每一个实体可以被看作一张数据表，而实体中的各个属性就是数据表中的字段。例如，图 2.2.2 中学生这一实体可以转换为一张"学生信息表"，四个属性"学号（ID）""姓名（name）""年级（grade）"及"班级（class）"转换为表的四个字段。这些字段最终是否被保留或拆解，如何定义，将在物理结构设计阶段去完成。

实体转换为表结构后，需要指定其中的某些属性为主键。构成主键的属性必须能唯一地标识表中的每一行的信息，即可强制表的完整性。例如"学生"这一实体中，"学号"是每个学生独有的、不重复的，可以唯一标识学生的身份，因此可以作为主键。而"班级"属性对应多行信息，且无法完整表示出每个学生的信息，因此无法作为主键。

2. 实体间联系转换为表结构

实体间若存在联系，在进行表结构转换时要遵循三个转换准则。

（1）若实体间联系为一对一。要在两个实体中选择一个，添加另一个实体的主键。

例如人与身份证号这两个实体间的联系为一对一，绘制E–R图如图2.2.3所示，在转换为数据表时，可以将"个人信息表"的主键"用户登录ID"放置于"身份证表"里面，也可以将"身份证表"的主键"身份证ID"放置于个人信息表里面。两张表中有相同的字段，这样才能按照概念设计阶段的结构，将两个表连接起来。

图2.2.3　实体联系一对一

（2）若实体间联系为一对多。"一"表的主键应存放在"多"表中。

例如，班级和学生是一对多关系，如图2.2.4所示。在进行表结构转换时，将"一"表"班级表"里面的主键，如班级ID，放置在"多"表"学生表"里面。

图2.2.4　实体联系一对多

（3）若实体间联系为多对多。要先在两个实体间新增一个实体，将多对多关系转换为一对多关系，然后在该实体上加上另外两个实体的主键，再加上该联系自带的属性。

例如学生和课程之间是多对多关系，如图2.2.5所示。每个学生可以学习多门课程，每门课程都可以供多名学生学习。

图2.2.5　实体联系多对多

在进行关系模型转换时，需要在"课程表"与"学生表"间新增一张中间表，这张中间表里需要存放"学生表"里的主键"学号"和"课程表"里的主键"课程编号"，此时学生与中间表为一对多的关系，课程与中间表是一对多关系，如图2.2.6所示。

图2.2.6　多对多转换

三、物理结构设计

物理结构设计是将数据逻辑模型用合适的物理结构实现和表现出来。包括选择合适的数据库，设计表、字段、数据类型、索引等。物理结构设计要遵循基础规范，表和字段的命名、字段类型的选择也有相应的规范。

（一）库、表设计规范

在进行数据库、表设计时，需要按照规范化的设计方法来对数据库结构进行定义，库、表设计的基础规范包括三大范式和五大约束。

1. 三大范式

范式是设计关系型数据库结构过程中要遵循的规则和指导方法。建立科学、规范的数据库，可以优化数据存储方式。

（1）第一范式。数据表中的每个字段（每一列）必须是不可拆分的最小单元，确保每一列的原子性。满足第一范式是关系模式规范化的最低要求，否则会有很多基本操作，如新增、修改、插入、删除等将无法实现。

如公司基本信息表2.2.2中只有一个字段"公司信息"，其中包含公司名称、上市日期及所属省份多个属性，不满足第一范式中"字段都是不可拆分的最小单元"的要求。

表2.2.2　公司基本信息

公司信息
希获微，2022/1/21，广东省

将表2.2.2拆分为三个字段，拆分后如表2.2.3所示，其中的每个字段都不可以再分。

表2.2.3　公司基本信息

公司名称	上市日期	所属省份
希获微	2022/1/21	广东省

（2）第二范式。数据表中的所有非主键都必须依赖于主键，而任何一列与主键不能没有关系，也就是说一个表只描述一件事情。

如股票基本信息表2.2.4中，"股票代码"是主键，而"证券投资分析师"这一字段与"股票代码"无关，因此不满足第二范式"所有非主键都必须依赖于主键"的要求。

表2.2.4 股票基本信息（沪深）

股票代码	股票简称	股票类别	上市日期	证券投资分析师	市场编码
002594	比亚迪	A	2011/06/30	尚多旭	SZSE

将表2.2.4中不相关的字段拆分出去创建新的数据表，如表2.2.5和表2.2.6所示。拆分后，每一个表中的非主键字段都和主键字段相关联。

表2.2.5 股票基本信息（沪深）

股票代码	股票简称	股票类别	上市日期	上市市场编码
002594	比亚迪	A	1995/12/13	SZSE

表2.2.6 证券投资分析师基本信息

证券投资分析师ID	证券投资分析师
1023	尚多旭

（3）第三范式。数据表中每一列与主键都是直接相关，而不是间接相关。

如人员列表2.2.7中"人员ID"与"机构ID"都为主键，其中"机构简称""机构办公地址"只与"机构ID"直接相关，而与主键"人员ID"无直接关联，不满足第三范式要求。

表2.2.7 人员列表

人员ID	出生年份	机构ID	机构简称	机构办公地址
9527	2021/11/30	123	科大讯飞	合肥市高新开发区望江西路666号

以"人员ID"主键为基础，将人员信息从表2.2.7中拆分出去，保证每个表的字段信息都是直接关联的。拆分结果如表2.2.8和表2.2.9所示。

表2.2.8 机构列表

机构ID	机构简称	机构办公地址
123	科大讯飞	合肥市高新开发区望江西路666号

表2.2.9 人员列表

人员ID	出生年份	机构ID
9527	2021/11/30	123

2. 五大约束

五大约束是对数据库中数据的五种约束限制，通过约束，可以确保数据的正确性、有效性、完整性。

（1）主键约束（primary key constraint）。主键是数据表的唯一标识符，仅通过主键就能准确定位到某一行，主键列在整个数据表中不能有重复，必须是唯一的值且不能为空。例如表2.2.4股票基本信息表中的"股票代码"是股票的唯一标识，每只股票都有代码且代码各不相同，因此"股票代码"可以作为主键。

（2）唯一约束（unique constraint）。保证该字段中的数据具有唯一性，但可以为空。

（3）默认约束（default constraint）。保证该字段有默认值。例如表2.2.5股票基本信息表中的"股票类别"，根据沪深股票交易规则，可设成默认值A或B，分别代表A股和B股。

（4）外键约束（foreign key constraint）。在一个表中引入另一个表的主键或唯一键，被引入的列称为"外键"。可通过设置外键的方式建立两表间的关系，并引用主表的列。例如人员列表2.2.9中的"机构ID"字段是外键，在表2.2.8机构列表中，该字段为主键。

（5）非空约束（not null constraint）。设置非空约束后，该字段不能为空。例如表2.2.5股票基本信息表中的"上市日期""上市市场编码"，都是不能为空的重要信息，因此可以对这两个字段进行非空约束。

（二）命名规范

建立命名规范的目的是为实体（表）、属性（列）建立有意义的、清晰的、简明的和独特的名称。一个完善的命名标准可以提高数据库的逻辑和物理模型的质量，以及数据模型的易读性。数据命名的规范包含表命名规范和字段命名规范。

1. 表命名规范

数据表名通常由英文字母（区分大小写）和0～9的自然数组成，多个单词用下划线"_"连接分割。如一年级学生信息表可命名为"student_grade1"。

若表名或主题名有规范的简写，且不会引起歧义，可以用简写，简写时字母需大写。例如股票主题数据可采用stock的简写"STK"进行命名。

若多张表属于同一主题，那么可采用"主题+表名"的方式命名，例如股票交易行情表及股票行业分类表都属于股票"STK"这一主题下，因此分别命名为"STK_Quotation"及"STK_IndustryClass"。

2. 字段命名规范

字段命名规则与表命名相似，字段名通常由英文字母及数字组成，多个单词可以使用下划线"_"连接，也可以将单词首字母大写后连接在一起作为名称。如"交易日期"这一字段的英文为trading date，在进行字段命名时，可以命名为"trading_date"，也可以命名为"TradingDate"。

字段命名时还应注意以下几条事项：

（1）名称缩写。在进行字段命名时应尽量用缩写，以精简字段长度。还要注意使用常用词汇，避免生僻词与容易引起歧义的词和简称。常见的字段缩写规则如表2.2.10所示。

表2.2.10 字段缩写规则

缩写类型	缩写规则	举例说明
独立单词缩写	可以选取前三个或四个字母作为其缩写	university 缩写为 Univ
组合词缩写	选取各个部分的首字母组合成缩写形式	Bank of China 缩写为 BOC
专业术语	专业术语可采用国际通用缩写，可通过检索工具（baidu、google）查找	净资产值 net asset value 缩写为 NAV，每股净资产 book value per share 缩写为 BPS
含日期时间型	字段含有时间日期时，需要以其结尾，常用的有 date（日）、week（周）、month（月）、year（年）及 time（时间）	股票交易行情表（日度）stock quotation data 缩写为 STK_quotation_data

（2）命名统一性原则。命名时要多考虑数据之间的关联性，字段名尽量取数据库里面已经用过的，保持命名的统一性，方便未来查找。

（三）字段类型规范

完成表及字段的命名后，还需要对字段下的数据类型进行定义，以方便数据存储与统计计算。MySQL数据库可支持多种类型的数据，常见的有字符串型、数值型、日期时间型三类。

字段类型的设置要符合其业务特征，还要考虑未来业务的扩展性，同类业务数据的类型要保持一致。如"金额"字段下的数据应定义为数值型，便于计算；"身份证号"可看作文本采用"字符型"，因为身份证号一般不会用来计算，存储为"字符型"可以避免数值精度设置而导致身份证号后出现".00"小数位或数值首数不能为0等限制，以便于比对和其他处理。

1. 字符串类型

MySQL数据库中，常用的字符串类型如表2.2.11所示。

表2.2.11 MySQL中字符串类型

类型	用途	大小
CHAR	定长字符串	0～255 bytes
VARCHAR	可变长字符串	0～65535 bytes
TEXT	长文本数据	0～65535 bytes

2. 数值类型

MySQL 数据库支持所有标准 SQL 数值类型，常用的有整数型（INTERGER、TINYINT、BIGINT）与浮点型（FLOAT 和 DOUBLE、DECIMAL），具体用法见表 2.2.12。

定义数值类型字段时要注意，在符合业务需要的情况下，能定义为数值型的字段不要建成文本型的，否则会导致读取速度慢；字段精度尽量定义得大一点，避免数据溢出而导致需要修改字段精度的情况。比如"产量（单位：吨）"定义为整数型数值，当某地区产量不足 1 吨时，将出现 0 值，导致后续无法用产量作除数进行计算。

表 2.2.12 MySQL 中数值类型介绍

类型	用途	大小	范围（有 +/- 符号）	范围（无 +/- 符号）
TINYINT	小整数值	1 byte	(-128, 127)	(0, 255)
INTERGER	大整数值	4 bytes	(-2 147 483 648, 2 147 483 647)	(0, 4 294 967 295)
BIGINT	极大整数值	8 bytes	(-9 223 372 036 854 775 808, 9 223 372 036 854 775 807)	(0, 18 446 744 073 709 551 615)
FLOAT	单精度浮点数值	4 bytes	(-3.402 823 466 E+38, -1.175 494 351 E-38), 0, (1.175 494 351 E-38, 3.402 823 466 351 E+38)	0, (1.175 494 351 E-38, 3.402 823 466 E+38)
DOUBLE	双精度浮点数值	8 bytes	(-1.797 693 134 862 315 7 E+308, -2.225 073 858 507 201 4 E-308), 0, (2.225 073 858 507 201 4 E-308, 1.797 693 134 862 315 7 E+308)	0, (2.225 073 858 507 201 4 E-308, 1.797 693 134 862 315 7 E+308)
DECIMAL(M, D)	小数值	若 M>D，为 M+2；否则为 D+2	依赖于 M 和 D 的值，M 是可存储的最大位数（含小数点左右两侧），D 是小数点后的最大位数，默认是 0	依赖于 M 和 D 的值

3. 日期时间类型

表示日期和时间的常用类型如表 2.2.13 所示。

表 2.2.13 MySQL 中日期和时间类型介绍

类型	用途	大小	格式	范围
DATE	日期值	3 bytes	YYYY-MM-DD	1000-01-01/9999-12-31
TIME	时间值或持续时间	3 bytes	HH:MM:SS	'-838:59:59'/'838:59:59'
YEAR	年份值	1 bytes	YYYY	1901/2155
DATETIME	混合日期和时间值	8 bytes	YYYY-MM-DD HH:MM:SS	1000-01-01 00:00:00/9999-12-31 23:59:59
TIMESTAMP	混合日期和时间值，时间戳	4 bytes	YYYY-MM-DD HH:MM:SS	1970-01-01 00:00:00/北京时间 2038-1-19 11:14:07，格林尼治时间 2038-1-19 03:14:07

四、数据库的实施、运行与维护

为了最终实现数据库的逻辑结构设计和物理结构设计，开发人员使用数据库管理系统来定义数据库结构、组织数据入库，并在数据库实施完成后进行长期的运行维护，以保障数据的稳定性、可靠性。

（一）数据库实施

数据库实施主要包括定义数据库结构、组织数据入库、数据检测三个步骤。

（1）定义数据库结构。开发人员根据数据特征和业务特征，选择合适的数据库管理系统，以及该系统提供的数据定义语言来定义数据库结构。本任务采用的是 MySQL 数据库的 SQL 语言。

（2）组织数据入库。将实际数据存入数据库中时，由于数据来源的不同，数据格式、结构等都不相同，常常导致需要入库的数据与数据库定义的结构不匹配，因此数据装载入库前，还需要进行分类转换。

（3）数据检测。检测数据库应用程序在真实环境中能否符合应用需求，校验入库的数据是否正确，并且通过功能及性能测试对系统的易用性进行评估。

（二）数据库运行和维护

数据库应用系统实施完成，经过检测并符合预期之后，即可投入正式运行。在数据库系统运行过程中必须不断地对其进行评价、调整与修改。

维护工作主要包括：数据库的转储和恢复，数据库的安全性和完整性控制，数据库的性能监督、分析和改进等。

任务实施

一、需求分析

首先分析用户的需求，需要获取股票市场排名前十的行业板块的数据，并且最终能统计出各板块的平均收益率。

通过收集相关数据和专业资料得知，可能涉及的指标包括：股票代码、上市公司名称、行业代码、行业名称、收盘价、市盈率、换手率等。为了保证数据分析的及时性及完整性，数据范围选择近一年的数据，样本包含市场中所有 A 股数据。

数据源方面，由于上市公司数据量较大，因此选择购买数据提供商如 CSMAR 公司的上市公司股票数据；行业数据可通过中国证监会或数据提供商获取。

经过需求分析后，可以初步确定搭建的数据库中应包括：股票的基本信息、行业的分类信息、股票交易行情、股票交易衍生行情四类数据。

二、概念结构设计

将四类数据确定为四个实体，分析每个实体所对应的属性。

（1）"股票基本信息"中的属性：股票代码、股票简称、公司全称、行业名称、行业代码。

（2）"行业分类信息"中的属性：行业代码、行业名称。

（3）"股票交易行情"中的属性：交易日期、股票代码、收盘价。

（4）"股票交易衍生行情"中的属性：交易日期、股票代码、换手率。

每只股票有一个所属的行业，每只股票都拥有交易行情及衍生行情，E-R图如图2.2.7所示。

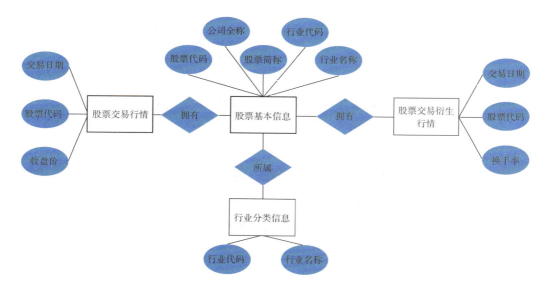

图2.2.7　股票交易数据库 E-R 图

三、逻辑结构设计

在股票交易数据库 E-R 图的基础上，将实体、实体的属性和实体之间的联系转化为关系模型。

（1）分析"股票基本信息"与"股票交易行情"之间的联系。每只股票都拥有相应的交易行情，且该股票交易行情都唯一地归属于某一只股票。因此，"股票基本信息"与"股票交易行情"为一对一关系。

（2）同理，"股票基本信息"与"股票交易衍生行情"之间也是一对一关系。

（3）分析"股票基本信息"与"行业分类信息"之间的联系。按照中国证监会对行业的分类，每只股票只能对应一个行业，每个行业下可以包含多只股票，因此"股票基本信息"与"行业分类信息"之间为一对多关系。

综上，绘制关系模型如图 2.2.8 所示。

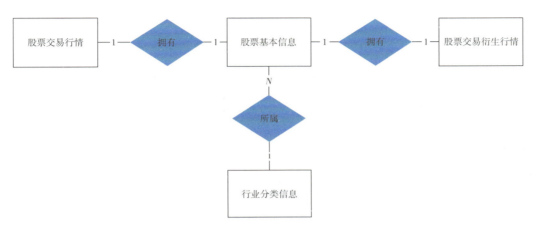

图 2.2.8　股票交易数据库关系模型

将实体间关系转换为关系模型后，还需要将各实体的属性也转换为表结构。以每个实体为一张表，并按照三大范式、五大约束的原则设计表中的主键和外键。

（1）在"股票基本信息表"中，主键为"股票代码"，该字段具有唯一性和非空性。

（2）"股票交易行情表"和"股票交易衍生行情表"通常按日更新数据，因此主键为"交易日期"。

（3）在"行业分类信息表"中，主键为"行业代码"。

（4）"股票基本信息表"与"股票交易行情表""股票交易衍生行情表"之间均为一对一关系，因此建表时选择将"股票基本信息表"的主键"股票代码"放置于另外两张表中。

（5）"股票基本信息表"与"行业分类信息表"之间为一对多关系，因此建表时，将"一"表（行业分类信息表）的主键"行业代码"放置到"多"表（股票基本信息表）中。转换后数据库结构如图 2.2.9 所示。

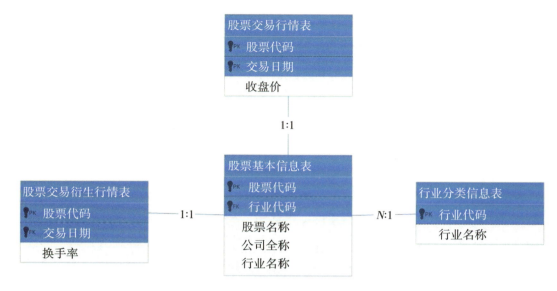

图2.2.9 股票交易数据库属性转换

四、物理结构设计

（一）表命名

首先，由于同在"股票"这一主题下，因此表名前统一加上"股票"这一前缀，分别将中文名称命名为"股票信息表"和"股票行业分类表"。

其次，观察股票交易数据字段的内容及数据源披露的结构，发现其中主要更新的数据"收盘价"和"换手率"均按日度（data）统计，因此确认中文表名为"股票交易行情表（日度）"和"股票交易衍生行情表（日度）"。

最后，根据表的英文名称和表命名规则确定表名。其中，主题股票stock可简写作STK，具体名称如表2.2.14所示。

表2.2.14 股票交易数据库中的表名称

中文名称	英文名称
股票信息表	STK_StockInfo
股票行业分类表	STK_IndustryClass
股票交易行情表（日度）	STK_Quotation_D
股票交易衍生行情表（日度）	STK_MKT_Dalyr

（二）字段命名及字段类型设置

与表命名类似，根据数据源披露的数据情况，以及字段命名规则、缩写规则设计每个字段的名称。具体如表2.2.15所示。

表 2.2.15　股票基本信息（STK_StockInfo）

序号	字段名称	中文名称	字段类型	是否为主键	单位
1	StockCode	股票代码	VARCHAR（6）	是	
2	StockName	股票简称	VARCHAR（20）	否	
3	FullName	公司全称	VARCHAR（100）	否	
4	IndustryCode	行业代码	VARCHAR（10）	否	
5	IndustryName	行业名称	VARCHAR（50）	否	

在命名的同时，按照业务指标的含义和常用单位，对数据类型进行设置。如"股票代码"字段包含字母及数字，设置成 VARCHAR 字符型；"换手率""收盘价"设置为 DECIMAL 数值型；交易日期设置为 DATE 日期型等。具体如表 2.2.15、表 2.2.16、表 2.2.17 和表 2.2.18 所示。

表 2.2.16　行业分类信息（STK_IndustryClass）

序号	字段名称	中文名称	字段类型	是否为主键	单位
1	StockCode	股票代码	VARCHAR（6）	是	
2	IndustryCode	行业代码	VARCHAR（20）	是	
3	IndustryName	行业名称	VARCHAR（100）	否	

股票交易行情表中，交易日期按日统计，因此字段类型设置为 DATE；收盘价通常保留到小数点后 3 位，因此字段类型设置为数值型 DECIMAL（9，3），表示共有 9 位数字，其中小数点后有 3 位，小数点前 6 位。

表 2.2.17　股票交易行情（日度）（STK_Quotation_D）

序号	字段名称	中文名称	字段类型	是否为主键	单位
1	TradingDate	交易日期	DATE	是	
2	StockCode	股票代码	VARCHAR（6）	是	
3	ClosePrice	收盘价	DECIMAL（9，3）	否	元/股

股票交易衍生行情表中，换手率通常保留到小数点后 5 位，因此字段类型设置为 DECIMAL（10，5），表示共有 10 位数字，小数点后 5 位，小数点前 5 位。

表 2.2.18　股票交易衍生行情（日度）（STK_MKT_Dalyr）

序号	字段名称	中文名称	字段类型	是否为主键	单位
1	TradingDate	交易日期	DATE	是	
2	StockCode	股票代码	VARCHAR（6）	是	
3	TurnoverRate	换手率	DECIMAL（10，5）	否	%

最后将采集到的数据按字段录入构造好的数据表中，存储入库，搭建好股票交易数据库。

任务小结

本次任务学习了数据库设计的流程，包括需求分析、概念结构和逻辑结构设计、物理结构设计、数据库实施和运维四个阶段。并通过实践练习学会了每个阶段设计的方法。

在数据库的实际设计过程中，由于真实业务的复杂性和庞大数据量，需要及时对设计流程进行调整，对数据结构进行改进。数据库设计不是一蹴而就的，规划数据库中的数据对象以及这些数据对象之间关系的过程，是一个反复探寻、逐步求精的过程。

技能实训

（1）简述数据库设计的三大范式。

（2）库表设计都有哪些约束？

（3）字段设计一般都采用哪种命名方式？

（4）公司根据业务需求，需要研究最近两年我国的就业情况，对就业市场进行分析。假定你是该公司的一名数据分析师，现在需要根据分析目标收集所需数据并搭建数据库进行存储，数据库中需要包含各省份信息、国民经济核算、就业和工资数据。请根据业务要求进行数据库需求分析并确定数据源，完成数据库表的概念结构、逻辑结构及物理结构设计。

任务 2.3　数据存储

任务要求

A 公司是总部位于深圳的一家投资公司，专注于通过数据分析方法寻找投资机会。该公司的股票数据库中包含股票基础信息、股票交易信息等数据。

（1）请使用 SQL 创建一张名为 stock_info 的股票基本信息表。该表各字段的物理结构如表 2.3.1 所示。

表 2.3.1　stock_info 中字段的物理结构

序号	字段名称	中文名称	字段类型	是否为主键
1	Stock	股票名称	varchar（20）	是
2	Symbol	股票代码	char（6）	否
3	Market	上市市场	varchar（20）	否
4	ShareType	股票类型	char（1）	否
5	Province	所属省份	varchar（20）	否

在创建好的空表中增加两只股票的数据，具体为：

中国平安，股票代码 000001，上市市场 SZSE，A 股，所属地为广东省。

万科 A，股票代码 000002，上市市场 SZSE，A 股，所属地广东省

（2）现需要在 MySQL 数据库中计算 MACD（异同移动平均线）指标。以平安银行的部分交易数据为例，请分别计算 2022 年 2 月 18 日的 EMA_{12}、EMA_{26}、DIF、DEA、MACD 五个指标，并通过 Update 语句将计算结果更新到表 2.3.2 中。

表 2.3.2　stock_transaction

StockID	CloseTime	ClosePrice	EMA_{12}	EMA_{26}	DIF	DEA	MACD
201000000001	2022/2/14	16.58	16.58	16.58	0	0	0
201000000001	2022/2/15	16.28	16.5338	16.5578	−0.0239	−0.0048	−0.0382
201000000001	2022/2/16	16.41	16.5148	16.5468	−0.0320	−0.0102	−0.0436
201000000001	2022/2/17	16.42	16.5002	16.5374	−0.0372	−0.0156	−0.0432
201000000001	2022/2/18	16.77					

（3）表 2.3.2 中，2022 年 2 月 14 日的部分数据缺失，将该行删除。

必备知识

数据存储离不开数据库工具，本书中使用关系型数据管理系统 MySQL，该系统采用标准化数据库访问语言 SQL。下文中的所有数据库定义和操作语言均为 SQL。

一、数据存储步骤

数据存储是将数据以某种格式记录在计算机内部或外部存储介质上。数据存储一般包括三个步骤：

（1）第一步，创建表，通过数据库定义语言将事先设计好的数据表物理结构在数据库中实现。

（2）第二步，在创建好的表中写入数据，写入的数据要符合数据库中字段的定义要求。

（3）第三步，对表进行质检和更新，如果发现录入数据错误，要及时修改或删除，并定期对数据进行更新，以保障数据的质量。

下面就从数据表的增、删、改三个方面学习数据库操作。

二、创建表格

（一）建表

SQL 中用 CREATE TABLE 语句创建数据库中的表，具体语法为：

CREATE TABLE 数据表名
(
字段名称 1 数据类型,
字段名称 2 数据类型,
……
字段名称 n 数据类型
)

例如，建立一个名为"TABLE1"的股票基本信息表，该表各字段的物理结构如表 2.3.3 所示。

表 2.3.3 TABLE1 中字段的物理结构

序号	字段名称	中文名称	字段类型	是否为主键	单位
1	Stock	股票名称	VARCHAR（20）	是	
2	Symbol	股票代码	CHAR（6）	否	
3	Market	上市市场	VARCHAR（20）	否	
4	ShareType	股票类型	CHAR（1）	否	
5	CloseTime	收盘日期	DATE	否	
6	ClosePrice	收盘价	DECIMAL（10，2）	否	元/股

输入语句：

```
CREATE TABLE TABLE1
                (
                Stock varchar（20），
                Symbol char（6），
                Market varchar（20），
                ShareType char（1），
                CloseTime date，
                ClosePrice decimal（10，2）
                )
```

创建空的"TABLE1"表，如表 2.3.4 所示。

表 2.3.4 TABLE1

Stock	Symbol	Market	ShareType	CloseTime	ClosePrice

接下来我们就可以向空表中写入数据了。

（二）插入数据

INSERT INTO 语句用于向表中插入数据，可以插入整行，也可以插入新的字段列。

1. 在一行中插入数据

向数据表中的一行中插入数据，语句为：

  INSERT INTO 表名称（字段1，字段2，……）VALUES（值1，值2，……）

例如，在表2.3.4 TABLE1中插入平安银行数据，输入语句：

```
INSERT INTO TABLE1 (Stock, Symbol, Market, ShareType, CloseTime, ClosePrice)
VALUES ('平安银行', '000001', 'SZSE', 'A', '2022/2/17', 16.42);
INSERT INTO TABLE1 (Stock, Symbol, CloseTime, ClosePrice)
VALUES ('平安银行', '000001', '2022/2/18', 16.77);
```

这里要注意：SQL语句中，"值"（也就是字段下的数据）是文本格式的，要使用单引号来引用文本，如上述语句中'平安银行'；是数值格式的，则无须添加引号，如上文语句中的收盘价16.42。

显示结果如表2.3.5所示。

表2.3.5　TABLE1

Stock	Symbol	Market	ShareType	CloseTime	ClosePrice
平安银行	000001	SZSE	A	2022/2/17	16.42
平安银行	000001			2022/2/18	16.77

可以看出，第一条语句向TABLE1中所有字段进行了赋值（VALUES），因此插入了一行；第二条语句仅对TABLE1中的"Stock""Symbol""CloseTime""ClosePrice"四个字段进行了赋值，其他字段为空值。

2. 插入一列

插入新的一列，语句为：

ALTER TABLE 表名称 ADD（列名称 数据类型）

例如，在表TABLE1中插入新的一列"Yield"表示收益率，该字段为数值型decimal（10，5）格式，输入语句：

```
ALTER TABLE TABLE1 ADD (Yield decimal (10, 5));
```

显示结果如表2.3.6所示。

表2.3.6 TABLE1

Stock	Symbol	Market	ShareType	CloseTime	ClosePrice	Yield
平安银行	000001	SZSE	A	2022/2/17	16.42	
平安银行	000001			2022/2/18	16.77	

三、数据修改

在数据库中，由于数据源数据缺失或更新、录入操作失误等情况，难免会出现数据空值、数据错误等问题，这时就需要对数据进行修正和更新。有的错误数据可以通过查询数据源获取正确数据；有的数据则需要重新计算，然后再将正确数据更新到数据表中。

（一）数据更新

UPDATE…SET 语句用于修改表中的数据。具体语句为：

UPDATE 表名称 SET 列名 = 数值

该语句在更新（UPDATE）表时，对指定列中的所有数据均赋同一个数值。

例如，将表2.3.6中的字段"ShareType"全部设为"A"，表示A股，则输入语句：

UPDATE TABLE1 SET ShareType = 'A';

此时，"ShareType"字段下的所有数据均被修改为"A"。

如果要对指定行的某个字段进行更新，则可以在UPDATE…SET 语句后加上条件语句WHERE，具体用法为：

UPDATE 表名称 SET 列1 = 值1，列2 = 值2 WHERE 列3 = 值3

表示当（WHERE）列3为值3时，对该行的列1赋值1，对列2赋值2。

例如，将表2.3.6中"平安银行"的上市市场"SZSE"和股票类型"A"补充上去，则输入语句：

UPDATE TABLE1 SET Market = 'SZSE', ShareType = 'A' WHERE Stock = '平安银行';

显示结果如表2.3.7所示。

表2.3.7 TABLE1

Stock	Symbol	Market	ShareType	CloseTime	ClosePrice	Yield
平安银行	000001	SZSE	A	2022/2/17	16.42	
平安银行	000001	SZSE	A	2022/2/18	16.77	

（二）数据计算

金融数据库中常常需要数据加工计算，以衍生出所需的金融指标。MySQL 数据库中支持的 SQL 基本运算符如表 2.3.8 所示。

表 2.3.8　SQL 基本运算符

算数运算符	说　明	比较运算符	说　明
+	加	= / ! =	等于/不等于
-	减	> / >=	大于/大于等于
*	乘	< / <=	小于/小于等于
/	除	BETWEEN/NOT BETWEEN	在两个值之间/不在两个值之间

多个运算符连用时，可通过圆括号区分优先顺序。

以表 2.3.7 中的数据为例，计算平安银行 2022 年 2 月 18 日的股票收益率。用收盘价计算股票当日收益率的公式为：

$$当日收益率 = \frac{当日收盘价}{前一日收盘价} - 1$$

执行语句如下：

SELECT（SELECT ClosePrice FROM TABLE1 WHERE Symbol = '000001' AND CloseTime = '2022/2/18'）/（SELECT ClosePrice FROM TABLE1 WHERE Symbol = '000001' AND CloseTime = '2022/2/17'）- 1　AS Yield；

输出结果为：

Yield
0.02132

最后，将计算结果 0.02132 更新到表 2.3.7 的 2022 年 2 月 18 日收益率"Yield"字段下，并用 SELECT 语句[1]查询最终修改结果，输入语句：

UPDATE TABLE1 SET Yield = 0.02132 WHERE Symbol = '000001' AND CloseTime = '2022/2/18'；
SELECT * FROM TABLE1；

输出结果如表 2.3.9 所示。

---

[1]　SELECT 语句是 SQL 中用于查询语句，语句：SELECT * FROM 表名称，表示查询表中的所有数据，其中 * 表示所有字段。例如查询表 Stock_info 中的所有数据，语句为：SELECT * FROM Stock_info。

表2.3.9　TABLE1

Stock	Symbol	Market	ShareType	CloseTime	ClosePrice	Yield
平安银行	000001	SZSE	A	2022/2/17	16.42	
平安银行	000001	SZSE	A	2022/2/18	16.77	0.02132

其中用于查询数据的SELECT语句，会在下一个任务"数据查询"中详细介绍，此处不再详述。

（三）字段拼接与别名

字段拼接和字段别名命名是数据库中最常用的操作之一，其目的是增强数据的可读性，便于使用者理解和查询。

1. 字段拼接

字段拼接是指将数据库表中的多个字段拼接变为一个字段。字段拼接需要根据业务实际需求来设计，字段拼接后可增加数据可读性、减少歧义。例如代码000001在股票市场中分别可以代表上证指数（sh000001）、平安银行（sz000001）、华夏成长混合基金（of000001），仅凭代码000001容易产生歧义，因此需要将"代码"和"市场"拼接在一起，以便唯一地指向某一股票或基金。

在MySQL中，可以使用CONCAT（）语句拼接字段，其用法如下：

CONCAT（字段1，字段2，…）

选项数据表中的某两个字段进行拼接，可以使用SELECT…FROM语句，用法如下：

SELECT CONCAT（字段1，字段2，…）FROM 表名

例如，拼接表2.3.9中的"Symbol"和"Market"两个字段，输入语句：

SELECT CONCAT（Symbol，Market）FROM TABLE1；

输出结果如下：

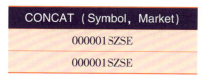

CONCAT（Symbol，Market）
000001SZSE
000001SZSE

字段拼接时可在字段中间增加分隔符，常用的分割符有"."" _ "等。将分隔符以英文字符串形式添加到CONCAT函数要拼接的两个字段中间即可：

CONCAT（字段1，'_'，字段2，…）

例如，拼接表2.3.9中的"Symbol""Market"两个字段，并在两个字段中间加分隔符"_"，输入语句：

```
SELECT CONCAT（Symbol，'_'，Market）FROM TABLE1；
```

拼接后的字段名称为 CONCAT（Symbol，'_'，Market），其下数据为 000001_SZSE。

2. 别名

上述例子中，数据库系统默认拼接字段后的列名称为 CONCAT（字段1，字段2），可读性不够强，可以通过 AS 语法来指定字段的名称，为字段命"别名"。AS 的用法如下：

$$字段1 \ AS \ 字段2$$

例如，在拼接表 2.3.9 的"Symbol"和"Market"两个字段时，将拼接后的列命名为中文"股票代码"，输入语句：

```
SELECT CONCAT（Symbol，'_'，Market）AS '股票代码' FROM TABLE1；
```

输出结果如下：

股票代码
000001_SZSE
000001_SZSE

四、删除数据

DELETE 语句用于删除表中的行。

（一）删除某一行

删除数据中某一行的语句为：

$$DELETE \ FROM \ 表名称 \ WHERE \ 列名称 = 值$$

表示当列满足某个条件时，删除满足条件的一行数据。

例如，删除表 2.3.9 中平安银行 2022 年 2 月 17 日的数据，输入语句：

```
DELETE FROM TABLE1 WHERE CloseTime = '2022/2/17'；
```

显示结果如表 2.3.10 所示。

表 2.3.10　TABLE1

Stock	Symbol	Market	ShareType	CloseTime	ClosePrice	Yield
平安银行	000001	SZSE	A	2022/2/18	16.77	0.02132

（二）删除表中的所有行

DELETE 可以在不删除表的情况下删除所有行。这意味着表的结构、属性和索引都是完整的。具体语句为：

DELETE FROM 表名称 或者 DELETE * FROM 表名称

例如，删除表 TABLE1 的所有行，输入语句：

```
DELETE FROM TABLE1;
```

显示结果如表 2.3.11 所示。

表 2.3.11　TABLE1

Stock	Symbol	Market	ShareType	CloseTime	ClosePrice	Yield

任务实施……………………

一、创建表

（一）创建空表

按照表 2.3.1 中的字段物理结构，用 CREATE TABLE 语句创建表 stock_info，语句如下：

```
CREATE TABLE stock_info
                (
                Stock varchar (20),
                Symbol char (6),
                Market varchar (20),
                ShareType char (1),
                Province varchar (20)
                );
```

输出结果如表 2.3.12 所示。

表 2.3.12　stock_info

Stock	Symbol	Market	ShareType	Province

（二）插入数据

使用 INSERT INTO 语句在表 2.3.12 中插入数据，语句如下：

INSERT INTO stock_info（Stock，Symbol，Market，ShareType，Province）VALUES（'平安银行'，'000001'，'SZSE'，'A'，'广东省'）；
INSERT INTO stock_info（Stock，Symbol，Market，ShareType，Province）VALUES（'万科 A'，'000002'，'SZSE'，'A'，'广东省'）；

输出结果如表 2.3.13 所示。

表 2.3.13 stock_info

Stock	Symbol	Market	ShareType	Province
平安银行	000001	SZSE	A	广东省
万科 A	000002	SZSE	A	广东省

二、计算 MACD

MACD 即异同移动平均线（moving average convergence and divergence）是利用收盘价的短期（常用为 12 日）指数移动平均线与长期（常用为 26 日）指数移动平均线之间的聚合与分离状况，对买进、卖出时机作出研判的技术指标。公式为：

$$MACD = (DIF - DEA) \times 2$$

其中，DIF 为差离值，是 12 日 EMA 减去 26 日 EMA，公式为：$DIF = EMA_{12} - EMA_{26}$。$DIF$ 是股市技术分析中的一个指标，在持续的涨势中，12 日 EMA 在 26 日 EMA 之上，其正差离值（$+DIF$）会愈来愈大；反之在跌势中，差离值可能变负（$-DIF$）。

EMA 为指数移动平均值（exponential moving average），是一种趋向类指标，是以指数式递减加权的移动平均。公式为：

$$EMA = \frac{当日收盘价 \times 2 + EMA_{前一日} \times (m-1)}{(m-1)+2}$$

其中，m 在计算 MACD 时，分别取 $m=12$，26。

DEA 是差离值（DIF）的移动平均线，一般默认为 9 日平均线。公式为：

$$DEA = \frac{DIF_{当日} \times 2 + DEA_{前一日} \times 8}{10}$$

按上述公式计算 MACD 时，先计算平安银行 2022 年 2 月 18 日的 EMA_{12} 和 EMA_{26}；再计算 2 月 18 日的差离值 DIF；然后计算 DEA；最后计算 2 月 18 日的 MACD。

（一）计算 EMA_{12} 和 EMA_{26}

计算 EMA_{12} 的值，输入语句如下：

```
SELECT (
(SELECT EMA₁₂ FROM stock_transaction WHERE CloseTime = '2022/2/17') *11 +
(SELECT ClosePrice FROM stock_transaction WHERE CloseTime = '2022/2/18') *2
) /13
AS EMA₁₂ FROM stock_transaction WHERE CloseTime = '2022/2/18';
```

执行结果为：

EMA_{12}
16.5417

计算 EMA_{26} 的值，输入语句如下：

```
SELECT (
(SELECT EMA₂₆ FROM stock_transaction WHERE CloseTime = '2022/2/17') *25 +
(SELECT ClosePrice FROM stock_transaction WHERE CloseTime = '2022/2/18') *2
) /27
AS EMA₂₆ FROM stock_transaction WHERE CloseTime = '2022/2/18';
```

执行结果为：

EMA_{26}
16.5546

将上述计算结果更新到表 2.3.2 stock_transaction 中，输入语句如下：

```
UPDATE stock_transaction SET EMA₁₂ = 16.5417，EMA₂₆ = 16.5546
WHERE CloseTime = '2022/2/18';
SELECT * FROM stock_transaction;
```

查询结果值如表 2.3.14 所示。

表 2.3.14 stock_transaction

StockId	CloseTime	ClosePrice	EMA_{12}	EMA_{26}	DIF	DEA	MACD
201000000001	2022/2/14	16.58	16.58	16.58	0	0	0
201000000001	2022/2/15	16.28	16.5338	16.5578	-0.0239	-0.0048	-0.0382
201000000001	2022/2/16	16.41	16.5148	16.5468	-0.0320	-0.0102	-0.0436
201000000001	2022/2/17	16.42	16.5002	16.5374	-0.0372	-0.0156	-0.0432
201000000001	2022/2/18	16.77	16.5417	16.5546			

（二）计算 DIF

基于上述的 EMA_{12} 和 EMA_{26} 结果，计算平安银行 2022 年 2 月 18 日的 DIF，并通过 UPDATE 语句更新表 2 中的该数据：

```
SELECT (
(SELECT EMA12 FROM stock_transaction WHERE CloseTime = '2022/2/18') －
(SELECT EMA26 FROM stock_transaction WHERE CloseTime = '2022/2/18')
)
AS DIF FROM stock_transaction WHERE CloseTime = '2022/2/18';
```

执行结果为：

DIF
－0.0129

将上述 DIF 计算结果更新到表 2.3.14 中，输入语句如下：

```
UPDATE stock_transaction SET DIF = －0.0129 WHERE CloseTime = '2022/2/18';
SELECT * FROM stock_transaction;
```

查询 UPDATE 数据，输出结果如表 2.3.15 所示。

表 2.3.15 stock_transaction

StockId	CloseTime	ClosePrice	EMA_{12}	EMA_{26}	DIF	DEA	MACD
201000000001	2022/2/14	16.58	16.58	16.58	0	0	0
201000000001	2022/2/15	16.28	16.5338	16.5578	－0.0239	－0.0048	－0.0382
201000000001	2022/2/16	16.41	16.5148	16.5468	－0.0320	－0.0102	－0.0436
201000000001	2022/2/17	16.42	16.5002	16.5374	－0.0372	－0.0156	－0.0432
201000000001	2022/2/18	16.77	16.5417	16.5546	－0.0129		

（三）计算 DEA

基于上述的 DIF 结果，计算平安银行 2022 年 2 月 18 日的 DEA，输入语句如下：

```
SELECT (
(SELECT DEA FROM stock_transaction WHERE CloseTime = '2022/2/17') *8 +
(SELECT DIF FROM stock_transaction WHERE CloseTime = '2022/2/18') *2
) /10
AS DEA FROM stock_transaction WHERE CloseTime = '2022/2/18';
```

执行结果为:

DEA
−0.0151

将上述 DEA 计算结果更新到表 2.3.15 中,输入语句如下:

```
UPDATE stock_transaction SET DEA = −0.0151 WHERE CloseTime = '2022/2/18';
SELECT * FROM stock_transaction;
```

查询 UPDATE 数据,输出结果如表 2.3.16 所示。

表 2.3.16 stock_transaction

StockId	CloseTime	ClosePrice	EMA_{12}	EMA_{26}	DIF	DEA	MACD
201000000001	2022/2/14	16.58	16.58	16.58	0	0	0
201000000001	2022/2/15	16.28	16.5338	16.5578	−0.0239	−0.0048	−0.0382
201000000001	2022/2/16	16.41	16.5148	16.5468	−0.0320	−0.0102	−0.0436
201000000001	2022/2/17	16.42	16.5002	16.5374	−0.0372	−0.0156	−0.0432
201000000001	2022/2/18	16.77	16.5417	16.5546	−0.0129	−0.0151	

(四) 将计算结果更新到数据

基于上述结果,计算平安银行 2022 年 2 月 5 日的 MACD,输入语句:

```
SELECT (
(SELECT DIF FROM stock_transaction WHERE CloseTime = '2022/2/18') −
(SELECT DEA FROM stock_transaction WHERE CloseTime = '2022/2/18')
) *2
AS MACD FROM stock_transaction WHERE CloseTime = '2022/2/18';
```

执行结果为:

MACD
0.0044

将上述 MACD 计算结果更新到表 2.3.16 中,输入语句如下:

```
UPDATE stock_transaction SET MACD = 0.0044 WHERE CloseTime = '2022/2/18';
SELECT * FROM stock_transaction;
```

查询 UPDATE 数据，输出结果如表 2.3.17 所示。

表 2.3.17 stock_transaction

StockId	CloseTime	ClosePrice	EMA_{12}	EMA_{26}	DIF	DEA	MACD
201000000001	2022/2/14	16.58	16.58	16.58	0	0	0
201000000001	2022/2/15	16.28	16.5338	16.5578	-0.0239	-0.0048	-0.0382
201000000001	2022/2/16	16.41	16.5148	16.5468	-0.0320	-0.0102	-0.0436
201000000001	2022/2/17	16.42	16.5002	16.5374	-0.0372	-0.0156	-0.0432
201000000001	2022/2/18	16.77	16.5417	16.5546	-0.0129	-0.0151	0.0044

三、删除缺失数据行

由于 2022 年 2 月 14 日的部分数据缺失，将该行删除。输入语句：

DELETE FROM stock_transaction WHERE CloseTime = '2022/2/14';

输出结果如表 2.3.18 所示。

表 2.3.18 stock_transaction1

StockId	CloseTime	ClosePrice	EMA_{12}	EMA_{26}	DIF	DEA	MACD
201000000001	2022/2/15	16.28	16.5338	16.5578	-0.0239	-0.0048	-0.0382
201000000001	2022/2/16	16.41	16.5148	16.5468	-0.0320	-0.0102	-0.0436
201000000001	2022/2/17	16.42	16.5002	16.5374	-0.0372	-0.0156	-0.0432
201000000001	2022/2/18	16.77	16.5417	16.5546	-0.0129	-0.0151	0.0044

任务小结……………………

本任务介绍了 MySQL 数据库中用 SQL 进行建表、表内数据增删改的操作，其中还涉及数据的计算、字段拼接、命别名的方法。希望通过任务的实施，让读者掌握 CONCAT 语句、AS 语句、SELECT 语句、WHERE 语句、UPDATE 语句，在未来工作中能够使用 SQL 快速地进行数据库建表和数据更新。

技能实训……………………

（1）创建银行资产负债表，表名为 TABLE2，表中各字段的物理结构如表 2.3.19 所示。

表2.3.19 TABLE2中字段的物理结构

序号	字段名称	中文名称	字段类型	是否为主键
1	Bankcd	银行代码	char（6）	是
2	Shortbnm	银行简称	varchar（20）	否
3	Stkcd	股票代码	char（6）	否
4	Typrep	报表类型编码	char（1）	否
5	Cash	现金及存放中央银行款项	int	否

并在创建好的空表中增加如下数据：

北京银行，银行代码000021，股票代码601169，B型报表，存放184491000000元

杭州银行，银行代码000077，股票代码600927，D型报表，存放68901675000元

（2）表2.3.20为浦发银行连续五日的股票数据表（stock_transaction_test），请计算第五日（2022/2/18）的 MACD，并将计算结果更新到表中。

表2.3.20 stock_transaction_test

StockId	CloseTime	ClosePrice	EMA_{12}	EMA_{26}	DIF	DEA	MACD
201000003368	2022/2/14	8.6	8.6	8.6	0	0	0
201000003368	2022/2/15	8.55	8.5923	8.5963	−0.0040	−0.0008	−0.0064
201000003368	2022/2/16	8.59	8.5920	8.5958	−0.0039	−0.0014	−0.005
201000003368	2022/2/17	8.56	8.5870	8.5932	−0.0061	−0.0024	−0.0074
201000003368	2022/2/18	8.67					

任务2.4 数据查询

A公司是总部位于深圳的一家投资公司，专注于通过数据分析方法寻找投资机会。该公司的股票数据库中包含股票基础信息（部分数据如表2.4.1所示）、股票交易信息（部分数据如表2.4.2所示）等数据，使用SQL进行如下查询：

（1）查询表stock_info中所有数据。

（2）查询表stock_info中所有总部位于广东省的公司的股票名称、代码和上市市场。

（3）使用JOIN语句，从表2.4.1和2.4.2中联表查询2022年2月18日的数据，要求数据字段如表2.4.3所示。此外，为了明确代码的指向，将表示股票代码的"Symbol"字段和表示证券市场的"Market"字段合并，并重新命名为"StockSymbol"以便数据分析师理解和查询数据。

表 2.4.1 stock_info

StockId	StockName	Symbol	Market	Province
201000000001	平安银行	000001	SZSE	广东省
201000003368	浦发银行	600000	SHSE	上海市
201000200625	长安 B	200625	SZSE	重庆市
201000000002	万科 A	000002	SZSE	广东省

表 2.4.2 stock_transaction

StockId	CloseTime	OpenPrice	ClosePrice	MACD
201000000001	2022/2/14	16.58	16.58	0
201000000001	2022/2/15	16.28	16.28	-0.0382
201000000001	2022/2/16	16.41	16.41	-0.0436
201000000001	2022/2/17	16.42	16.42	-0.0432
201000000001	2022/2/18	16.77	16.77	-0.0044

表 2.4.3 Stock_Join

StockName	Symbol	Market	CloseTime	ClosePrice	MACD

必备知识

数据存储离不开数据库工具，本书中使用关系型数据管理系统 MySQL，该系统采用标准化数据库访问语言 SQL。下文中的所有数据库查询语言均为 SQL。

一、单表查询

单表查询是指在一张数据表中进行数据检索，是最简单的一种查询方式。

（一）查询所有数据

查询表中的所有数据，使用语句：

SELECT * FROM 表名称

其中，*表示所有字段。

以表 2.4.4 为例，查询 Table1 中的所有数据。

表 2.4.4 Table1

Stock	Symbol	Market	CloseTime	ClosePrice
万科 A	000002	SZSE	2022/2/17	19.80
平安银行	000001	SZSE	2022/2/18	16.77
浦发银行	600000	SHSE	2022/2/18	8.56

输入语句:

SELECT * FROM Table1;

查询结果如表2.4.5所示。

表2.4.5 Table1

Stock	Symbol	Market	CloseTime	ClosePrice
万科A	000002	SZSE	2022/2/17	19.80
平安银行	000001	SZSE	2022/2/18	16.77
浦发银行	600000	SHSE	2022/2/18	8.56

(二) 按字段查询

查询某表格中指定字段下的所有数据,使用如下语句:

SELECT 字段1,字段2,…FROM 表名称

该语句可查询表中的多个字段,并将查询结果输出显示,其中多个字段名称之间用逗号","隔开。

以表2.4.4为例,查询Table1中的股票名称(Stock)及对应的股票代码(Symbol)。

输入语句:

SELECT Stock, Symbol FROM Table1;

查询结果如下:

Stock	Symbol
万科A	000002
平安银行	000001
浦发银行	600000

(三) 条件查询

查询表中满足某个条件的数据,可以在SELECT…FROM语句后,加上WHERE条件子句。语句形式为:

SELECT 字段1,字段2,…FROM 表名称 WHERE 字段名称 运算符 值

使用条件查询语句时,要注意以下几点:

(1) 上述语句中的"字段1,字段2,…"表示被检索列,如果限定了被检索的列,则输出结果只显示这几列;也可以使用"*"表示查询全表,此时输出结果为全表。

（2）运行语句时，先进行 WHERE 子句的条件判断，再进行数据抽取。

（3）WHERE 子句中，字段名称与值之间的常见运算符如表 2.4.6 所示。

表 2.4.6　SQL 运算符

运算符	描述
=	等于
<>	不等于（在某些版本中，操作符 <> 可以写为！=）
>	大于
<	小于
>=	大于等于
<=	小于等于
LIKE	搜索某种模式

1. 单条件查询

例如，查询表 2.4.4 Table1 中所有深交所上市的股票，输入语句：

```
SELECT * FROM Table1 WHERE Market = 'SZSE';
```

输出结果如表 2.4.7 所示。

表 2.4.7　Table1

Stock	Symbol	Market	CloseTime	ClosePrice
万科 A	000002	SZSE	2022/2/17	19.80
平安银行	000001	SZSE	2022/2/18	16.77

例如，查询表 2.4.4 Table1 中深交所上市的股票的名称和代码，输入语句：

```
SELECT Stock, Symbol FROM Table1 WHERE Market = 'SZSE';
```

输出结果如表 2.4.8 所示。

表 2.4.8　Table1

Stock	Symbol
万科 A	000002
平安银行	000001

2. 指定模式查询

LIKE 运算符用于在 WHERE 子句中搜索数据中包含的指定内容的数据。语句形式为：

WHERE 字段 LIKE %指定内容%

其中,"%"是通配符,表示缺少的字母,可以灵活使用。例如,%X 表示结尾是 X;X% 表示开头是 X;%X% 表示中间有 X。

例如,查询表 2.4.4 Table1 中,股票代码以"0"开头的数据。输入语句:

```
SELECT * FROM Table1 WHERE Symbol LIKE '0%';
```

输出结果如表 2.4.9 所示。

表 2.4.9 Table1

Stock	Symbol	Market	CloseTime	ClosePrice
万科 A	000002	SZSE	2022/2/17	19.80
平安银行	000001	SZSE	2022/2/18	16.77

还可以使用 NOT LIKE 句式,表示检索出不包含指定内容的数据。例如,选择表 2.4.4 中非深交所上市的股票信息。输入语句:

```
SELECT * FROM Table1 WHERE Symbol NOT LIKE Market = 'SZSE';
```

输出结果如表 2.4.10 所示。

表 2.4.10 Table1

Stock	Symbol	Market	CloseTime	ClosePrice
浦发银行	600000	SHSE	2022/2/18	8.56

3. 多条件查询

使用 AND 和 OR 运算符,可以把两个或多个条件结合起来,在 WHERE 子句中进行多条件查询。

(1) AND 的用法。

AND 表示"并且,和",A AND B 表示 A 条件和 B 条件都成立。

例如,查询表 2.4.4 Table1 中上市市场为深交所,并且交易日期为 2022 年 2 月 18 日的股票信息。输入语句:

```
SELECT * FROM Table1 WHERE Market = 'SZSE' AND CloseTime = '2022/2/18';
```

输出结果如表 2.4.11 所示。

表 2.4.11　Table1

Stock	Symbol	Market	CloseTime	ClosePrice
平安银行	000001	SZSE	2022/2/18	16.77

（2）OR 的用法。

OR 表示"或者"，A OR B 表示 A 条件或者 B 条件中只需一个成立。

例如，查询表 2.4.4 Table1 中上市市场为深交所，或者交易日期为 2022 年 2 月 18 日的股票信息。输入语句：

SELECT * FROM Table1 WHERE Market = 'SZSE' OR CloseTime = '2022/2/18';

输出结果如表 2.4.12 所示。

表 2.4.12　Table1

Stock	Symbol	Market	CloseTime	ClosePrice
万科 A	000002	SZSE	2022/2/17	19.80
平安银行	000001	SZSE	2022/2/18	16.77
浦发银行	600000	SHSE	2022/2/18	8.56

（3）AND 和 OR 联合使用。

AND 和 OR 可以联合使用，构成更为复杂的判定语句，此时需要把优先判断的语句用括号括起来。

例如，从表 2.4.4 Table1 中选择股票上市市场为深交所，2022 年 2 月 17 日或 18 日的股票数据，输入语句：

SELECT * FROM Table1 WHERE Market = 'SZSE' AND (CloseTime = '2022/2/17' OR CloseTime = '2022/2/18');

输出结果如表 2.4.13 所示。

表 2.4.13　Table1

Stock	Symbol	Market	CloseTime	ClosePrice
万科 A	000002	SZSE	2022/2/17	19.80
平安银行	000001	SZSE	2022/2/18	16.77

（4）BETWEEN 的用法。

使用运算符 BETWEEN A AND B，可以选取介于 [A，B] 之间的数据，包含 A 和

B。A 和 B 可以是数值、文本或者日期等多种形式。

例如，查询表 2.4.4 Table1 中收盘价（ClosePrice）介于 0 元（包括）到 10 元（包括）之间的股票，输入语句：

```
SELECT * FROM Table1 WHERE ClosePrice BETWEEN 0 AND 10;
```

输出结果如表 2.4.14 所示。

表 2.4.14　Table1

Stock	Symbol	Market	CloseTime	ClosePrice
浦发银行	600000	SHSE	2022/2/18	8.56

还可以用 NOT BETWEEN 语句筛选两个值之外的数据，其中 A、B 均不包含。语法为：

$$NOT\ BETWEEN\ A\ AND\ B$$

例如，选取表 2.4.4 Table1 中收盘价（ClosePrice）位于 0 元到 10 元之外的股票，则输入语句：

```
SELECT * FROM Table1 WHERE ClosePrice NOT BETWEEN 0 AND 10;
```

输出结果如表 2.4.15 所示。

表 2.4.15　Table1

Stock	Symbol	Market	CloseTime	ClosePrice
万科 A	000002	SZSE	2022/2/17	19.80
平安银行	000001	SZSE	2022/2/18	16.77

重要提示：

不同的数据库对 BETWEEN A AND B 操作符的处理方式是有差异的。某些数据库会列出介于 A 和 B 之间的数据，但不包括 A 和 B；某些数据库会列出介于 A 和 B 之间并包括 A 和 B 的数据；而另一些数据库会列出介于 A 和 B 之间，包括 A，但不包括 B 的数据。所以，需检查具体数据库是如何处理 BETWEEN…AND 运算符的！

二、联表查询

上述例子中所有的查询都集中在一个表上。但是，在现实生活中，经常需要通过查询多张表格获取信息，再进行后续数据处理工作。一次查询多张表的数据，称为联表查询。实现联表查询首先需要表之间有公共字段（外键）进行联结。

为了理解联表查询的方法，以表 2.4.16 和表 2.4.17 为例。在表 2.4.17 中的主键"Id"与表 2.4.16 的外键"ExchangeId"表示相同含义。因此，可以将这两个表联结起来，得到组合的数据。

表 2.4.16 stock_info1

StockId	Stock	Symbol	ExchangeId
2021020100001	上证指数	000001	SHSE
2021020100002	平安银行	000001	SZSE
2021020100003	万科 A	000002	SZSE
202000000004	嘉实增强信用定期债券	000005	NULL

表 2.4.17 t2

Id	Exchange	ExchangeEn
SZSE	深圳证券交易所	Shenzhen Stock Exchange
SHSE	上海证券交易所	Shanghai Stock Exchange
HKEX	香港联合交易所	Stock Exchange of Hong Kong

在联结表时，创建的联结类型会影响结果集的显示。下面我们将依次学习内联结、外联结和交叉联结。

（一）内联结

内联结（INNER JOIN）是最常见的连接类型。它仅返回在两个联结表中都匹配的行。图 2.4.1 的维恩图说明了内联结的工作方式。

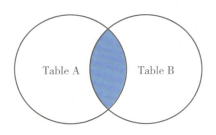

图 2.4.1 内联结维恩图

例如，想查找特定交易所的股票信息，以指定交易所字段为主键，通过内联结方式从数据总表中挑选出符合要求的数据。以表 2.4.16 和表 2.4.17 为例，想要检索出两表共有的上市市场的股票数据，数据包括 ID（StockId）、股票名称（Stock）、股票代码（Symbol）和上市市场（Exchange）字段，输入语句：

```
SELECT t1.StockId, t1.Stock, t1.Symbol, t2.Exchange
  FROM stock_info1 AS t1 INNER JOIN t2 ON t1.ExchangeId = t2.Id;
```

输出结果如表 2.4.18 所示。

表 2.4.18 内联结查询结果

StockId	Stock	Symbol	Exchange
20210201000001	上证指数	000001	上海证券交易所
20210201000002	平安银行	000001	深圳证券交易所
20210201000003	万科 A	000002	深圳证券交易所

小贴士：

维恩图（Venn Diagram），或译 Venn 图、文氏图、温氏图、韦恩图，是所谓的集合论（或者类的理论）数学分支中，不太严格的意义下用以表示集合（或类）的一种草图。

（二）外联结

外联结（OUTER JOIN）是内联结的扩展。在外联结情况下，即使不包含在联结表中的行，也会被检索并提取显示出来。

外联结共有三种类型：左联结、右联结和完全联结。

1. 左联结

左联结（LEFT JOIN）返回左表中的所有行以及右表中满足连接条件的行。图 2.4.2 维恩图说明了左联结的工作方式。

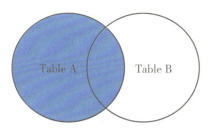

图 2.4.2 左联结维恩图

这里的左表是指 LEFT JOIN 语句左侧的表名，而右表是 LEFT JOIN 语句右侧的表名。如"t1 LEFT JOIN t2"这句语句中，左表是 t1，右表是 t2。

例如，想要检索出表 2.4.16 中"ExchangeId"列指定的上市市场的数据，数据要包含股票 ID（StockId）、股票名称（Stock）、股票代码（Symbol）和上市市场（Exchange）字段。输入语句：

```
SELECT t1.StockId, t1.Stock, t1.Symbol, t2.Exchange
FROM stock_info1 AS t1 LEFT JOIN t2 ON t1.ExchangeId = t2.Id;
```

输出结果如表 2.4.19 所示。

表 2.4.19　左联结查询结果

StockId	Stock	Symbol	Exchange
2021020100001	上证指数	000001	上海证券交易所
2021020100002	平安银行	000001	深圳证券交易所
2021020100003	万科 A	000002	深圳联合交易所
202000000004	嘉实增强信用定期债券	000005	

2. 右联结

右联结（RIGHT JOIN）与 LEFT JOIN 相反，它返回右表中的所有行以及左表中满足联结条件的行。图 2.4.3 维恩图说明了右联结的工作方式。

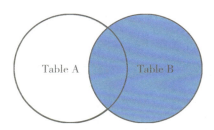

图 2.4.3　右联结维恩图

例如，想要检索出表 2.4.17 中 "Id" 列指定的上市市场数据，数据要包含股票 ID（StockId）、股票名称（Stock）、股票代码（Symbol）和上市市场（Exchange）字段。输入语句：

```
SELECT t1.StockId, t1.Stock, t1.Symbol, t2.Exchange
FROM stock_info1 AS t1 RIGHT JOIN t2 ON t1.ExchangeId = t2.Id;
```

输出结果如表 2.4.20 所示。

表 2.4.20　右联结查询结果

StockId	Stock	Symbol	Exchange
2021020100001	上证指数	000001	上海证券交易所
2021020100002	平安银行	000001	深圳证券交易所
2021020100003	万科 A	000002	深圳联合交易所
			香港联合交易所

3. 完全联结

完全联结（FULL JOIN）返回两表中的所有行，无论它们是否匹配。也可以看作完全联接结合了左联结（LEFT JOIN）和右联结（RIGHT JOIN）的功能。图2.4.4维恩图说明了完全联结的工作方式。

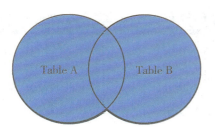

图2.4.4　完全联结维恩图

MySQL 不支持 FULL JOIN，所以使用 UNION ALL 运算符来组合 LEFT JOIN 和 RIGHT JOIN。

例如，无论表2.4.16和表2.4.17中上市市场字段下的数据是否对应，要将股票ID（StockId）、股票名称（Stock）、股票代码（Symbol）和上市市场（Exchange）数据全部检索出来。用 UNION ALL 语句将左联结和右联结语句结合，输入语句：

```
SELECT t1.StockId, t1.Stock, t1.Symbol, t2.Exchange
FROM stock_info1 AS t1 LEFT JOIN t2 ON t1.ExchangeId = t2.Id
UNION ALL
SELECT t1.StockId, t1.Stock, t1.Symbol, t2.Exchange
FROM stock_info1 AS t1 RIGHT JOIN t2 ON t1.ExchangeId = t2.Id;
```

输出结果如表2.4.21所示。

表2.4.21　完全联结查询结果

StockId	Stock	Symbol	Exchange
20210201000001	上证指数	000001	上海证券交易所
20210201000002	平安银行	000001	深圳证券交易所
20210201000003	万科A	000002	深圳联合交易所
202000000004	嘉实增强信用定期债券	000005	
20210201000001	上证指数	000001	上海证券交易所
20210201000002	平安银行	000001	深圳证券交易所
20210201000003	万科A	000002	深圳联合交易所
			香港联合交易所

（三）交叉联结

如果在联结两个表时未指定联结条件，则数据库系统会将左表的每一行与右表的每一行合并，这种联结称为交叉联结（CROSS JOIN）。图 2.4.5 维恩图说明了交叉联结的工作方式。

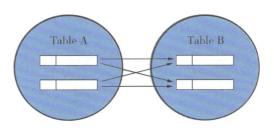

图 2.4.5　交叉联结维恩图

例如，用交叉联结对表 2.4.16 和表 2.4.17 进行查询，要求查询结果中包含股票 ID（StockId）、股票名称（Stock）、股票代码（Symbol）和上市市场（Exchange）数据。输入语句：

```
SELECT t1.StockId, t1.Stock, t1.Symbol, t2.Exchange
FROM   stock_info1 AS t1 CROSS JOIN t2;
```

输出结果如表 2.4.22 所示。

表 2.4.22　交叉联结查询结果

StockId	Stock	Symbol	Exchange
20210201000001	上证指数	000001	深圳证券交易所
20210201000001	上证指数	000001	上海证券交易所
20210201000001	上证指数	000001	香港联合交易所
20210201000002	平安银行	000001	深圳证券交易所
20210201000002	平安银行	000001	上海证券交易所
20210201000002	平安银行	000001	香港联合交易所
20210201000003	万科A	000002	深圳证券交易所
20210201000003	万科A	000002	上海证券交易所
20210201000003	万科A	000002	香港联合交易所
202000000004	嘉实增强信用定期债券	000005	深圳证券交易所
202000000004	嘉实增强信用定期债券	000005	上海证券交易所
202000000004	嘉实增强信用定期债券	000005	香港联合交易所

小贴士：

联结表时，最好在每个列名称前添加其所属表的名称，以避免不同表中的列放在一起后出现混淆和歧义以及列名重复。

任务实施

一、查询表中所有数据

查询表 2.4.1 stock_info 中所有数据。输入语句：

```
SELECT * FROM stock_info;
```

输出结果如表 2.4.23 所示。

表 2.4.23 stock_info

StockId	StockName	Symbol	Market	Province
201000000001	平安银行	000001	SZSE	广东省
201000003368	浦发银行	600000	SHSE	上海市
201000200625	长安 B	200625	SZSE	重庆市
201000000002	万科 A	000002	SZSE	广东省

二、单表查询

查询表 2.4.1 stock_info 中所有总部位于广东省的股票名称、代码和上市市场。输入语句：

```
SELECT Stock，Symbol，Market FROM stock_info WHERE Province = '广东省'
```

输出结果如表 2.4.24 所示。

表 2.4.24 条件查询结果

StockName	Symbol	Market
平安银行	000001	SZSE
万科 A	000002	SZSE

三、联表查询

想要联表查询表 2.4.1 与表 2.4.2，生成如表 2.4.3 所示的数据，可以先指定 2022 年 2 月 18 日这一条件，这样表 stock_transation 筛选为一行，再以此为联结后的保留数据，选择联结方式。此时可选择内联结 INNER JOIN 也可以选择左联结 LEFT JOIN（stock_transation 为左表）方式。输入查询语句：

```
SELECT t2.StockName, t2.Symbol, t2.Market, t1.CloseTime, t1.ClosePrice, t1.MACD
FROM stock_transaction AS t1 LEFT JOIN stock_info AS t2
ON t1.StockId = t2.StockId WHERE t1.CloseTime = '2022/2/18';
```

输出结果如表2.4.25所示。

表2.4.25 Stock_Join

StockName	Symbol	Market	CloseTime	ClosePrice	MACD
平安银行	000001	SZSE	2022/2/18	16.77	0.0044

将表2.4.25的结果插入表Stock_Join中，并查询插入的结果。输入语句：

```
INSERT INTO Stock_Join VALUES （"平安银行"，"000001"，"SZSE"，"2022/2/18"，16.77，0.0044）；
SELECT *FROM Stock_Join；
```

查询结果如下表2.4.26所示，联表查询的数据被更新到了Stock_Join表中。

表2.4.26 Stock_Join

StockName	Symbol	Market	CloseTime	ClosePrice	MACD
平安银行	000001	SZSE	2022/2/18	16.77	0.0044

最后，按要求将表2.4.25中的"Symbol""Market"字段拼接。输入语句：

```
SELECT StockName, CONCAT（Symbol, Market）AS StockSymbol, CloseTime, ClosePrice, MACD
FROM Stock_Join；
```

输出结果如表2.4.27所示。

表2.4.27 Stock_Join

StockName	StockSymbol	CloseTime	ClosePrice	MACD
平安银行	000001SZSE	2022/2/18	16.77	0.0044

任务小结

本任务介绍了MySQL数据库中用SQL进行数据查询的方法，包括查询所有数据、按字段查询、按条件查询、联表查询等。其中使用了多个SQL语句，包括SELECT语句、WHERE语句，联结查询的INNER JOIN、LEFT JOIN、RIGHT JOIN、UNION ALL、CROSS JOIN语句，以及LIKE/NOT LIKE、AND、OR、BETWEEN/NOT BETWEEN等运算符的用法。通过本任务的学习和实践，希望读者可以应用相关技能在将来工作中快速、有效地查询所需的数据。

技能实训

表 2.4.28 stock_info2 为股票基本信息表，表 2.4.29 stock_transaction_test 为股票交易信息表。

表 2.4.28 stock_info2

Symbol	StockName	ShareType	Province	ExchangeId
603897	长城科技	A	浙江省	SHSE
603898	好莱客	A	广东省	SHSE
603899	晨光文具	A	上海市	SHSE
900924	上工B股	B	上海市	SHSE
200625	长安B	B	重庆市	SZSE

表 2.4.29 stock_transaction_test

STKSymbol	TrdData	OpenPrice	ClosePrice	Volume
603897	2022-01-06	23.01	22.81	80329
603898	2022-01-06	15.33	15.33	30780
603899	2022-01-06	30.15	28.86	53790
603900	2022-01-06	11.88	11.82	27555
603901	2022-01-06	6.59	6.62	26336
900924	2022-01-06	0.43	0.43	11994
200625	2022-01-06	4.24	4.21	14189

（1）请查询表 2.4.28 中所有 A 股信息。

（2）请查询表 2.4.28 中位于上海市的 A 股信息。

（3）请查询表 2.4.29 中，日成交量（Volume）低于 20000 股的股票名称和代码。

（4）使用 JOIN 语句联表查询所有 A 股的数据，并要求数据字段如表 2.4.30 所示。

表 2.4.30 Stock_Join

StockName	Symbol	TrdData	OpenPrice	ClosePrice	Volume

项目3 证券业数据分析

【引言】

随着经济的发展和现代金融业的建立，证券投资及投资收益回报的研究早已成为企业和个人关注的重点。

西方学者们对证券资产收益率分布的研究由来已久。通过对英国和美国股市收益率的分析发现：股票资产的收益率近似服从正态分布。这一观点符合统计学中的大样本思想，再加上正态分布易解释、易处理，从而广为业界所接受。在此基础上，美国经济学家马科维茨于1952年发表了《证券组合选择》论文，为现代投资组合理论奠定了基础。投资组合理论通过投资回报的期望值（均值）来衡量股票资产的收益率，用方差衡量收益的风险，通过证券间的协方差构建投资组合，通过相关性分析研究跨市场关系、行业与股票关系等，对投资者进行多样化资产组合、分散风险有着重要的意义。

本项目以股票收益率为例，由浅入深地对股票收益率时间序列进行分析，从中引出金融数据分析挖掘的常用方法，包括描述性统计分析、时间序列分析、相关性分析以及构建投资组合。希望读者从中学习到证券数据分析的基本知识和技能。

【学习目标】

1. 知识目标

（1）了解均值、方差、峰度、偏度和分布特征的含义，以及收益率数据的各统计量所代表的经济含义。

（2）掌握Python语言中求统计特征、分布函数、K-S统计检验及区间估计的函数应用。

（3）掌握时间序列的分析步骤，包括平稳性检验、随机性检验、ARMA模型原理和建模方法，以及模型预测和检验。

（4）掌握相关性分析的原理及方法，了解投资组合理论。

2. 技能目标

（1）能够编写Python程序代码，进行收益率时间序列的描述性统计分析，并能判断收益率序列的特征、分布类型以及进行区间估计。

（2）能够编写Python程序代码，实现金融时间序列的ARMA模型分析，并用所拟合的模型进行数据预测。

（3）能够编写Python程序代码，分析多只证券收益率序列间的相关性，并进行简单的投资组合建构。

3. 思政目标

（1）以社会主义核心价值观为引领，开拓学生的视野。

（2）培养学生正确的投资价值观，正确认识投资风险。

任务 3.1　收益率的描述性统计分析

任务要求

请用 Python 语言编写程序，对表 3.1.1 中 2019 年 1 月至 2022 年 1 月上证 50 指数的收益率数据进行描述性统计分析，包括：

（1）计算上证 50 指数收益率的均值、方差、峰度和偏度，并阐述其经济含义。

（2）判断上证 50 指数收益率序列的抽样分布类型，并对收益率的均值进行区间估计。

表 3.1.1　上证 50 指数（仅展示前五行数据）

交易日期	指数回报率
2019－01－03	－1.3217
2019－01－04	0.2851
2019－01－07	2.0008
2019－01－08	－0.0142
……	……

必备知识

在现代经济社会里，不管是各国的金融机构、监管当局还是社会各界都对金融市场的收益率给予了极大的关注。本任务用描述性统计分析（descriptive statistics）的方法，研究股票市场收益率的特征，以便对股票市场的变化有全面、整体、直观的了解。

一、收益率的统计特征

描述性统计分析是指用数学语言表述一组样本的特征或者样本各变量间关联的特征。常用的特征描述量包括均值、方差、峰度和偏度等。

对股票收益率来说，均值代表一段时间内股票市场的投资回报；方差代表投资风险；偏度和峰度可以刻画收益水平分布的形状和集中程度。因此在深度分析收益率之前，首先对收益率数据进行基本的统计学测算，通过统计特征可以初步、概括地对收益率数据的特征进行一定的了解。

（一）期望收益（均值）

均值是统计中用于描述数据集中位置的统计量[1]，是描述集中趋势统计特征中最常用

---

① 统计量是统计分析的基本工具，是指样本的不含其他未知参数的函数。统计量概念的要点是"不含其他未知参数"，即只要给定样本数据，则统计量的函数值（统计量的观测值）就能够唯一地确定。

且最具代表性的数值。它既可以用来反映一组数据的一般情况，也可以用于比较，以直观看出数组之间的差异。

对于股票收益率序列而言，一定时期内收益率数据的均值可以用来衡量该时间内股票的市场平均收益情况，也可以用来评价相同时间段内不同资产的市场表现情况，因此也称期望收益率。

若股票的收益率序列为 $r = r_1, r_2, \cdots, r_t$，则期望（均值）收益率 μ 的计算公式如下：

$$\mu = E(r) = \frac{1}{t} \sum r_t$$

其中，E 表示求均值，$\sum$ 是数学中常用的求和符号。

在 Python 的 Pandas 库中，求均值的函数为 mean，具体用法如下：

$$\text{DataFrame.mean（axis}=0/1）$$

其中参数 axis=0 或缺省，表示对各列求均值；如果 axis=1，表示对各行求均值。

以 2018 年 1 月至 2022 年 1 月沪深 300 指数（CSI300）的收益率数据（仅展示部分数据）为例，数据如表 3.1.2 所示。

表 3.1.2　沪深300 指数的收益率（部分）

交易日期	日收益率
2018/1/3	0.005869
2018/1/4	0.004237
2018/1/5	0.002407
2018/1/8	0.005173
2018/1/9	0.007005
……	……

计算收益率的均值，代码如下：

```
import pandas as pd                                          # 导入 Pandas 库
csi300_returns = pd.read_excel（D:\'沪深300指数.xlsx'）        # 导入沪深300 日收益率数据
csi300_means = csi300_returns.mean（）                        # 计算日收益率
print（'日平均收益率：', csi300_means）
```

输出结果如下：

```
日平均收益率：0.0002805688598 6310734
```

可以看出 2018 年到 2022 年沪深 300 指数平均日收益率约为 0.0281%。

> **拓展阅读：**
>
> 通常我们更容易获得股票的日开盘价和收盘价数据，而不是日收益数据。那么如何通过计算得到日收益率呢？
>
> 假设 p_t 为股票在 t 日的收盘价，p_{t-1} 为股票在 $t-1$ 日的收盘价，那么股票在 t 日的收益率 r_t 可表示为：
>
> $$r_t = \frac{p_t - p_{t-1}}{p_t}.$$

（二）风险（方差）

方差在统计学中是用于衡量一组数据离散程度的统计量，它描述了一组数据对其均值的偏离程度。方差 σ^2 的计算公式如下：

$$\sigma^2 = E(r-\mu) = \frac{\sum (r_i - \mu)^2}{t}$$

其中，$r = r_1, r_2, \cdots r_t$，为一组序列，该序列中共计 t 个数值，μ 为 r 的均值，σ 为 r 的标准差。方差 σ^2 越大，说明 r 序列中的数据偏离均值的幅度越大；反之，方差越小，说明 r 中数据和均值越接近。

在金融研究中，股票收益率的方差代表该股票资产的实际收益偏离期望收益的程度，一定程度上反映了股票的风险。

在 Python 的 Pandas 库中，求方差的函数为 var，具体用法如下：

DataFrame.var（axis = None，skipna = None）

其中：

① axis：指定按行/列求方差。axis = 0 或缺省，表示对各列求方差；如果 axis = 1，表示对各行求方差。

② skipna：排除空值。如果整个行/列均为空值，则结果为 NA。

对 2018 年至 2022 年沪深 300 指数的日收益率数据计算方差，代码如下：

```
import pandas as pd
csi300_vars = csi300_returns.var()            # csi300_returns 为沪深 300 日收益率数据
print('收盘率的方差：', csi300_vars)
```

输出结果如下，可见沪深 300 指数的日收益率偏离期望收益的幅度约为 0.000171。

收盘率的方差：0.00017076871994312025

（三）峰度和偏度

峰度和偏度可以应用在数据的分布特征分析以及正态性检验上。除了一些表征集中趋势的指标（如众数、中位数和均值等）和一些表征离散程度的指标（极差、方差等）外，偏度的分析可直观地了解数据的分布形状，并与正态分布做比较。

1. 偏度

偏度（skewness）又称偏态或偏态系数，是用于衡量数据分布非对称性的指标，其计算公式如下：

$$Skew = E\left[\left(\frac{r-\mu}{\sigma}\right)^3\right] = \frac{E[(r-\mu)^3]}{(\sigma^2)^{3/2}}.$$

其中，E 表示求均值，$r = r_1, r_2, \cdots r_t$，为一组序列，μ 为 r 的均值，σ 为 r 的标准差。

（1）当偏度 $Skew < 0$ 时，概率密度分布①图呈现左偏状态，如图3.1.1a 所示。此时均值位于中位数的左侧，$Skew$ 绝对值越大，左偏程度越高。

（2）当偏度 $Skew > 0$ 时，概率密度分布图呈现右偏状态，如图3.1.1b 所示。此时均值位于中位数的右侧，$Skew$ 绝对值越大，右偏程度越高。

（3）当偏度 $Skew = 0$ 时，表示数据相对均匀地分布在平均值两侧，如图3.1.2c 所示，此时均值等于中位数。

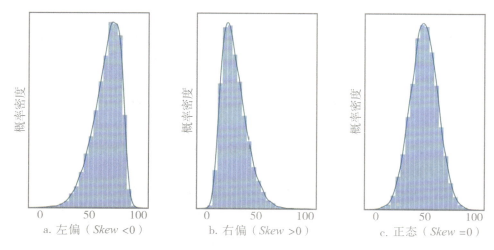

图 3.1.1　不同偏度下的概率密度分布

对于股票收益率来说，当偏度 $Skew > 0$ 时，均值大于中位数值，意味着投资的收益均值要好于收益中位数，此时该股票对投资者有较大吸引力。当偏度 $Skew < 0$ 时，均值小于中位数，意味着市场中有较大的可能亏损。实证分析发现，我国A股市场呈现出比较明显的左偏特征。

在 Python 的 Pandas 库中，求偏度的函数为 skew，具体用法如下：

---

① 概率密度函数是描述一组数据落在某个确定的取值点附近的可能性的函数。对连线变量而言，取值落在某个区域之内的概率由概率密度函数在这个区域上的积分计算获得；对于离散数据而言（实践中大多数是离散数据），用数据落在某个区间的频率来代替概率。

$$\text{DataFrame.skew}(axis=None,skipna=None)$$

其中：

① axis：指定按行/列求偏度。axis = 0 或缺省，表示对各列求偏度；如果 axis = 1，表示对各行求偏度。

② skipna：排除空值。如果整个行/列均为空值，则结果为 NA。

对 2018 年至 2022 年沪深 300 指数的日收益率数据计算偏度，代码如下所示：

```
import pandas as pd
csi300_skew = csi300_returns.skew()          # csi300_returns 为沪深 300 日收益率数据
print('收益率的偏度：', csi300_skew)
```

输出结果如下：

收益率的偏度：-0.3310587332573674

从输出结果可以看到，沪深 300 指数的收益率为负值，其收益率的概率密度函数呈现左偏态势。这和实证研究对我国 A 股市场的特征判断是一致的。

2. 峰度

峰度（kurtosis）是衡量数据离群度的指标，可对概率分布形状进行刻画。其计算公式如下：

$$Kurt = E\left[\left(\frac{r-\mu}{\sigma}\right)^4\right] = \frac{E[(r-\mu)^4]}{(\sigma^2)^2}.$$

其中，E 表示求均值，$r = r_1, r_2, \cdots r_t$，为一组序列，μ 为 r 的均值，σ 为 r 的标准差。

对于峰度的衡量，常常是通过和正态分布的比较进行的。

（1）当 $Kurt = 3$，此时是正态分布，也称为常峰态。

（2）当 $Kurt > 3$，称为尖峰态，此时概率密度函数相较于正态分布而言具有较高的峰部和更长的尾部。

（3）当 $Kurt < 3$，称为低峰态，此时相较于正态分布而言具有较平坦的峰部和更短更细的尾部。

峰度和方差之间的关系紧密，区别微妙。峰度和方差的不同在于，方差衡量随机变量偏离均值的分布状况，而峰度衡量随机变量大幅偏离均值的可能性。方差较大，意味着随机变量分布较为分散，并没有聚集在均值附近。在给定方差情况下，峰度值较大意味着方差贡献主要是来自少数的极值，而不是偏离程度较为温和的数值。

在 Python 的 Pandas 库中，求偏度的函数为 *kurt*，具体用法如下：

$$\text{Dataframe.kurt}(axis=None,skipna=None)$$

其中：

① axis：指定按行/列求峰度。axis＝0 或缺省，表示对各列求峰度；如果 axis＝1，表示对各行求峰度。

② skipna：计算时排除空值。如果整个行/列均为空值，则结果为 NA。

对 2018 年至 2022 年沪深 300 指数的日收益率数据计算峰度，代码如下所示：

```
import pandas as pd
csi300_kurt = csi300_returns.kurt()          # csi300_returns 为沪深 300 日收益率数据
print('收益率的偏度：', csi300_kurt)
```

输出结果如下：

```
收盘率的峰度：3.052222865645303
```

从计算结果得知，沪深 300 指数收益率的峰度大于 3，少部分投资产生极端收益的可能性较大。再结合偏度小于 0，为左偏，市场大多数收益不如预期这一情况，推断少部分投资存在远低于期望收益的亏损可能性，市场具有尖峰肥尾的特征。

拓展阅读：

峰度、偏度对股票投资策略的影响

在金融资产交易的收益率序列具有尖峰肥尾特征的分布情形下，金融产品的价格与正态分布相比更不稳定，极易发生价格波动剧烈的现象如暴涨暴跌。对于资产投资而言，肥尾现象代表着有剧烈波动的少数时期，这种情况下收益率的绝对值比较大，即有暴涨暴跌事件发生。对于趋势追踪交易策略，如果此时能够正确判断市场趋势，则会有丰厚的收益，但是如果趋势误判，则会承受巨大的损失。尖峰现象，则代表着大部分太平无事的时期，收益率的绝对值比较小。

在金融风险的管理中，研究肥尾分布下的金融风险度量也一样重要，如果忽略了肥尾特征，可能会错误地低估风险，这极有可能导致较为严重的后果发生。因此，了解金融数据的尖峰肥尾特点并选择合适的风险度量是测控金融风险的关键。

二、收益率的分布特征

西方学者从统计学角度对英国和美国股市收益率的研究分析发现：股票资产的收益率近似服从正态分布。这一观点符合统计学中的大样本思想，再加上正态分布的性质容易处理，从而广为研究人员和业界所接受。后来，人们发现股票收益率的实际分布并不完全符合正态分布，但这一研究思想也为证券市场研究打下了理论基础。

本节我们从正态分布开始，逐步了解证券市场的特征和研究方法。

（一）正态分布

正态分布是最常见的统计概率分布，因其分布图看起来像钟形，也被称为钟形曲线

(如图3.1.2所示)。正态分布呈现轴对称形态，其对称轴就是均值μ，整个图像主要集中在[-3σ, 3σ]之间（σ是标准差，图3.1.2中X轴的一格长度为σ）。

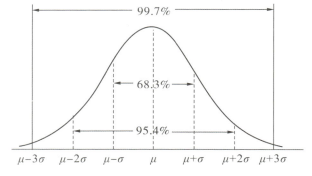

取值在[$\mu-\sigma, \mu+\sigma$]区间内的概率为68.3%；

取值在[$\mu-2\sigma, \mu+2\sigma$]区间内的概率为95.4%；

取值在[$\mu-3\sigma, \mu+3\sigma$]区间内的概率为99.7%

图3.1.2 正态分布图

符合正态分布的数据，其数值落在均值μ附近的概率大，远离均值μ的概率小。取值在均值附近，且距离均值不超过3个标准差的可能性高达99.7%。由此也可以看出，标准差σ越小，分布越集中在μ附近；标准差σ越大，分布越分散。

正态分布函数的计算公式如下：

$$F(x) = \frac{1}{\sqrt{2\pi}\sigma}\int_{-\infty}^{x} exp\left[-\frac{(t-\mu)^2}{2\sigma^2}\right]dt$$

其中，μ,σ（$\sigma > 0$）分别为x的均值和标准差。称X服从参数为μ,σ^2的正态分布，记为$X \sim N(\mu,\sigma^2)$。

当均值$\mu=0$、方差$\sigma^2=1$时，正态分布称为标准正态分布。若$X \sim N(\mu,\sigma^2)$，只要通过一个线性变换就能将它化成标准正态分布，即

$$X \sim N(\mu,\sigma^2), 则 Z = \frac{X-\mu}{\sigma} \sim N(0,1)$$

正态分布具有很多良好的特性，许多概率分布可以用它来近似，如智商、工资、身高、体重、误差等都会神奇地服从正态分布。同时，正态分布也是许多统计方法的理论基础，如时间序列分析和回归分析中的残差要尽量服从正态分布。所以多数情况下对变量进行研究的时候，往往先假设该变量的概率密度分布为正态分布。

要得知一组数据是否符合正态分布，简单的方法是绘制直方图来直观地观测。直方图的横轴为变量，纵轴是变量对应的概率密度函数或者计数，可以非常直观地看到实际数据分布和正态曲线的对比。

Python的Seaborn库中绘制直方图的函数为distplot，具体用法如下：

Seaborn.distplot（a，hist=True，kde=True，label=None）

其中：

① a：待分析的一维数组变量。

② hist：默认为 True，代表显示为条形图。

③ kde：默认为 True，代表直方图高度显示为密度而非计数。

④ label：控制图像中的图例标签显示内容，只能显示英文形式。

以 2018 年至 2022 年沪深 300 指数的日收益率数据为例绘制直方图，代码如下：

```
# 导入相关库包
import seaborn as sns
import matplotlib.pyplot as plt
plt.rcParams ['axes.unicode_minus'] = False    # 解决保存图像是负号'-'显示为方块的问题
sns.set (font = 'SimHei', style = 'white')     # 解决 Seaborn 中文显示问题
# 绘制收益率的直方图
# csi300_returns 为沪深 300 指数日收益率数据
sns.distplot (csi300_returns)
plt.xlabel ("收益率")
plt.ylabel ("概率密度")
```

输出结果如图 3.1.3 所示。

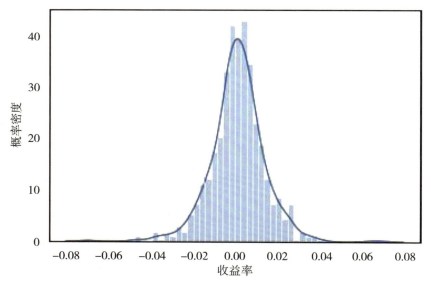

图 3.1.3　沪深 300 指数收益率直方图

可以看到，沪深 300 指数的收益率序列近似于均值为 0 的正态分布。但图形观察过于主观，因此还需要使用统计检验方法判断数据是否服从正态分布。

（二）正态分布的统计检验

通过直方图只能看到数据的大致分布形态，并不能判断其数据落在 3σ 区间内的概率是否符合正态分布的要求，因此还需要用统计指标来进行正态性检验。

1. 用偏度和峰度检验正态分布

由于正态分布数据的偏度为 0，峰度为 3，因此可以通过偏度和峰度来检验正态性。

以 2018 年至 2022 年沪深 300 指数的日收益率数据为例，前文计算出了其偏度约为 -0.331059、峰度为 3.052223，不满足正态分布的特征。再结合图 3.1.2，可以初步判定其概率分布有尖峰（峰度大于 3）肥尾（3σ 区间外仍分布了许多数据，没有达到 99.7% 的数据都落到 3σ 区间的要求）特征，且形态向左偏斜。所以，沪深 300 指数的收益率可能不服从正态分布。

上述观点是否正确呢？可以用 K-S 统计检验的方式进一步验证。

2. K-S 统计检验正态分布

K-S 检验即柯尔莫戈洛夫-斯米诺夫检验（Kolmogorov-Smirnov test），用以检验一个分布与其理想分布是否相同。

K-S 检验中，设样本数据的分布函数为 $F_n(x)$，其理想分布函数为 $\varphi(x)$，计算样本数据分布与指定分布之间的最大距离 D：

$$D = \max|F_n(x) - \varphi_n(x)|$$

将计算出的距离 D 与 K-S 检验的临界值表做比较：如果距离 D 小于临界值，代表两个分布相近；如果距离大于临界值，则两个分布不接近。

K-S 检验的假设是建立在数据抽样检验的前提下的。那么是否所有的数据抽样都是同一结果呢？我们进行大量重复的计算，统计出现假设成立的概率。比如 100 次计算，发现超过 95 次假设都是成立的，那么就以 95% 的概率认为假设成立。反之，如果有超过 5% 的概率下，假设是不成立的，那么就拒绝原假设。

K-S 检验的原假设认为：样本数据的分布与理想分布无显著差异。将当原假设为真时所得到的样本观察结果出现的概率称为 *p-value*，将 *p-value* =5% 设为显著性水平，则当 *p-value* 小于 5% 时，认为原假设发生的概率很小，原假设不成立。

Python 的 scipy.stats 库中的 kstest 函数可以进行 K-S 检验，具体用法如下：

$$\text{kstest}(rvs, cdf, args)$$

其中：

① rvs：指定要统计的数据/随机变量。

② cdf：指定利用哪个概率分布对数据/变量进行分布拟合优度检验。cdf = "norm" 表示要检验的分布为正态分布，cdf = "chi2" 表示卡方分布，cdf = "t" 表示 t 分布，cdf = "f" 表示 F 分布等。

③ args：当 rvs 或 cdf 是字符串或引用对象时使用，输入形式为元组、序列。当 cdf = "norm" 时，args = (rvs.mean(), rvs.std())，即待检验数据的均值和标准差。

该函数会返回两个值 [t, p]，一个是 K-S 统计量，另一个是 *p-value*。

以 2018 年至 2022 年沪深 300 指数的日收益率数据为例，进行 K-S 检验，代码如下：

```
from scipy.stats import kstest                    # 导入库包
ks_results = kstest(csi300_returns, "norm", (csi300_returns.mean(), csi300_returns.std()))
print(ks_results)
```

输出结果如下：

```
KstestResult(statistic=0.051351784709457615, pvalue=0.011455495801055753)
```

从结果可发现，K-S检验的 *p-value* 小于0.05，即认为沪深300指数收益率序列分布与正态分布没有显著差异的概率仅为1.1%，所以可以拒绝原假设，数据不服从正态分布，这和峰度和偏度检验的结果一致。

> **拓展阅读：**
>
> 假设检验
>
> 假设检验，又称统计假设检验，是用来判断样本与样本、样本与总体的差异是由抽样误差引起还是本质差别造成的统计推断方法。显著性检验是假设检验中最常用的一种方法，也是一种最基本的统计推断形式，其基本原理是先对总体特征做出某种假设，然后通过抽样研究的统计推理对此假设应该被拒绝还是被接受做出推断。常用的假设检验方法有 Z 检验、t 检验、卡方检验、F 检验等。
>
> 设立原假设与备择假设两个对立的命题。以 t 检验为例，计算出假设检验的 t 统计量与相应的 *p-value*（*p-value* 就是当原假设为真时所得到的样本观察结果出现的概率），再设定一个置信水平如95%（对应的显著性水平为5%）。若 t 统计量落在95%的置信水平外，也即 *p-value* 小于5%，就是说不到5%的把握接受原假设，称在5%的显著性水平下不能接受原假设。*p-value* 越小，说明原假设发生的概率越小，拒绝原假设的理由越充分。
>
> 置信水平也称为可靠度、置信度。用抽样对总体参数作出估计时，由于样本的随机性，其结论总是不确定的。因此，采用一种概率的陈述方法：允许估计值与总体参数在一定误差范围以内的概率，称作置信水平。

（三）t 分布

除了正态分布之外，常见的分布还有 t 分布、χ^2 分布和 F 分布等。t 分布与正态分布的主要区别在于，t 分布用小样本来估计呈正态分布且方差未知的分布。下面重点介绍一下 t 分布。

设随机变量 X 和 Y 独立，并且 X 服从正态分布 N(0,1)，Y 服从自由度[①]为 n 的 χ^2 分布，则随机变量为：

---

① 自由度（degree of freedom, df）是指当以样本的统计量来估计总体参数时，样本中独立或能自由变化的数据的个数。简单来说，就是计算某一统计量时，取值不受限制的变量的个数。举例来说，变异数的定义是样本减平均值，因此对 N 个随机样本而言，其自由度为 N-1。

$$t = \frac{X}{\sqrt{Y/n}}$$

服从自由度为 n 的 t 分布。

t 分布的形态主要与自由度相关,自由度越小,t 分布曲线愈平坦,峰度愈低;自由度 df 愈大,t 分布曲线愈接近正态分布曲线;当自由度 $n\to\infty$ 时,t 分布曲线为标准正态分布曲线。一般而言,当 $n>30$ 时,即可将 t 分布视为标准正态分布。

利用 K-S 统计检验数据是否符从 t 分布,分以下两个步骤完成:

(1) 第一步:根据样本数据进行 t 分布拟合,获取 t 分布的自由度(df)、位置(loc)、尺度($scale$)。Python 的 scipy 库中提供了用于拟合 t 分布的函数 stats.t.fit,具体用法[①]如下:

stats.t.fit(样本数据)

其运算结果的返回值分别为:自由度(df)、位置参数(loc)、尺度参数($scale$)。

(2) 第二步:通过 K-S 检验,检验样本数据与拟合 t 分布数据的分布是否一致。这里要注意,使用 Python 的 kstest 函数时,用法为:

kstest(rvs,"t",(df,loc,scale))

其中,rvs 为待检验的样本数据,"t" 表示 t 分布检验,args 参数为上一步 t 分布拟合时获取的自由度、位置、尺度参数。

以 2018 年至 2022 年沪深 300 指数的日收益率数据为例进行 K-S 检验,代码如下:

```
from scipy import stats          # 导入相关库包
# 对收益率进行 t 分布拟合
ks = stats.t.fit(csi300_returns)
print(ks)                        # ks 的值分别为自由度(df)、位置参数(loc)、尺度参数(scale)

# 使用 kstest 函数计算收益率和 t 分布随机变量的 K-S 统计量
ks_results1 = kstest(csi300_returns, "t", (ks[0], ks[1], ks[2]))
print(ks_results1)
```

输出结果如下:

(4.396340919043949, 0.00044715260547665246, 0.009816190534862565)
KstestResult(statistic=0.012459043343644893, pvalue=0.9977835431725136)

[①] stats.().fit 函数除了可以对传入的数据进行 t 分布拟合外,还可以选择 chi2(卡方分布)、t(t 分布)、norm(正态分布)、f(f 分布)。

从结果可以看出，沪深 300 指数收益率经过 K–S 检验后得到的 p-value 约为 0.9978，明显大于 0.05，即认为沪深 300 指数收益率序列分布与 t 分布没有显著差异的概率为 99.78%。不能拒绝原假设，收益率服从 t 分布。

> **拓展阅读：**
>
> t 分布绘图
>
> 对于样本数据，在进行 t 分布拟合并生成 t 分布数据序列后，可以绘制原样本序列与 t 分布拟合数据的对比图，观测拟合的接近程度。
>
> 以 2018 年至 2022 年沪深 300 指数的日收益率数据为例，绘制 t 分布拟合序列的对比图，具体代码如下：
>
> ```python
> import numpy as np
> from matplotlib import pyplot as plt        # 导库
> plt.figure()                                 # 创建一个自定义图像
> csi300_returns.plot(kind='kde')              # kind 可取'line'（折线图）、'bar'（柱状图）、'kde'（分布的平滑估计图）
> ks = stats.t.fit(csi300_returns)             # 获取 t 分布的拟合参数
> t_distribution = stats.t(ks[0], ks[1], ks[2])    # 绘制拟合的 t 分布图
> x = np.linspace(t_distribution.ppf(0.01), t_distribution.ppf(0.99), 100)    # np.linspace(start, stop, num) 主要用于创建数列，start 表示起始值，stop 表示终点值，num 表示生成的样本数据量
> # .ppf() 百分点函数，用于查询概率密度函数的值
> plt.plot(x, t_distribution.pdf(x), c='orange')    # x：横坐标；t_distribution.pdf(x)：纵坐标
> plt.legend(['csi_return', 't_distribution'])      # 绘制图例
> ```
>
> 输出结果如下：
>
>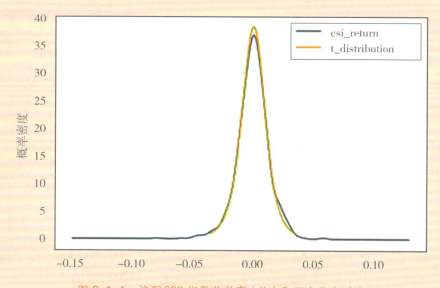
>
> 图 3.1.4　沪深 300 指数收益率 t 分布和正态分布对比
>
> 从输出结果可以对比看到，服从 t 分布的数据序列和沪深 300 指数收益率序列的分布图重合度较高。

三、收益率均值的区间估计

通过描述性统计分析之后,我们对数据的均值、方差有了一定的了解。以均值等统计量对样本作总体估计,无法确定这一统计量一定是精准的。就好比一个公司平均工资为1万元,不能说明人人都是1万元。

那么在分布函数已知的情况下,如何知道在什么样的数据取值区间内,事件发生的概率较高呢?例如公司95%的人的工资是在什么区间呢?又如在进行股票投资时,要找到一个95%的可能性会有稳定的收益点,可是这个收益点或区间是多少呢?

这种一定概率下总体均值的真实值所在的区间范围称为置信区间,而估计置信区间的方法称为区间估计。例如有95%的可能性该股票的平均收益率在20%～30%之间,那(0.2,0.3)就是置信区间,而置信区间的可信度95%称为置信度。置信度并不总是95%,也可以是99%,具体根据实际需要设置。

下面将以总体均值的区间估计为例来说明区间估计的基本原理。

(一) 标准差已知

设样本数据 X 的总体期望为 μ,方差为 σ^2,令

$$Z = \frac{\bar{x} - \mu}{\sigma/\sqrt{n}}$$

其中,$\bar{x}$ 为样本均值;Z 近似服从 $N(0,1)$ 标准正态分布。

设 α 为置信度,当总体标准差 σ 已知时,总体均值 μ 近似 $1-\alpha$ 的置信度,分布在以下置信区间内:

$$\left[\bar{x} - z_{\frac{\alpha}{2}}\frac{\sigma}{\sqrt{n}}, \bar{x} + z_{\frac{\alpha}{2}}\frac{\sigma}{\sqrt{n}}\right]$$

式中,$z_{\frac{\alpha}{2}}$ 表示标准正态分布上侧面积为 $\frac{\alpha}{2}$ 时的 Z 值。

Python 的 scipy 库中 norm.isf 函数可以用于计算 Z 值,使用方法如下:

$$\text{stats.norm.isf}(q, loc, scale)$$

其中:

① q:标准正态概率分布上侧面积为 q。
② loc:可选项,位置参数。
③ scale:可选项,尺度参数。

返回值为正态分布面积上侧面积为 q 的分位数的值。

下面从沪深300指数收益率序列中随机抽取50个样本,对2018年到2021年总体收益率的均值进行区间估计。假设收益率序列服从正态分布,总体方差已知。具体代码如下:

```
import numpy as np                              # 抽样函数所在库包
from scipy import stats                         # Z 计算库包
n = 50                                          # 样本量为 50
a = 0.05                                        # 显著性水平为 0.05
# 利用 np.random.choice（）对收益率序列进行随机抽样，采样个数为 50
sample_returns = np.random.choice（csi300_returns, size = n）
sigma = CS_{1300}_returns.std（）
x_bar = sample_returns.mean（）                  # 计算样本均值
z_a2 = stats.norm.isf（a/2）                     # 计算 z_a2
# 计算区间
Left  = x_bar - z_a2 *（sigma/np.sqrt（n））      # sigma 为总体样本的标准差
right = x_bar + z_a2 *（sigma/np.sqrt（n））      # np.sqrt 为开方计算函数
print（'该收益率序列 95% 的置信区间为',（Left, right））
```

输出结果如下：

> 该收益率序列 95% 的置信区间为（0.001295459435698512, 0.0013901270445179）

说明有 95% 的信心可以认为上述区间包含了沪深 300 指数收益率的总体均值。也就是说，有 95% 的信心可以认为 2018—2021 年沪深 300 指数的平均日收益率为 [0.1295%, 0.1390%]。

（二）标准差未知

在实践中，往往是不知道样本标准差的。如果样本量较小（$n<30$）或总体标准差 σ 未知，此时可以利用样本标准差 S 来估计 σ。

设数据 X 总体期望为 μ，方差为 σ^2。总体均值的区间以自由度为 $n-1$ 的 t 分布为依据进行估计。

$$t = \frac{\bar{x} - \mu}{\sigma/\sqrt{n}}$$

其中，t 近似服从自由度为 $n-1$ 的 t 分布。

总体均值 μ 以近似 $1-\alpha$ 的置信度分布在以下置信区间内：

$$\left[\bar{x} - t_{\frac{\alpha}{2}}(n-1)\frac{S}{\sqrt{n}}, \bar{x} + t_{\frac{\alpha}{2}}(n-1)\frac{S}{\sqrt{n}}\right]$$

其中，$t_{\frac{\alpha}{2}}$ 表示概率分布上侧面积为 $\frac{\alpha}{2}$ 时的 t 值。

Python 的 scipy 库中 t.isf 函数可以用于计算 t 值，使用方法如下：

$$\text{stats.t.isf}（q, df, loc, scale）$$

其中，q 为 t 分布上的侧面积；df 是自由度；loc 是位置参数，可选项；scale 是尺度参数，可选项。

下面从沪深300指数收益率序列中随机抽取20个样本,对2018年到2021年总体收益率均值进行区间估计。假设收益率序列服从t分布,总体方差未知。具体代码如下:

```python
# 导入相关库包
import numpy as np                          # 抽样函数所在库包
from scipy import stats                     # t 计算库包
n = 20                                      # 样本量为20
a = 0.05                                    # 显著性水平为0.05
# 利用 np.random.choice() 对收益率序列进行随机抽样,采样个数为20
sample_returns = np.random.choice(csi300_returns, size = n)
sigma = sample_returns.std()                # 方差未知,计算样本标准差来代替
x_bar = sample_returns.mean()               # 样本均值
# 计算 t_a2
t_a2 = stats.t.isf(a/2, n-1)
# 计算区间
left = x_bar - t_a2 * (sigma/np.sqrt(n))
right = x_bar + t_a2 * (sigma/np.sqrt(n))
print('该收益率序列95%的置信区间为', (left, right))
```

输出结果如下:

> 该收益率序列95%的置信区间为(-0.006461239149777198, 0.00883221517678511)

说明有95%的信心可以认为上述区间包含了该股票收益率的总体均值。也就是说,有95%的信心认为2018—2021年沪深300指数的平均日收益为[-0.6461%, 0.8832%]。

区间估计和假设检验都是统计推断方法,即用样本对分布函数的参数做出某种判断。其中假设检验是考察在假设成立之下,是否发生小概率事件;而区间估计是希望能以较大概率保证随机区间包含参数真值,这两类统计推断有着密不可分的关系,一类问题的解可以形成另一类问题的解。

任务实施

以2019年1月至2022年1月上证50指数日收益率数据为样本,运用描述性统计分析的方法计算均值、方差、峰度和偏度,同时绘制时序图,并进一步探索判断收益率序列是服从正态分布还是t分布。因为方差已知和方差未知的区间估计使用的方法大同小异,已经在必备知识中进行了详细的讲解,在获取了收益率的统计特征,判断了收益率的分布类型后,这里仅列举一种情况:假设收益率序列服从正态分布、总体方差未知、大样本(构建t枢轴量),对收益率均值进行区间估计。

(一)计算收益率的统计特征

导入上证50指数数据,由于数据第一列为日期,为了方便计算,将"日期"列设为索引(index)列。代码如下:

```python
# 导入相关库包
import pandas as pd
import numpy as np
# 导入数据
sse50_returns = pd.read_excel('上证50指数.xlsx', index_col=0)
print(sse50_returns.head())
```

输出结果如下所示,显示了上证50指数的前5个数据。

```
    交易日期        收益率
2019-01-03   -0.016839
2019-01-04   -0.002982
2019-01-07    0.033864
2019-01-08   -0.007239
2019-01-09    0.003780
```

计算收益率的均值、方差、偏度和峰度,代码如下:

```python
print('收益率的均值:', sse50_returns.mean())
print('收益率的方差:', sse50_returns.var())
print('收益率的偏度:', sse50_returns.skew())
print('收益率的峰度:', sse50_returns.kurt())
```

输出结果如下:

```
收益率的均值: 0.000513799126335761
收益率的方差: 0.0001601916003140642
收益率的偏度: -0.038051829120806284
收益率的峰度: 3.569327723057168
```

从输出结果发现,收益率的偏度为负值,呈现左偏;峰度大于3,可能不是正态分布。下面进一步研究收益率的分布特征。

（二）收益率的分布特征

绘制收益率直方图，观测其概率密度分布形状。具体代码如下：

```
# 导入相关库包
import seaborn as sns
plt.rcParams['axes.unicode_minus'] = False    # 解决保存图像是负号'-'显示为方块的问题
sns.set(font='SimHei', style='white',)        # 解决Seaborn中文显示问题
sns.distplot(sse50_returns)
```

输出结果如下：

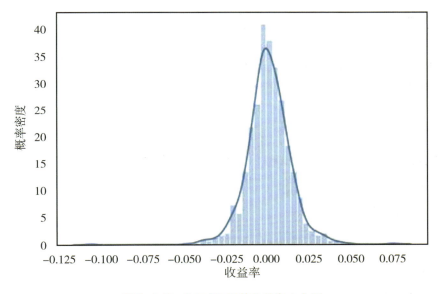

图 3.1.5　上证 50 指数收益率直方图

从形状上看，上证 50 指数的日收益率近似服从正态分布，下面用 K-S 检验考查收益率序列是否服从正态分布。代码如下：

```
from scipy.stats import kstest
# 进行 K-S 检验
ks_results = kstest(sse50_returns["收益率"], "norm", (sse50_returns.mean(), sse50_returns.std()))
print(ks_results)
```

输出结果如下：

```
KstestResult(statistic=0.06525429151520684, pvalue=0.0029721455508496465)
```

K-S 检验输出的 *p-value* 小于 0.05。因此拒绝原假设，认为该上证 50 指数的日收益率序列并不服从正态分布。

下面用 K-S 统计检验上证 50 指数收益率序列是否服从 t 分布。具体代码如下：

```python
# 导入相关库包
from scipy import stats
ks = stats.t.fit(sse50_returns["收益率"])
ks_results1 = kstest(sse50_returns["收益率"], "t", (ks[0], ks[1], ks[2]))
print(ks_results1)
```

输出结果如下：

```
KstestResult (statistic=0.021299960565552056, pvalue=0.8737703812219145)
```

由输出结果可以看到，*p-value* 约为 0.87，明显大于 0.05，所以不能拒绝原假设，即认为上证 50 指数收益率序列分布与 t 分布没有显著差异，该收益率序列服从 t 分布。

（三）收益率的区间估计

假设收益率序列近似服从自由度为 $n-1$ 的 t 分布，假设总体方差未知，对股票的收益率进行区间估计。具体代码如下：

```python
n = 20          # 随机抽取 20 个数据进行抽样
a = 0.05        # 设置显著性水平为 0.05
# 利用 np.random.choice() 对收益率序列进行随机抽样，采样个数为 20。
sample_returns = np.random.choice(sse50_returns["收益率"], size=n)
# 总体方差未知，通过计算样本标准差来代替
sigma = sample_returns.std()
# 计算样本均值
x_bar = sample_returns.mean()
# 计算 t_a2
t_a2 = stats.t.isf(a/2, n-1)
# 计算区间
left = x_bar - t_a2 * (sigma/np.sqrt(n))
right = x_bar + t_a2 * (sigma/np.sqrt(n))
print('该收益率序列 95% 的置信区间为', (left, right))
```

输出结果如下：

```
该收益率序列 95% 的置信区间为 (-0.007666950748997298, 0.005048328462409033)
```

由输出结果可以说明,有 95% 的信心可以认为上述区间包含了该股票收益率的总体均值。

任务小结

本次任务从证券收益率的描述性统计分析着手,重点介绍了均值、方差、分布函数(正态分布、t 分布)、K-S 统计检验及区间估计的知识,并通过案例实践了 Python 语言对金融数据序列进行描述性统计分析的方法,让学生对金融数据的特征分析有了初步的了解和认识,为下一步深入研究打好基础。

任务实训

请用 Python 语言编写程序,对 2017 年 1 月至 2018 年 1 月上证指数的收益率数据实现以下统计分析目标:

(1) 计算上证指数收益率的均值、方差、峰度和偏度,并阐述其经济学含义。
(2) 判断上证指数收益率序列的抽样分布类型。
(3) 对上证指数收益率的均值进行区间估计。

任务 3.2　金融数据时间序列分析

任务要求

请用 Python 语言编写程序,对表 3.2.1 中 2012 年 3 月 22 日至 2021 年 12 月 31 日中信证券收盘价(ClosePrice)时间序列进行分析,并用 ARMA 模型进行拟合。

表 3.2.1　中信证券股票交易数据

Datetime	ClosePrice	OpenPrice
2012-03-22	11.63	11.74
2012-03-23	11.67	11.65
2012-03-26	11.64	11.65
2012-03-27	11.76	11.69
2012-03-28	11.67	11.46

必备知识

时间序列分析主要研究随着时间的变化,事物发生、发展的过程和规律,并预测未来的走势。目前时间序列分析方法被广泛应用于经济、金融、天文、气象、海洋、物理、医学和质量控制等诸多领域,是最普遍与最基础的统计研究方法之一。

本任务将介绍检测时间序列平稳性的方法和时间序列模型 ARMA,并利用 Python 语言工具对股票时间序列进行分析和建模。

一、时间序列的定义

在日常生产和生活中,时间序列比比皆是,例如气温、物价、国民生产总值、公司销售额等。那么什么是时间序列呢?又要如何研究时间序列呢?

(一) 时间序列的含义

最早的时间序列分析可以追溯到7000年前的古埃及。当时为了农业生产,古埃及人一直在密切关注尼罗河泛滥的规律,并把尼罗河涨落的情况逐天记录下来,通过对这个时间序列的长期观察,古埃及人发现尼罗河的涨落非常有规律。天狼星第一次和太阳同时升起的那一天之后,再过200天左右,尼罗河就开始泛滥,泛滥期将持续七八十天,洪水过后,土地肥沃,随意播种就会有丰厚的收成。由于掌握了尼罗河泛滥的规律,古埃及的农业迅速发展,解放出大批的劳动力去从事非农业生产,从而创建了古埃及灿烂的史前文明。

像古埃及人一样,按照时间的顺序把随机事件的过程记录下来,就构成了一个时间序列。

从科学的角度讲,按时间顺序排列的一组随机变量 $X = \{x_1, x_2, \cdots x_t\}$ 称为时间序列,其中的 x_t 称为时间序列的观测值。

(二) 时间序列的研究方法

对时间序列进行研究,揭示事物随时间变化的规律,建立模型,并预测其未来走势,就是时间序列分析。

时间序列观测值必然随时间的推移而发生变化,有可能呈现长期上升或下降的趋势,可能呈现循环波动,甚至是不规则波动。一种最理想的状态是,时间序列不存在趋势变化,其观察值围绕均值在某个固定的水平内上下波动,这种序列被称为平稳时间序列(stationary time series)。用数学的语言来定义就是:时间序列的均值与时间变量无关;时间序列的方差与时间变量无关;时间序列的协方差只与时期间隔有关,与时间变量无关。

平稳时间序列更便于研究,也更易于从中找出规律。平稳时间序列又可以分为两种情况。一种是变化没有任何规律可循的纯随机序列,不同时间点的观测值互不相关,不能从中找出规律进行拟合,也无法由历史值推测未来值。另一种是平稳的非纯随机时间序列,其有很多模型可以用来拟合,其中最常用的是ARMA(autoregression moving average)模型,也是本任务主要学习的内容。

下面就以股票日交易数据等金融时间序列为例,探索时间序列分析的方法。

二、时间序列的检验

上文提到,并不是所有的时间序列都有规律可循,都可以用模拟来拟合研究。因此,拿到一个时间序列之后,首先要对它的平稳性和纯随机性进行检验。

(一) 平稳性检验

序列的平稳性有两种常用的检验方法:一种是根据时序图和自相关图显示的特征进

行判断的图检验法,另一种是构造检验统计量进行假设检验。

图检验法操作简便,但判别结论带有很强的主观色彩,所以通常会先用图检验法进行基本判断,再用统计假设检验法有针对性地加以辅助判断。

1. 时序图检验

绘制以时间为横轴、以观测值为纵轴的时间序列折线图,简称时序图。如果时间序列是平稳序列,则图形中的观测值应围绕其均值,在一定范围内上下波动。反之,如果时序图有明显的趋势性或周期性,则该时间序列很可能不是平稳序列。根据这个性质,很多非平稳序列可以通过查看它的时序图识别出来。

Python 的 Pandas 库中 plot 函数可绘制时序图,具体用法如下:

$$DataFrame.plot(x=None,y=None,kind="line")$$

其中:

① x 和 y:标签或者位置,用来指定显示的索引,默认为 None。

② kind:绘图的类型,默认为 line,折线图。

以 2012 年 12 月 1 日至 2021 年 12 月 31 日平安银行的收盘价数据(如表 3.2.2 所示,此处仅展示了前五行数据)为例,绘制时序图以观测序列的平稳性。

表 3.2.2 平安银行股票交易数据

时间	OpenPrice	ClosePrice	returns
2012-12-03	6.59	6.97	0.054462935
2012-12-04	6.95	7.04	0.010043042
2012-12-05	7.04	7.3	0.036931818
2012-12-06	7.37	7.46	0.021917808
2012-12-07	7.4	7.35	-0.014745308

分别绘制收盘价和收益率的时序图,代码如下:

```
# 导入相关库包
import pandas as pd
import matplotlib.pyplot as plt
# 从 D 盘下的 Excel 文件中读取平安银行股票交易数据
data = pd.read_excel(D:\"平安银行股票交易数据.xlsx")
# 绘制股票收盘价的时间序列图
data['ClosePrice'].plot()
plt.xlabel("Time")                # 设置 x 轴的标签文本
plt.ylabel("ClosePrice")          # 设置 y 轴的标签文本
plt.show()
# 绘制股票收益率的时间序列图
data['returns'].plot()
plt.xlabel("Time")                # 设置 x 轴的标签文本
plt.ylabel("returns")             # 设置 y 轴的标签文本
```

输出结果如图 3.2.1 所示。可以很明显地看出收盘价呈现长期上升或下降趋势，是非平稳时间序列。而收益率整体在一定区间内围绕一个常数上下波动，其中上涨最高接近 10 个百分点，下跌最低超过 15 个百分点，无法完全判断出是否平稳，还需继续检测。

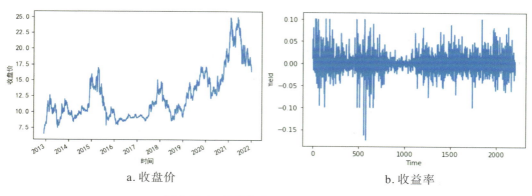

a. 收盘价　　　　　　　　　　b. 收益率

图 3.2.1　平安银行股票交易数据时序图

2. 自相关检验

除了时序图之外，还可以用自相关图来检验时间序列的平稳性。

对于时间序列 X_t，取样本 $X_n = \{x_1, x_2, \cdots, x_n\}$，将 X_n 延迟 k 阶后形成样本 $X_{n+k} = \{x_{1+k}, x_{2+k}, \cdots, x_{n+k}\}$，计算 X_n 与 X_{n+k} 之间的协方差函数（autocovariance function）：

$$Cov(X_n, X_{n+k}) = E\{[X_n - E(X_n)][X_{n+k} - E(X_{n+k})]\}$$

从中可求出自相关函数（autocorrelation coefficient，ACF）：

$$\rho_k = \frac{cov(X_n, X_{n+k})}{\sigma_n \sigma_{n+k}} \quad k = 1, 2, \cdots$$

其中，σ_n，σ_{n+k} 为 X_n，X_{n+k} 的标准差，自相关函数中的每一个 ρ_k 称为自相关系数。自相关系数可以度量同一事件在两个不同时期的相关程度，相关系数越大，说明时间序列自身的记忆性越强，历史对当前的影响越大。

如果时间序列是平稳的，那么按照"平稳"的定义，自相关系数只与间隔时期 k 有关，而与时间变量 n 无关。而且当间隔时期 k 较大时，时间序列 X_n 与 X_{n+k} 应当相互独立，也就是说自相关系数为 0。

依据以上理论绘制自相关图，其横坐标为间隔时期数 k，纵坐标为 k 期的自相关系数，并以悬垂线的方式绘制。悬垂线越长，代表相关系数越大。对于平稳时间序列而言，其自相关系数一般会快速减小至 0 附近或者在某一阶后变为 0，而非平稳时间序列的自相关系数一般是缓慢下降而不是快速减小。

可以通过 Python 的 statsmodels 库中 plot_acf 函数绘制序列自相关图。具体函数用法如下：

plot_acf（x，ax＝None，lags＝None，alpha＝0.5，title＝'Autocorrelation'）

其中：

① x：待检测的时间序列。

② lags：可选项，表示间隔期数的最大值，输入为整数值。

③ alpha：可选项，标量值，当设定该值时，对应函数会返回对应的置信区间，比如当设置 alpha = 0.05 时，将返回 95% 的置信区间。

④ title：自相关图的标题，如果不定义，则默认为 Autocorrelation。

此外，Python 中的 plot_pacf 函数可以绘制序列的偏自相关图，用法与自相关图函数 plot_acf 相同。偏自相关图可用于时间序列 ARMA 模型定阶，后文将详细介绍。

分别以平安银行的收盘价和收益率为例，选择延迟阶数 $k = 30$，绘制序列的自相关图，k 在自相关图中会被标明为横坐标的最大值。代码如下所示：

```
# 导入相关库包
from statsmodels.graphics.tsaplots import plot_acf, plot_pacf
# data 为平安银行数据，包含 ClosePrice（收盘价）和 returns（收益率）两列数据
plot_acf（data ['ClosePrice']，lags = 30）         # lags 是间隔期数，取 30
plot_acf（data ['returns']，lags = 30）            # lags 是间隔期数，取 30
```

输出结果如图 3.2.2 所示。

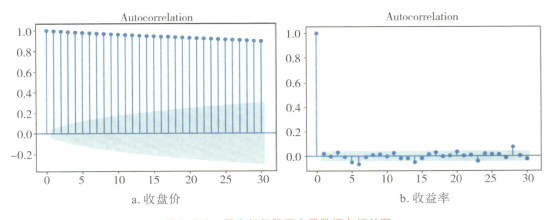

图 3.2.2　平安银行股票交易数据自相关图

从自相关图可发现，收盘价序列的自相关系数递减到零的速度相当缓慢，在很长的延迟时期里（$k = 30$），自相关系数一直为正，这是具有单调趋势的非平稳序列的一种典型的自相关图形。这一结论同平安银行收盘价时序图显示的长期单调递增性是一致的。正是因为价格有这种长期的自相关性，才看到平安银行股价有某种长期向上或者向下的趋势。

平安银行股票收益率的自相关图则呈现很明显的截尾现象，在 $k = 1$ 时，相关系数就已经衰减到零，并在 0 附近小范围波动，收益率数据可能是平稳的时间序列。

3. 单位根检验

对时间序列平稳性的检验除了用图检验法判断之外，还可以用更加客观、量化的统计量分析方法。单位根检验法就是判断时间序列平稳性的方法之一，也叫 ADF 检验。

在做 ADF 检验之前，先介绍一下单位根的概念。如下线性方程：

$$x_t = b x_{t-1} + a + \varepsilon$$

如果系数 $b = 1$，就称为单位根。ADF 检验就是用于判断序列的单位根是否存在的手段：如果单位根不存在，则序列平稳；反之，则序列不平稳。

ADF 检验有以下假设条件。

原假设：单位根存在，序列不平稳；

备择假设：单位根不存在，序列平稳。

计算原假设成立的 t 统计量和 $p\text{-}value$，如果：

（1）ADF 的 t 统计量的绝对值大于1%，5%，10% 不同置信度水平下 t 统计量的绝对值，则非常有理由拒绝原假设，即单位根不存在，认为该序列平稳。

（2）ADF 的 $p\text{-}value$ 是指原假设 H_0 为真的概率，如果 $p\text{-}value$ 非常接近 0，则拒绝原假设，即单位根不存在，该序列平稳。

Python 的 statsmodels 库中 adfuller 函数可以用于单位根检验，具体用法如下：

adfuller（x，maxlag = None，store = False，regresults = False）

其中：

① x：待检测的时间序列。

② maxlag：可选项，最大延迟期数，需输入整数值。

③ store：可选项，需输入布尔值，如果为 True，则另外返回 ADF 统计信息的结果实例，默认值为 False。

④ regresults：可选项，需输入布尔值，默认为 False，表示返回完整的回归结果。

返回结果分别为： {ADF（t 统计值），pvalue（$p\text{-}value$），usedlag（延迟期数），NOBS（样本观测量），critical values（不同置信度水平下拒绝原假设的 t 统计值）}。

对平安银行收盘价和收益率分别使用 adfuller 进行 ADF 检验，代码如下所示：

```python
# 导入相关库包
from statsmodels.tsa.stattools import adfuller
# data 为平安银行数据，包含 ClosePrice（收盘价）和 returns（收益率）两列数据
# 对收盘价序列进行平稳性检验
dftest1 = adfuller（data['ClosePrice']）
print（dftest1）
# 对收益率序列进行平稳性检验
dftest2 = adfuller（data['returns']）
print（dftest2）
```

收盘价的 ADF 检验输出结果如下：

> （-1.8909953121457166，0.33630898533226616，6，2202，{'1%'：-3.4333231786793434，'5%'：-2.8628534564283212，'10%'：-2.5674692169202964}，1139.526789305578）

从输出结果可以看出，ADF 的 t 统计量约为 -1.891，$p\text{-}value$ 约为 0.336，延迟期数为 6，样本观测量为 2202。如果置信度为 1%，则 t 统计量约为 -3.433；如果置信度为 5%，则 t 统计量约为 -2.863；如果置信度为 10%，则 t 统计量约为 -2.567。

根据 ADF 检验的原理，ADF 的 t 统计量的绝对值约为 1.891，小于三个置信度下统计量的绝对值 3.443、2.863、2.567，因此接受原假设，单位根存在，序列不平稳；同时，$p\text{-}value$ 约为 0.336，大于 1%、5% 和 10%，因此不能拒绝原假设，即该时间序列存在单位根，不平稳。也就是说平安银行在 2012 年 12 月 1 日至 2021 年 12 月 31 日期间的收盘价序列不是一个平稳序列。

收益率的 ADF 检验输出结果如下：

> （-20.90759962135951，0.0，5，2202，{'1%'：-3.4333231786793434，'5%'：-2.8628534564283212，'10%'：-2.5674692169202964}，-10270.090673353006）

根据 ADF 检验的原理，ADF 的 t 统计量的绝对值约为 20.908，远大于 1%、5% 和 10% 三个置信度下统计量的绝对值 3.443、2.863、2.567，因此拒绝原假设；同时，$p\text{-}value$ 约为 0，应当拒绝原假设，即单位根不存在，收益率时间序列平稳。

（二）纯随机性检验

对于平稳时间序列，又细分为纯随机序列和非纯随机序列两种。纯随机序列也称为白噪声（white noise），序列中任意两个不同时间的数据相互独立、互不相关（相关系数为 0），数据间没有规律可循，不具有建模分析的价值。

纯随机检验的目的就是剔除掉纯随机序列，检测那些序列值之间具有密切相关关系，历史数据对未来的发展有一定影响的非纯随机序列。

Barlett 定理证明，如果一个时间序列是纯随机的，得到一个观察期数为 n 的序列 x_t，$t=1,2,\cdots,n$，那么该序列延迟 $k(k\neq 0)$ 期的样本自相关系数 $\hat{\rho}_k$ 将近似服从均值为 0、方差为 $1/n$ 的正态分布，即

$$\hat{\rho}_k \sim N\left(0, \frac{1}{n}\right), \quad \forall k \neq 0$$

根据 Barlett 定理，可以通过构造 Q 检验统计量和 LB 检验统计量来检验序列的纯随机性。

1. Q 统计量

对于纯随机性检验，Box 和 Pierce 推导出了 Q 统计量：

$$Q = n \sum_{k=1}^{m} \hat{\rho}_k^2,$$

式中，n 为序列观测期数，m 为指定延迟期数。Q 统计量近似服从自由度为 m 的卡方分布。

2. LB 统计量

在实际应用中人们发现 Q 统计量在大样本场合（观测期数 n 很大的场合）检验效果很好，但在小样本场合不太精确。为了弥补这一缺陷，Box 和 Ljung 又推导出了 LB（Ljung Box）统计量：

$$LB = n(n+2) \sum_{k=1}^{m} \left(\frac{\hat{\rho}_k^2}{n-k} \right),$$

LB 统计量同样近似服从自由度为 m（m 为延迟期数）的卡方分布。实际上，LB 统计量就是 Q 统计量的修正，所以人们习惯把它们统称为 Q 统计量，分别记作 Q_{BP} 统计量和 Q_{LB} 统计量。

3. 统计量检验

用 Q 统计量或 LB 统计量来检验纯随机性，假设条件如下：

原假设：间隔期数 $\leq m$ 期的序列值之间相互独立；

备择假设：延迟期数 $\leq m$ 期的序列值之间有相关性。

计算 Q（或 LB）统计量的 $p\text{-}value$，当 $p\text{-}value$ 小于显著性水平 α（一般为 0.05）时，可以根据 $1-\alpha$ 的置信水平拒绝原假设，认为该序列为非纯随机序列；否则，接受原假设，认为该序列为白噪声序列。

Python 中的 statsmodels 模块中 acorr_ljungbox 函数可用于 Q 统计量和 LB 统计量计算，具体用法如下：

$$\text{acorr\_ljungbox}\,(\text{x, lags = None, boxpierce = False})$$

其中：

① x：待检验的随机序列。

② lag：延迟期数，一般为整数值。

③ boxpierce = True：表示除了返回 LB 统计量，还会返回 Q 统计量。

④ 返回值：{lb_stat（LB 统计量），lb_pvalue（LB 统计量的 $p\text{-}value$），bp_stat（Q 统计量），bp_pvalue（Q 统计量的 $p\text{-}value$）}。

对平安银行收盘价和收益率分别使用 acorr_ljungbox 函数进行随机性检验，代码如下所示：

```
from statsmodels.stats.diagnostic import acorr_ljungbox
# data 为平安银行数据,其中包含 ClosePrice(收盘价)和 returns(收益率)两列数据
# 计算收盘价的 Q 统计量和 LB 统计量
Qtest1 = acorr_ljungbox(data['ClosePrice'], lags = 1, boxpierce = True)
print(Qtest1)
# 计算收益率的 Q 统计量和 LB 统计量
Qtest2 = acorr_ljungbox(data['returns'], lags = 1, boxpierce = True)
print(Qtest2)
```

收盘价的 LB 统计量和 Q 统计量计算结果如下:

2193.96074272,0.0,2190.98387294,0.0

从输出结果可以发现,收盘价的 LB 统计量和 Q 统计量对应的 p-value 都为 0,意味着接受原假设的概率很小,接近 0。所以拒绝原假设,收盘价数据不是纯随机的,有进一步研究分析的价值。

收益率的 LB 统计量和 Q 统计量计算结果如下:

0.90007302,0.34276213,0.8988512,0.34308993

从输出结果可以发现,收益率的 LB 统计量对应的 p-value 约为 0.3428,Q 统计量对应的 p-value 约为 0.3431,远大于 0.05 的显著性水平。所以接受原假设,收益率数据是一个纯随机序列,历史数据对当前数据基本无影响,不具备继续研究分析的价值。

拓展阅读:

白噪声序列

纯随机序列也被称为白噪声序列(white noise series),其特点是序列任意两项的相关系数为零,即数据相互独立,不存在相关性。用数学的语言定义如下:

时间序列中 X_t 满足如下性质:

(1) 任取 $t \in T$,有 $E(X_t) = \mu$;

(2) 任取 $t, s \in T$,有

$$\gamma(t,s) = \begin{cases} \sigma^2, & t = s \\ 0, & t \neq s \end{cases}$$

则称序列 X_t 为纯随机序列,且服从均值为 μ,方差为 σ^2 的分布。其中,$\gamma(t,s)$ 表示时间序列的自协方差函数。

纯随机序列(白噪声序列)一定是平稳序列,而且是最简单的平稳序列。

Python 的 numpy 库中有生产白噪声序列的函数 random.normal,其用法如下:

np.random.normal(loc, scale, size)

其中：loc 为均值，scale 为方差；size 是随机数个数。

下面用 Python 语言生成均值为 0，方差为 1，随机数为 1000 的白噪声序列，并观测其图形：

```
# 导入相关库包
import numpy as np
import matplotlib.pyplot as plt
from numpy import random
# 生成大小为 1000 的随机正态分布，均值为 0，方差为 1
white_noise = np.random.normal（loc＝0，scale＝1，size＝1000）
plt.plot（white_noise）plt.show（）        # 生成白噪声分布可视化查看
```

输出结果如图 3.2.3 所示，可明显看出数据围绕均值 0 上下波动，没有显著的趋势性或周期性，是平稳的时间序列。

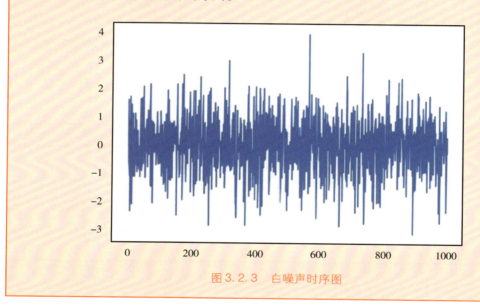

图 3.2.3　白噪声时序图

三、时间序列分析

前文曾说过，平稳的非纯随机时间序列具有很好的研究价值，许多模型都可以用来对其进行拟合，例如 ARMA 模型等。但是许多非随机性的序列，明明其中也蕴含了数据之间的规律，却因为不平稳而缺乏相应的拟合模型，阻碍了进一步挖掘数据价值的道路。例如前文所述的平安银行股票收盘价，数据之间的相关性显著，历史数据对当前数据影响明显，如果能够建立历史数据对当前影响的模型，就可以用过去的股价预测未来的股价，将对投资决策有巨大的作用。

那么有没有一种方法，可以将非平稳的时间序列转化为平稳的时间序列呢？

对于具有趋势的非平稳时间序列来说，差分是去除非平稳性的最便捷工具。

（一）平稳化处理

差分就是序列中相邻两个数之间的变化量。通俗一点讲就是后一时间点的值减去当前时间点的值。记序列为 $X_n = \{x_1, x_2, \cdots x_n\}$，则

$$\Delta x_t = x_t - x_{t-1}$$

就称为序列 X_n 的一阶差分。

对时间序列 X_n 进行一次差分之后再次进行差分，称为 X_n 的 2 阶差，分记为 $\Delta_2 X$。依此类推，对时间序列 X_n 进行 p 次差分，称为时间序列 X_n 的 p 阶差分，记为 $\Delta_p X$。

非平稳序列往往 1 阶到 2 阶差分之后就会变成平稳序列。

Python 的 Pandas 库中，.diff 函数可用来进行时间序列的差分，具体用法如下：

$$D.diff（periods=1，axis=0）$$

其中：

① D 为 Pandas 的 Dataframe 或者 Series。

② periods：是差分的阶数，输入值为整数，默认值为 1。

③ axis：移动的方向，可选择 0/'index' 表示按列差分；选择 1/'columns' 表示按行差分。

此外，差分后，因序列首个数值缺乏差分对象，会导致差分后的序列首位数值缺失，可以用 dropna 函数进行删除。

例如，平安银行的日收盘价数据经过检验后发现序列不平稳，我们对其进行差分处理，将不平稳序列转化为平稳时间序列。代码如下：

```python
# 导入相关库包
import pandas as pd
import numpy as np
from statsmodels.tsa.stattools import adfuller
# data 为平安银行数据，其中包含 ClosePrice（收盘价）和 returns（收益率）两列数据
# 对收盘价进行一阶差分
data_diff1 = data ['ClosePrice'].diff (1).dropna ()
# 利用 adfuller 函数对平安银行收盘价序列进行平稳性检验
dftest = adfuller (data_diff1)           # data_diff1 为一阶差分后的收盘价
print (dftest)
```

输出结果如下：

（-20.67900019255093, 0.0, 5, 2202, {'1%': -3.4333231786793434, '5%': -2.8628534564283212, '10%': -2.5674692169202964}, 1140.4358897984516）

从输出结果可以看到，经过一阶差分处理后，收盘价序列的 *p-value* 为 0，因此拒绝原假设，认为平安银行收盘价经一阶差分后为平稳序列。

综上所述，非平稳时间序列可以通过差分的方法转换成平稳时间序列，以便进行后续的建模分析。

（二）ARMA 模型

ARMA 模型（autoregression moving average）的全称是自回归移动平均模型，是目前最常用的拟合平稳时间序列的模型。

当一个时间序列是非纯随机、平稳的时候，我们希望能够从数据之间的联系出发，用历史数据去推导、预测当前数据，并建立一个历史与当前之间的数学模型。而最简单的模型就是线性方程。

假设时间序列 $X_n = \{x_1, x_2, \cdots x_n\}$ 在 t 时刻的取值 x_t 受两类因素的干扰：

（1）一类是 t 时刻前的 p 个序列值 $\{x_{t-1}, \cdots x_{t-p}\}$，以线性方程 $\varphi_0 + \varphi_1 x_{t-1} + \cdots + \varphi_p x_{t-p}$ 的形式影响 x_t，且 $\varphi_p \neq 0$。这一特性被称为"自回归"，p 为自回归项数。

（2）一类是 t 时刻之前的 q 个随机扰动因素，以线性方程 $-\theta_1 \varepsilon_{t-1} - \cdots - \theta_q \varepsilon_{t-q}$ 的形式影响 x_t，且 $\theta_q \neq 0$。同时，随机因素 ε_t 是零均值白噪声序列，即满足 $E(\varepsilon_t) = 0$，$Var(\varepsilon_t) = \sigma_2 \varepsilon$，$E(\varepsilon_s \varepsilon_t) = 0$（当 $s \neq t$ 时）。这一特性被称为"滑动平均"，q 为滑动平均项数。

当 $E(xs\varepsilon_t) = 0$ 时，当期的随机干扰和过去的序列之间无关，则下列线性方程模型即 $ARMA(p,q)$ 模型：

$$x_t = \varphi_0 + \varphi_1 x_{t-1} + \cdots + \varphi_p x_{t-p} + \varepsilon_t - \theta_1 \varepsilon_{t-1} - \cdots - \theta_q \varepsilon_{t-q}$$

ARMA 模型有两个特例，分别是 AR 模型和 MA 模型。

1. AR 模型

AR 模型又称为自回归模型，是 ARMA 模型中序列 x_t 只受历史观测值影响而不受历史随机扰动因素影响的特例。即 $ARMA(p,q)$ 模型中 $q = 0$ 时的情况：

$$x_t = \varphi_0 + \varphi_1 x_{t-1} + \cdots + \varphi_p x_{t-p} + \varepsilon_t$$

其中 $\varphi_p \neq 0$，p 是自回归项数，ε_t 是随机量零均值白噪声序列，且与 t 时刻之前的序列值无关。

2. MA 模型

MA 模型又称为滑动平均模型，是 ARMA 模型中序列 x_t 的取值在均值附近，只受历史随机扰动因素的影响而与历史观测值无关的特例。即 $ARMA(p,q)$ 模型中，$p = 0$ 时的情况：

$$x_t = \mu + \varepsilon_t - \theta_1 \varepsilon_{t-1} - \cdots - \theta_q \varepsilon_{t-q}$$

其中 $\theta_q \neq 0$，q 是滑动平均项数，ε_t 是随机量零均值白噪声序列。

在实际应用中，用 $ARMA(p,q)$ 模型拟合实际数据时，p 和 q 的数值很少超过 2。

（三）时间序列建模

在实际操作中，对于非随机时间序列的建模过程可以分为以下几个步骤：

（1）将时间序列从某一时刻截断分成两部分，前一部分看作历史数据，称为训练集；后一部分看作对于历史数据而言的"未来"数据，称为测试集。

（2）模型定阶：用训练集数据确定差分阶数 d 和 ARMA 模型中的 p、q 值。

（3）拟合 ARMA 模型：使用 p、q、d 值，拟合 ARMA 模型。

（4）预测并检验：用模型进行预测，计算预测值和训练集中真实值的残差平方和，检验模型的效果。

1. 模型定阶

通常，模型的定阶过程分为以下两个步骤：

（1）对训练集数据进行平稳性检验，如果不平稳，则差分处理，直到平稳为止。使得数据平稳的差分阶数即为 d。

（2）绘制训练集数据的自相关图（ACF）和偏自相关图（PACF）。自相关图中相关系数悬垂线快速衰减到 0 或衰减到阴影区域时，对应的横坐标即为 q；偏自相关图中悬垂线衰减到 0 或衰减到阴影区域时，对应的纵坐标即为 p。

上述方法更适用于简单的 ARMA 模型，对于复杂模型，要从一阶起逐步差分，直至平稳；并需要根据观测结果多次建模，比较和挑选最优的模型，过程烦琐。因此，在实际建模中，可以通过 ARIMA 模型（autoregressive integrated moving average model）即差分整合移动平均自回归模型，将上述两个步骤合并进行，记为 $ARIMA(p, d, q)$。

python pmdarima 库[①]中提供的 auto.arima 函数可以自动尝试不同的阶数组合并挑选出可能的最优模型，从而自动定阶。auto.arima 函数使得建模实现起来非常简单，其具体用法如下：

pm. auto_arima（x，d = None，max_p = 3，max_q = 3，start_p = 0，start_q = 0，information_criterion = 'aic'，test = 'adf'，m = 1，seasonal = False，trace = True）

其中：

① x：需要拟合的数据序列。

② d：默认为 None，代表通过函数自动计算差分项。

③ start_q、max_q：定义 q 范围内拟合模型。

④ start_p、max_p：定义 p 范围内拟合模型。

⑤ information_criterion：选择最优模型的判断标准，共提供了三种评判标准"aicc""aic""bic"，评判准则的值越小，代表模型拟合效果越好。

⑥ test：设置"adf"，代表用 ADF 检验差分的阶数 d。

---

① pmdarima 是一个在 python 环境中基于 ARIMA 模型进行时间序列分析的库。

⑦ m：季节性周期长度，当 m 默认为 1 时，代表不考虑时间序列的季节性。
⑧ seasonal：默认为 True，设置为 False，代表不考虑季节性。
⑨ trace：默认为 False，参数为 True 代表考虑报告尝试过的 ARIMA 模型结果。

返回值：报告尝试过的 ARIMA 模型结果、最佳拟合模型、拟合所用时长。

以平安银行的收盘价数据为例，使用 auto.arima() 自动尝试不同的阶数组合进行 ARIMA 模型 p, d, q 的定阶，代码如下：

```
# 导入相关库包
import pmdarima as pm
# 通过 pm.auto_arima() 函数进行 ARIMA 模型 p, d, q 的自动定阶
model = pm.auto_arima（data ['ClosePrice'],    # data ['ClosePrice'] 为平安银行的收盘价数据
    start_p = 0,            # p 的最小值
    start_q = 0,            # q 的最小值
    information_criterion = 'aic',     # 定阶准则
    test = 'adf',           # ADF 检验差分阶数 d
    max_p = 3,              # p 的最大值
    max_q = 3,              # q 的最大值
    m = 1,                  # 季节性周期长度，m = 1 时不考虑时间序列的季节性
    d = None,               # 通过函数计算差分项 d
    seasonal = False,       # 不考虑季节性
    trace = True,           # 报告拟合过程中考虑到的 ARIMA 模型
)
print（model）              # 显示最佳拟合模型
```

输出结果如下：

```
Performing stepwise search to minimize aic
 ARIMA (0, 1, 0) (0, 0, 0) [0] intercept : AIC = 1149.875, Time = 0.40 sec
 ARIMA (1, 1, 0) (0, 0, 0) [0] intercept : AIC = 1151.819, Time = 0.14 sec
 ARIMA (0, 1, 1) (0, 0, 0) [0] intercept : AIC = 1151.818, Time = 0.14 sec
 ARIMA (0, 1, 0) (0, 0, 0) [0] : AIC = 1148.323, Time = 0.09 sec
 ARIMA (1, 1, 1) (0, 0, 0) [0] intercept : AIC = 1153.818, Time = 0.22 sec

Best model: ARIMA (0, 1, 0) (0, 0, 0) [C]
Total fit time: 1.176 seconds
```

输出结果显示了拟合过程中考虑到的各种 ARIMA 模型，并且通过 AIC 指标直接获取了的最优拟合模型 Best model：ARIMA (0, 1, 0) (0, 0, 0) [0]。其中第一个括号内的 (0, 1, 0) 分别代表 ARIMA 模型中的 p、d、q 阶数；后面的括号和列表 (0, 0, 0) [0] 是考虑季节性时的参数，本任务并不考虑季节性（建模中参数 m = 1，代表不考虑

时序季节性），所以输出值为0。所以，收盘价序列进行一阶差分后可拟合为一个ARIMA（0，1，0）随机游走模型。

> **拓展阅读：**
>
> ARIMA 模型
>
> ARIMA（p，d，q）模型中，当 $d=1$，$p=0$，$q=0$ 时，该模型又称为随机游走（random walk）模型或醉汉模型，即差分一次就变成了随机数。随机游走模型目前广泛应用于计量经济学领域，投机价格的走势类似于随机游走模型，随机游走模型也是有效市场理论（efficient market theory）的核心。
>
> auto. arima 方法可以获取到 p、q、d 的最佳组合，而模型是如何确定这些参数的最佳组合的呢？auto. arima 中可以通过设置参数 information_criterion 指定判定准则分别为 AIC、AICc、BIC，设置后 auto. arima 将生成 AIC、BIC 值，去确定参数的最佳组合。AIC（赤池信息准则）和 BIC（贝叶斯信息准则）是用于比较模型的评估器。这些值越低，说明参数的选择越好。
>
> 本任务限于篇幅，省略了很多模型如何工作的细节。如果对 AIC 和 BIC 背后的数学感兴趣，请参考以下官方链接：
>
> AIC：http：//www. statisticshowto. com/akaikes–information–criterion/
>
> BIC：http：//www. statisticshowto. com/bayesian–information–criterion/

2. 模型拟合

模型定阶后，确定了 p、q、d 值，将参数和序列历史数据代入 ARIMA 模型，对时间序列进行拟合。

Python 是一门面向对象的编程语言，Python 建模的第一步往往是建立一个空白对象。例如一个空白的 ARIMA 对象，然后将该对象的参数和序列历史数据代入这个对象，就建立了一个 ARIMA 模型，最后通过 fit 方法对模型拟合激活。

Python 的 statsmodels 库中，ARIMA 函数可以用于建立模型对象，用法如下：

ARIMA（endog，order =（p，d，q））

其中：

① endog：可选项，输入形式为数组，代表观察到的时间序列过程。

② order：为 ARIMA 模型的 p，d，q 阶数，默认为（0，0，0）。

Python 中用于模型拟合的函数为 fit，具体用法如下：

model. fit（）

其中，model 为需拟合的模型。

以平安银行的收盘价数据为例，其模型为 ARIMA（0，1，0），对其进行拟合，代码如下：

```
# 导入相关库包
from statsmodels. tsa. arima. model import ARIMA
model = ARIMA（data ['ClosePrice']，order =（0，1，0））    # order 为 ARIMA 模型的 p，d，q 阶数
results = model. fit（）        # 模型拟合
print（results）
```

输出结果如下,可以看到ARIMA模型对象已被拟合激活并存于计算机内存中。

```
< statsmodels. tsa. arima. model. ARIMAResultsWrapper object at 0x7f0c5cc0bc88 >
```

3. 模型检验

模型构建完成后进行预测,用预测值和真实值的残差平方和(residual sum of squares,RSS)检验模型的拟合程度。残差平方和越小,其拟合程度越好。

Python 中用于预测的函数为 predict,其用法如下:

$$results.predict()$$

其中,results 代表拟合完的模型。

残差平方和的计算方法是:预测值与真实值之差的平方之和。在 Python 中通过 sum 求和函数和"**2"运算即可获得。

以平安银行的收盘价数据为例,模型拟合及预测后求得 RSS 的过程,代码如下:

```
# results 为 ARIMA 模型拟合的序列
predict = results. predict()          # 根据设定的模型产生预测数据序列
print ('RSS:%.4f'% sum ((predict - data ['ClosePrice']) **2))
# %.4f 表示调整格式为保留小数点后 4 位的浮点型数值
```

输出结果如下:

```
RSS: 259.9976
```

由输出结果可以看该拟合模型的残差平方和(RSS)很大,因此 ARIMA 模型对该时间序列的拟合效果并不好。由于股票收盘价差分后就是收益率,而在前述任务 3.1 中分析过收益时间序列的尖峰肥尾分布和偏态分布特性,使得 ARIMA 模型不能很好地对收益时间序列进行建模。如果想对收益时间序列进行较好的建模,可以参考更加复杂的时间序列模型,如 GARCH[①]、可加自回归模型等。

任务实施

对时间序列进行 ARMA 建模的过程如图 3.2.4 所示。在 Python 编程实践时,由于 Python 有许多简单易用的函数包,使得建模过程得以简化。

---

① GARCH 模型称为广义 ARCH 模型,是 ARCH 模型的拓展。ARCH 模型能准确地模拟时间序列变量的波动性变化,适用于序列具有异方差性并且异方差函数短期自相关的情形。

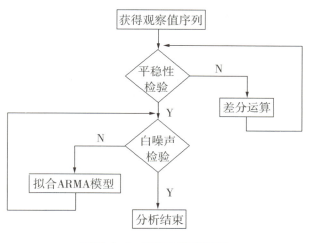

图 3.2.4　ARMA 建模过程

一、平稳性检验

对中信证券收盘价时间序列，采用 ADF 检测方法进行平稳性检验。代码如下：

```
# 导入相关库包
import pandas as pd
from statsmodels.tsa.stattools import adfuller
data = pd.read_excel（D:\"中信证券股票交易数据.xlsx"）    # 读取数据
dftest = adfuller（data ['ClosePrice']）
print（dftest）
```

将输出结果整理如下：

Test Statistic	-2.259363
p-value	0.185409
# Lags Used	25.000000
Number of Observations Used	2098.000000
Critical Value（1%）	-3.433500
Critical Value（5%）	-2.862900
Critical Value（10%）	-2.567500

从输出结果可以看到 $p\text{-}value$ 约为 0.185，远大于 1%、5% 和 10%，因此不能拒绝原假设，即该时间序列不是一个平稳序列。

二、平稳化处理

由于中信证券的股票收盘价不平稳，因此对收盘价进行一阶差分，并对差分后的数据使用 ADF 法再次进行平稳性检验。代码如下：

```
data_diff1 = data ['ClosePrice'] . diff (1). dropna ()
dftest1 = adfuller (data_diff1)      # data_diff1 为一阶差分后的收盘价
print (dftest1)
```

输出结果整理如下：

Test Statistic	−8.098812e+00
p-value	1.316726e−12
# Lags Used	2.400000e+01
Number of Observations Used	2.098000e+03
Critical Value (1%)	−3.433500e+00
Critical Value (5%)	−2.862900e+00
Critical Value (10%)	−2.567500e+00

差分后的数据 dftest1 的 *p-value* 近似于 0，因此应当拒绝原假设，可以认为中信证券收盘价的一阶差分序列是一个平稳序列。

下面对差分后的数据绘制时序图，进行观测，代码如下：

```
# 绘制时序图
import matplotlib. pyplot as plt
plt. plot (data_diff1)
plt. show ()
```

输出结果如图 3.2.5 所示，可见中信证券的收盘价经过一阶差分后，序列围绕 0 附近，在一定范围内上下波动，成为平稳时间序列。

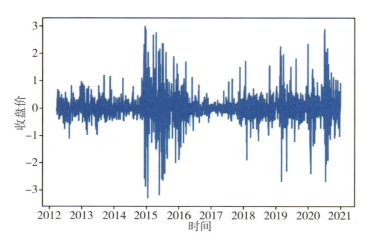

图 3.2.5　中信证券收盘价一阶差分后的时序图

三、随机性检验

对中信证券收盘价一阶差分后的数据 data_diff1 进行随机性检验，代码如下：

```
# 导入相关库包
from statsmodels.stats.diagnostic import acorr_ljungbox
# 计算收盘价的 Q 统计量和 LB 统计量
test1 = acorr_ljungbox（data_diff1，lags = 1，boxpierce = True）
print（test1）
```

输出结果整理如下：

	lb_stat	lb_pvalue	bp_stat	bp_pvalue
1	6.3038	0.012	6.2949	0.0121

无论是 Q 统计量还是 LB 统计量，其 $p\text{-}value$ 均在 5% 置信水平下，所以拒绝原假设，即经一阶差分后的中信证券收盘价序列不是纯随机序列，有进一步研究的价值。

四、模型定阶

这里采用两种方法进行模型定阶。一种方法是通过逐步差分、平稳性检验确定 d，根据自相关图和偏自相关图确定 p，q；另一种方法是使用 ARIMA 模型快速定阶。

1. 方法一：逐步定阶

绘制中信证券收盘价经过一阶差分后数据 data_diff1 的自相关图和偏自相关图，代码如下：

```
# 导入相关库包
from statsmodels.graphics.tsaplots import plot_acf, plot_pacf
plot_acf（data_diff1）              # 绘制自相关图
plot_pacf（data_diff1）             # 绘制偏自相关图
```

输出结果如图 3.2.6 所示。

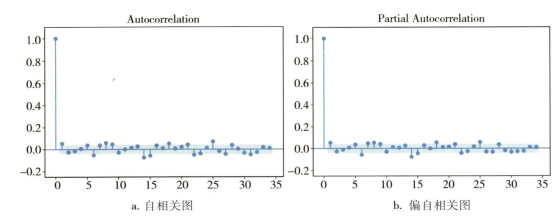

图3.2.6　中信证券股票交易数据相关图

通过自相关图和偏自相关图可以发现，序列衰减到0的速度非常迅速，自相关图和偏自相关图都是1阶前在阴影区域之外，1阶之后基本都落在阴影区域内。所以，针对data_diff1序列，可以尝试的模型是 ARMA（1，1）。

上述 p 和 q 的定阶是通过自相关图和偏自相关图的观测得出的，缺乏评价标准的检验。下面用 ARIMA 模型进行自动定阶。

2. 方法二：自动定阶

使用 auto.arima 函数进行 ARIMA 模型自动定阶，代码如下：

```
# 导入相关库包
from statsmodels.tsa.arima.model import ARIMA
import pmdarima as pm
# 通过 pm.auto_arima() 函数进行 ARIMA 模型 p, d, q 的自动定阶
model = pm.auto_arima(data['ClosePrice'],     # data['ClosePrice'] 为中信证券的收盘价数据
    start_p = 0,              # p 的最小值
    start_q = 0,              # q 的最小值
    information_criterion = 'aic',            # 定阶准则
    test = 'adf',                             # ADF 检验差分阶数 d
    max_p = 3,                                # p 的最大值
    max_q = 3,                                # q 的最大值
    m = 1,                                    # 季节性周期长度，当 m = 1 时则不考虑时间序
                                              #   列的季节性
    d = None,                                 # 通过函数计算差分项 d
    seasonal = False,                         # 不考虑季节性
    trace = True,                             # 报告拟合过程中考虑到的 ARIMA 模型
    )
print(model)                                  # 显示最佳拟合模型
```

输出结果如下所示，代表中信证券收盘价的最优拟合模型为 ARIMA（3，1，2）。说明在 AIC 检验规则下，ARIMA（3，1，2）模型的拟合效果要优于通过图观测法确定的 ARIMA（1，1，1）模型。

```
ARIMA（3，1，2）（0，0，0）[0]
```

五、ARIMA 模型拟合与检验

按 ARIMA（3，1，2）模型，对中信证券收盘价序列进行拟合，并用 RSS 评估结果，代码如下：

```
# 建立 ARIMA 模型对象
model = ARIMA（data ['ClosePrice']，order =（3，1，2））    # 选择 ARIMA（3，1，2）模型
results = model.fit（）                                      # 拟合模型
predict = results.predict（）                                # 预测数据序列
print（'RSS：%.4f'% sum（（predict – data ['ClosePrice']）**2））
```

输出结果如下：

```
RSS：723.5612
```

由输出结果可以看到，该拟合模型的残差平方和（RSS）很大，说明 ARIMA（3，1，2）对该时间序列的拟合效果并不好。由于前述提到的收益时间序列的尖峰肥尾分布和偏态分布特性，ARIMA 模型不能很好地对收益时间序列进行建模。如果想对收益时间序列进行较好的建模，可以参考更加复杂的时间序列模型，如 GARCH、可加自回归模型等。

此外，此处可以尝试拟合 ARIMA（1，1，1）模型，并检验拟合效果。发现其 RSS 为 731.0816，模型拟合效果确实不如 auto_arima 自动定阶的 ARIMA（3，1，2）模型。

任务小结

本任务以金融数据案例为背景，介绍了时间序列分析的原理和方法，并通过 Python 语言编写代码完成时间序列分析的全流程。（如表 3.2.3 所示）

表 3.2.3　Python 时间序列分析流程

步骤	目标	方法
步骤 1	分割训练集与测试集	
步骤 2	绘制训练集数据时序图，观测平稳性	plot（x，y），其中 x，y 为绘图的横纵坐标序列
步骤 3	进行平稳性检验	adfuller（x），其中 x 为训练集数据

续表 3.2.3

步骤	目标	方法
步骤 4	对不平稳序列进行差分，直到平稳	x.diff(1).dropna()，其中 x 为训练集数据
步骤 5	绘制自相关图和偏自相关图，确定 p 和 q 的范围	plot_acf(x, lags=None) plot_acf(x, lags=None) 其中 x 为训练集，lags 为间隔期数最大值
步骤 6	参考上一步确定的 p、q，用 ARIMA 模型自动定阶	auto_arima(x, max_p=3, max_q=3, start_p=0, start_q=0, information_criterion='aic', test='adf', m=1, seasonal=False, trace=True) 其中 x 为训练集，start_q、max_q 定义 q 范围，start_p、max_p 定义 p 范围，选择 AIC 评判标准，ADF 检验平稳性，不考虑季节性，显示尝试结果
步骤 7	进行模拟拟合	model = ARIMA(x, order=(p, d, q))，建立模型对象，其中 x 为训练集； results = model.fit()，激活模型
步骤 8	预测并检验	predict = results.predict()，其中 results 为模型序列 sum((predict − x)∗∗2)，其中 predict 为预测值

任务实训

请用 Python 语言编写程序，对 2012 年 12 月 1 日至 2021 年 12 月 31 日浦发银行收盘价序列，按照表 3.2.3 所示的流程进行时间序列分析。

任务 3.3 投资组合相关性分析

任务要求

请用 Python 语言编写程序，对表 3.3.1 中 2018 年 1 月 2 日至 2020 年 8 月 31 日 10 只股票日收益率序列（仅展示了前五行数据）进行相关性分析，并构建等权投资组合策略，具体如下：

(1) 计算 10 只股票收益率的相关系数矩阵和协方差矩阵。

(2) 检验 600565.SH 和 600547.SH 收益序列间的相关性是否显著。

(3) 对 10 只股票构建等权投资组合策略。

表 3.3.1 股票日收益率序列（10 只）

	601808. SH	601107. SH	600348. SH	……	600511. SH	600565. SH	600547. SH
2018 – 01 – 03	– 0.004673	0.007194	– 0.001318	……	0.028795	0.042079	0.000000
2018 – 01 – 04	0.100469	– 0.004762	0.005277	……	– 0.011403	0.026128	0.002218
2018 – 01 – 05	0.014505	0.016746	– 0.017060	……	– 0.017127	0.025463	– 0.001897
2018 – 01 – 06	– 0.010093	– 0.002353	0.048064	……	0.025605	0.015801	0.012354
2018 – 01 – 07	– 0.008496	– 0.004717	– 0.003822	……	– 0.010749	0.000000	0.013141
……	……	……	……	……	……	……	……

必备知识……………

1952 年，马可维茨发表了一篇题为《证券组合选择》的论文，标志着现代证券组合理论的开端。该论文推导出的结论是，投资者应该通过同时购买多种证券而不是一种证券进行分散化投资。那么如何选择多种证券呢？这就要考虑到影响证券资产组合风险大小的重要因素——证券间的相关性。本任务重点研究利用证券间相关性进行投资组合的办法。

一、投资组合理论

投资组合是现代金融学界的核心课题之一，投资组合的核心问题是：投资者如何合理分配证券资产，以实现既定风险下的收益最大化。也就是说，投资者希望不仅"收益高"，也希望"收益尽可能确定"。

马可维茨用证券的期望收益率来衡量投资的期望收益水平，用收益率的方差来衡量投资的风险。在投资者关注"期望收益率"和"方差"的前提下，推导出结论：投资者应该通过同时购买多种证券而不是一种证券进行分散化投资。因此，投资组合理论通常也称为分散投资理论，简单来说就是"不把所有的鸡蛋放进同一篮子里"。

将多只证券通过一定的比例组合在一起，看作一只组合证券，那么组合证券的收益率和风险也可以用期望收益率和方差来计算。

假设有 n 种证券，记做 $A_1, A_2, \cdots A_n$，其收益率分别为 $r_1, r_2, \cdots r_n$，投资者在各个证券上的配置比例分别为 $w_1, w_2, \cdots, w_n$，则证券组合 $P = (A_1, A_2, \cdots A_n)$ 的收益率为：

$$r_p = \sum_{i=1}^{n} \omega_i r_i$$

其中 $\sum_{i=1}^{n} \omega_i = 1$，表示所有的资金都被用于投资，总的权重相加为 1。举例来说，假设客户有 100 万人民币，客户期望将这些资金分配到 10 只股票中，分配方案是（7，3，5，5，10，15，15，7，13，20），那么上述投资权重就分别为：（0.07，0.03，0.05，0.05，0.1，0.15，0.15，0.07，0.13，0.2）。

投资组合的期望收益率为：

$$E(r_p) = \sum_{i=1}^{n} \omega_i E(r_i)$$

方差为:

$$Var(r_p) = \sum\sum \omega_i \omega_j Cov(r_i, r_j),$$

其中,$Cov(r_i, r_j)$ 为两只股票收益率之间的协方差。由此可以看出投资组合理论中不同证券收益之间的协同变化,证券间的相关性被显式包含在风险之中,并且证券间的相关性越小,组合的风险就越小。

综上所述,马科维茨投资组合理论的基本假设为:

(1) 投资者是风险规避的,追求期望收益最大化。
(2) 投资者根据收益率的期望值与方差来选择投资组合。
(3) 所有投资者处于同一单期投资期。

在满足以上假设的条件下,寻求组合证券的风险最小化。其优化模型为:

$$\min Var(r_p) = \sum\sum w_i w_j Cov(r_i, r_j)$$
$$s.t\ E(r_p) = \sum w_i r_i$$
$$\sum w_i = 1$$

式中 s.t 为 subject to 的简称,代表满足条件。即以资产权重 ω_i 为变量,在期望收益限制条件下,求解使得投资组合风险 $Var(r_p)$ 最小时的最优投资比例 w_i。

从经济学角度分析,就是说投资者预先确定一个期望收益率,然后通过 $E(r_p) = \sum w_i r_i$ 确定投资组合中每只资产的权重,使其总体风险最小。在实际优化过程中会存在很多种资金分配方案都可达到相同的收益,但是需要选择风险(方差)最小的方案。然后在不同期望收益水平下得到相应的使方差最小的资产分配方案,这些解构成了最小方差组合,也就是通常所说的有效组合。有效组合的收益期望和相应的最小方差形成的曲线,就是组合投资的有效前沿(efficient frontier)。投资者可以进一步根据自己的收益目标和风险偏好,在有效前沿上选择不同的最优投资组合方案,也即不同的资金分配方案。

二、皮尔逊相关系数

通过马可维茨的投资组合理论得知,证券之间的相关性是影响组合风险的一个核心因素。常见的用于描述数据相关性的系数有三类,分别是:Pearson(皮尔逊)相关系数、Spearman[①] 等级相关系数和 Kendall[②] 相关系数。下面重点介绍皮尔逊相关系数的计算原理。

---

① 斯皮尔曼相关系数被定义成等级变量之间的皮尔逊相关系数。它是衡量两个变量的依赖性的非参数指标。它利用单调方程评价两个统计变量的相关性。

② 肯德尔相关系数是一个用来测量两个随机变量相关性的统计值。一个肯德尔检验是一个无参数假设检验,它使用计算而得的相关系数去检验两个随机变量的统计依赖性。

（一）皮尔逊相关系数的计算

皮尔逊相关系数（Pearson correlation coefficient）是用于度量两个变量 X 和 Y 之间的线性相关性的指标。

假设两个序列 X 和 Y 满足未知的概率分布，X 和 Y 的总体协方差为：

$$Cov(X,Y) = E[(X-\mu_X)(Y-\mu_Y)]$$

其中，$E(\cdot)$ 为求均值（数学期望）的运算符号，μ_X 和 μ_Y 分别为 X 和 Y 的总体均值。

两个序列之间的皮尔逊相关系数 $\rho_{X,Y}$ 定义如下：

$$\rho_{X,Y} = \frac{Cov(X,Y)}{\sigma_X \sigma_Y} = \frac{E[(X-\mu_X)(Y-\mu_Y)]}{\sigma_X \sigma_Y}$$

即两个序列之间的相关系数是其协方差和标准差的商，其取值范围为 [-1, 1]。其中：

① $\rho_{X,Y}=1$ 表示 X 和 Y 之间存在确切的线性正相关。

② $\rho_{X,Y}=0$ 表示 X 和 Y 之间不存在任何线性相关性。

③ $\rho_{X,Y}=-1$ 表示 X 和 Y 之间存在确切的线性负相关。

要注意的是，Pearson 相关系数仅仅刻画了 X 和 Y 之间的线性相关性，不描述他们之间的非线性关系。[①] 所以当 $\rho_{X,Y}=0$ 时，只能说 X 和 Y 之间不存在线性相关性，不能说 X 和 Y 之间不相关。

Python 的 Pandas 库中提供了计算列的成对相关性并生成矩阵的函数 corr。使用方法如下：

$$D.corr（method='pearson'，min\_periods=1）$$

其中：

① D：Pandas 中的 DataFrame 格式。

② method：选择使用某种相关分析方法，默认为"pearson"，即皮尔逊相关系数，还可设置为"spearman"或"kendall"，分别代表 Spearman 等级相关系数和 Kendall 相关系数。

③ min_periods：选填，整数型，代表每个"列对"指定所需的最小非 NA 观测数，以便获得有效结果（目前 method 参数设置为 pearson 和 spearman 时才可用）。

返回线性相关关系协方差矩阵。

其他说明：该方法会自动从计算中排除 NA 和 null（空值）。

以表 3.3.2 所示 2018 年 1 月 2 日至 2020 年 8 月 31 日的 15 只股票的日收益率数据为例，通过 .corr() 函数计算之间的线性相关关系矩阵。

[①] 线性关系指的是两个变量之间存在一次方函数关系，更通俗一点讲，如果把两个变量分别作为点的横坐标与纵坐标，其图像是平面上的一条直线，则这两个变量之间的关系就是线性的。非线性关系即变量之间的数学关系不是直线而是曲线、曲面或不确定的属性。与线性相比，非线性更接近客观事物性质本身，是量化研究认识复杂知识的重要方法之一。

表3.3.2 股票日收益率序列（15只股票，展示部分）

	601628.SH	601099.SH	601808.SH	……	600565.SH	600547.SH	600004.SH
2018-01-03	-0.0069	0.0055	-0.0047	……	0.0421	0.0000	0.0000
2018-01-04	-0.0069	-0.0027	0.1005	……	0.0261	0.0022	-0.0122
2018-01-05	-0.0110	0.0027	0.0145	……	0.0255	-0.0019	-0.0034
2018-01-06	-0.0030	0.0082	-0.0101	……	0.0158	0.0124	-0.0048
2018-01-07	0.0202	-0.0108	-0.0085	……	0.0000	0.0131	0.0359

代码如下：

```
import pandas as pd                # 导入库
# 计算相关矩阵
stockreturns = pd.read_excel（D:\'股票日收益率序列', index_col=0）    # 日期变为索引
correlation_matrix = stockreturns.corr（）
# 输出相关矩阵
print（round（correlation_matrix, 4））           # round（,4）表示保留4位小数
```

输出结果如下：

	601628.SH	601099.SH	601808.SH	……	600565.SH	600547.SH	600004.SH
601628.SH	1.0000	0.4669	0.3131	……	0.3559	0.0413	0.3695
601099.SH	0.4669	1.0000	0.2742	……	0.4127	0.0323	0.2763
601808.SH	0.3131	0.2742	1.0000	……	0.2736	0.0286	0.2984
601107.SH	0.2725	0.3396	0.2432	……	0.3969	-0.0197	0.2484
601880.SH	-0.0050	0.0361	0.0498	……	0.0366	0.0207	-0.0040
600348.SH	0.2653	0.2926	0.3349	……	0.3086	0.0249	0.2056
600557.SH	0.2656	0.2689	0.2181	……	0.2783	0.0601	0.2194
600426.SH	0.3117	0.2682	0.4008	……	0.3179	0.0313	0.2950
600487.SH	0.1115	0.1343	0.1427	……	0.1155	0.0341	0.0831
600446.SH	0.4226	0.5480	0.3237	……	0.4595	0.0261	0.3199
600039.SH	-0.0177	-0.0290	-0.0054	……	-0.0506	0.0397	-0.0038
600511.SH	0.1863	0.2004	0.1509	……	0.1774	0.0155	0.1877
600565.SH	0.3559	0.4127	0.2736	……	1.0000	0.0331	0.3163
600547.SH	0.0413	0.0323	0.0286	……	0.0331	1.0000	0.0138
600004.SH	0.3695	0.2763	0.2984	……	0.3163	0.0138	1.0000

输出结果矩阵中，每一个元素都是其所在行、列的两只股票之间的Pearson相关系数，斜对角线上股票与其自身的相关系数为1，表示完全相关；其余位置相关系数取值从-1到1。正数代表正相关，负数代表负相关。另外，可以看出相关矩阵也是对称的，即上三角和下三角呈镜像对称。

为了便于观察，可以将数值的相关矩阵用热图的形式展现出来。在Python中常使用seaborn库中的heatmap函数来进行热图的绘制，函数使用方法如下：

seaborn. heatmap（data，cmap = None，annot = False，linewidths = 0，annot_kws = None）

其中：

① data：要显示的数据。

② cmap：选填项，matplotlib 的 colormap 名称或颜色对象。

③ annot：选填项，默认为 False，当 annot 为 True 时，在 heatmap（热图）中每个方格写入数据。

④ linewidths：热力图矩阵之间的间隔大小，默认为 0。

⑤ annot_kws：heatmap（热图）上每个方格数据字体的大小。

下面对 15 只股票日收益率相关矩阵绘制热图，代码如下：

```
# 导入相关库包
import matplotlib.pyplot as plt
import seaborn as sns
# 创建热图
# correlation_matrix 为 15 只股票日收益率相关矩阵
sns.heatmap（correlation_matrix，annot = True，cmap = 'rainbow'，linewidths = 1.0，annot_kws = {'size': 8}）
plt.show（）
```

输出结果如图 3.3.1 所示。

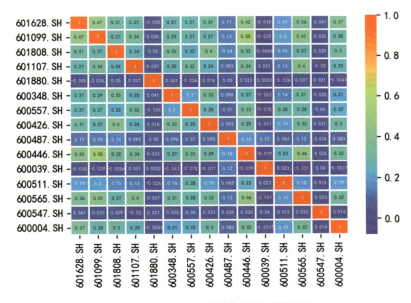

图 3.3.1　股票日收益率相关系数热图

相比于矩阵形式，不难发现通过相关系数热图可以更直观地展示各只股票间的关系。比如在相关系数热图中，颜色越红表示股票间正相关性越强，颜色越紫，表示股票间负相关性越强。可以看到，601628.SH 和 601099.SH 的相关系数为 0.47，表明这两只股票有较强的正相关性。600565.SH 和 600039.SH 的相关系数为 -0.051，说明这两只股票呈负相关关系。

（二）协方差矩阵的计算

相关系数只反映了证券之间的线性关系，即股票之间每次涨跌时的类似程度，但并不能反映股票之间的波动（变化幅度）情况，而协方差矩阵则包含这一信息。当协方差为正数时，代表股票都同方向偏离各自均值，可帮助了解股票此时变动幅度距离其平均幅度有多大。

同样的，Python 中 Pandas 库提供了快捷计算列的成对协方差并生成协方差矩阵的函数 cov，使用方法如下：

$$D.cov（min\_periods = None）$$

其中：

① D：Pandas 中的 DataFrame 格式。

② min_periods：最小期数，选填项，需输入整数，代表每个"列对"指定所需的最小非 NA 观测数，以便获得有效结果。

返回值：协方差矩阵。

以表 3.3.2 中的 15 只股票收益率序列为例，使用 .cov() 函数计算协方差矩阵，观察股票的波动性，代码如下：

```
# stockreturns 为 15 只股票日收益率序列
cov_mat = stockreturns.cov()          # 计算协方差矩阵
print（round（cov_mat, 5））            # round() 保留 5 位小数
```

输出结果如下：

	601628.SH	601099.SH	601808.SH	……	600565.SH	600547.SH	600004.SH
601628.SH	0.00055	0.00028	0.00020	……	0.00018	0.00002	0.00021
601099.SH	0.00028	0.00064	0.00019	……	0.00022	0.00002	0.00017
601808.SH	0.00020	0.00019	0.00075	……	0.00016	0.00002	0.00020
601107.SH	0.00012	0.00016	0.00013	……	0.00016	-0.00001	0.00011
601880.SH	-0.00000	0.00002	0.00002	……	0.00001	0.00001	-0.00000
600348.SH	0.00017	0.00020	0.00025	……	0.00018	0.00002	0.00013
600557.SH	0.00014	0.00015	0.00013	……	0.00013	0.00003	0.00012
600426.SH	0.00022	0.00020	0.00033	……	0.00020	0.00002	0.00021
600487.SH	0.00007	0.00009	0.00010	……	0.00006	0.00002	0.00005
600446.SH	0.00031	0.00044	0.00028	……	0.00031	0.00002	0.00024
600039.SH	-0.00001	-0.00002	-0.00000	……	-0.00002	0.00002	-0.00000
600511.SH	0.00011	0.00013	0.00011	……	0.00010	0.00001	0.00012
600565.SH	0.00018	0.00022	0.00016	……	0.00045	0.00002	0.00016
600547.SH	0.00002	0.00002	0.00002	……	0.00002	0.00067	0.00001
600004.SH	0.00021	0.00017	0.00020	……	0.00016	0.00001	0.00058

为了便于观察，同样可以相关矩阵热图的形式展现出来，代码如下：

```
# 导入相关库包
import matplotlib.pyplot as plt
import seaborn as sns
# 创建热图
# cov_mat 为 15 只股票日收益率协方差矩阵
sns.heatmap（round（cov_mat, 4）, annot = True, cmap = 'rainbow', linewidths = 1, annot_kws = 
{'size': 9}）           # annot_kws 用于设置方格中的数字大小。
plt.show（）
```

输出结果如图 3.3.2 所示。

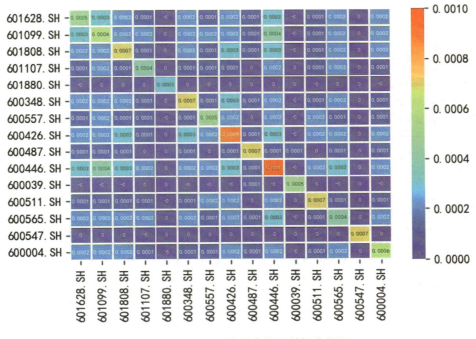

图 3.3.2　股票日收益率协方差矩阵热图

从协方差热力图来看，颜色越红表示股票间协同波动越大；颜色越紫，表示股票间协同波动越弱。可以看到，600446.SH 和 601099.SH 的协方差为 0.0004，表明这两只股票有较强的正向协同波动。

（三）相关系数的显著性检验

虽然通过皮尔逊相关系数可以量化两只股票间的相关关系大小，但这种相关关系是否在统计上显著，是需要进一步考虑的问题。

对皮尔逊相关系数显著性有如下假设。

原假设：两只序列的线性相关关系不显著；

备择假设：两只序列的线性相关关系显著。

如果计算出的 *p-value* 接近于零，表明接受假设的概率不大，即拒绝原假设，认为两只序列的线性相关关系显著。

Python 的 scipy 库中，stats. pearsonr 函数可以计算相关系数，并获得双边检验的 *p-value*。该函数的用法如下：

$$\text{scipy. stats. pearsonr}(x, y)$$

其中：x，y 分别代表传入的观测数组 1 与观测数组 2。

返回值相关系数与双边检验的 *p-value*。

以 601628. SH 和 601099. SH 两只股票的日收益率数据为例，采用 scipy. stats. pearsonr 函数来检验相关系数的显著性，代码如下：

```python
# 导入相关库包
import scipy
import pandas as pd
# stockreturns 为股票日收益率数据。
scipy. stats. pearsonr (stockreturns ['601628. SH'], stockreturns ['601099. SH'])
```

输出结果如下：

(0.46685100158041526, 9.045986678653734e-54)

输出结果的第一个数值是两只股票的皮尔逊相关系数，第二个数值是相关关系的显著性。输出结果显示 601628. SH 和 601099. SH 两只股票正相关，相关系数为 0.4669，并且 *p-value* 非常小近乎 0，可以认为两只股票之间的线性相关关系是显著的。

三、等权重投资组合

下面介绍一种最容易理解的投资策略——等权重投资组合。这种投资方案里资金将均分到每只证券里，所有证券的权重都相等（$w_1 = w_2 = \cdots = w_n$）。下面以表 3.3.2 中 15 只股票为例，Python 语言编写程序构建等权重投资组合，并计算组合投资的期望收益和风险。

（一）构造等权的权重序列

首先构造一个等权的权重序列。Python 的 NumPy[①] 库中的 repeat 函数可用于构造重

---

① NumPy（Numerical Python 的缩写）是一个开源的 Python 科学计算库。NumPy 包含很多实用的数学函数，涵盖线性代数运算、傅里叶变换和随机数生成等功能。

复的数组元素，使用方法如下：

$$numpy.repeat（a, repeats, axis = None）$$

其中：

① a：输入需要重复的元素或数组。

② repeats：每个元素的重复次数。

③ axis：int 类型（axis = 0，沿着 y 轴复制，实际上增加了行数；axis = 1，沿着 x 轴复制，实际上增加列数；axis = None 时就会 Flatten（弄平）当前矩阵，实际上就是变成了一个行向量。）

返回值：若 a 为单个元素，返回重复元素构成的数组。

以表 3.3.2 中 15 只股票的日收益率数据为例，每只股票的组合权重为 1/15，构造权重序列，代码如下：

```
import numpy as np                                    # 导入 NumPy 库
numstocks = 15                                        # 设置投资组合中股票的数目
portfolio_weights = np.repeat（1/numstocks, numstocks） # 构造权重序列
print（portfolio_weights）
```

输出结果如下，可以看到返回了 15 个等权权重。

```
[0.06666667 0.06666667 0.06666667 0.06666667 0.06666667 0.06666667
 0.06666667 0.06666667 0.06666667 0.06666667 0.06666667 0.06666667
 0.06666667 0.06666667 0.06666667]
```

（二）构造等权证券组合

对每只证券序列乘上其所对应的权重。

Python 的 Pandas 库中 mul 函数可以实现对矩阵（表格）的各行/列进行整体权重相乘的计算，用法如下：

$$D.mul（other, axis = 'columns'）$$

其中：

① D：Pandas 中的 DataFrame 格式。

② other：需要相乘的单个或多个元素的数据序列（Series）、矩阵（DataFrame），或类似列表的对象。

③ axis。按行还是按列计算，axis = 0 代表对行计算；axis = 1 代表对列计算。

按刚才构造的等权序列 portfolio_weights，将 15 只股票的收益率进行加权组合，获得投资组合收益率序列，代码如下：

```
# stockreturns 为表 3.3.3 中的 15 只股票日收益率序列
# portfolio_weights 为等权的权重序列
# 在 15 只股票收益率矩阵中,按列依次乘权重系数
WeightedReturns = stockreturns.mul(portfolio_weights, axis = 1)
# 将加权后的 15 只股票收益率进行相加,构造投资组合序列
portfolio_ew = WeightedReturns.sum(axis = 1)
print(portfolio_ew)
```

输出结果如下:

```
2018 - 01 - 03    0.006358
2018 - 01 - 04    0.008336
2018 - 01 - 05   -0.000314
2018 - 01 - 06    0.009076
2018 - 01 - 07    0.002954
dtype: float64
```

从上述结果可以到日收益率数据,但是看起来并不直观,下面通过绘制时序图的方法观察投资组合的表现。

(三) 证券组合的特征

Python 中绘制时序图可采用 plot 函数,具体用法前文中已有叙述,此处不再赘述。但是需要说明的是,df.plot 创建图表使用的是 Pandas 库中的方法,若需要可视化展示图表,还需使用 Matplotlib 库的子模块 pyplot,因此绘制时,通常会将两个库同时导入。

下面绘出等权重投资组合收益率序列 portfolio_ew 的时序图,查看证券组合的表现,代码如下:

```
# 绘制等权重组合收益率随时间变化的图
import matplotlib.pyplot as plt
import matplotlib as mpl
plt.rcParams['axes.unicode_minus'] = False    # 解决保存图像是负号'-'显示为方块的问题
mpl.rcParams['font.sans-serif'] = ['SimHei']  # 解决中文显示问题
plt.figure(figsize = (6, 5))    # 开启新画板,并设置画板长 6 cm 高 5 cm(默认长高)
# portfolio_ew 为证券组合的日收益率数据
portfolio_ew.plot()
plt.xlabel("日期")                              # x 轴上的标签
plt.ylabel("收益率")                            # y 轴上的标签
```

输出结果如图 3.3.3 所示。

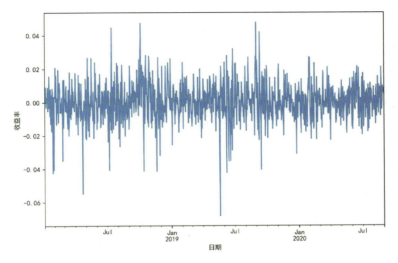

图 3.3.3　证券组合的日收益率时序图

从输出结果可以发现，只看日收益率，很难观察到投资组合的长期收益，要知道，投资中上期末的本利和是作为下一期的本金，所以，计算时每一期本金的数额是不同的，每期"新得"的本金都对下一期的实际收益产生影响，也就是通俗上说的"利滚利"。举例来说，假设客户有资金 100 万元，先获利 10%，再亏损 10%，按累加收益率来计算，客户的收益应该是 0，也就是没有变化，资金似乎应该还是 100 万元。但实际上，客户先获利 10%，资金就由 100 万元增长到了 110 万元，所以之后亏损 10% 的时候，亏损的是 110 万元的 10%，为 11 万元，实际上客户的资金从 100 万元变为了 99 万元，是亏损了 1%。所以，实际上客户获取的收益率是累乘收益率。用公式来计算就是：

$$return = (1 + 10\%) \times (1 - 10\%) - 100\% = -1\%$$

Python 中 DataFrame.cumprod 函数可以实现收益率的累乘计算，具体使用方法如下：

$$D.cumprod\ (axis = None, skipna = True)$$

其中：

① D：Pandas 中的 DataFrame 格式。

② axis：按行还是按列计算，axis = 0 代表对行计算；axis = 1 代表对列计算。

③ skipna：默认为 True，代表计算时自动忽略 NA/null 值（空值或者缺失值）。

返回值：返回累乘构成的 Series（数组）或 DataFrame（数据框）。

用 cumprod 函数对投资组合的日收益率计算累乘收益率，代码如下：

```
# 计算累乘收益率
# portfolio_ew 为证券组合的日收益率数据
# 使用 cumprod() 函数对投资组合收益率数组实现累乘
plt.figure(figsize=(6,5))        # 开启新画板,并设置画板长6cm高5cm(默认长高)
CumulativeReturns = ((1 + portfolio_ew).cumprod() - 1)
# 展示累乘收益图
CumulativeReturns.plot(label = "portfolio_ew")
plt.legend()                     # 添加图例
plt.show()
```

输出结果如图3.3.4所示:

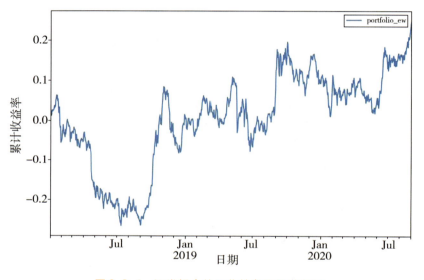

图3.3.4　证券组合的日收益率累乘时序图

通过输出结果可以发现,相比日收益率,累乘时序图可以更容易地观察到投资组合的长期收益整体趋势。该投资组合的总体趋势是上涨的。

拓展阅读：

马科维茨理论构建投资组合模型

利用马科维茨理论构建投资组合模型的基本思路可以概括为：

（1）分析证券在持有期间的预期收益（均值）和风险（方差）。

（2）根据相关性分析，建立可供选择的证券有效集。

（3）根据投资目标，应用二次规划，将投资组合的期望收益率的方差减至最小，以确定最优的投资比例。

（4）最后，为了可视化查看投资组合优化后的收益率变化，绘制累乘收益图以对比优化后的投资组合与等权重投资组合对长期收益的影响。

应用二次规划这一复杂的计算过程，并不需要从 0 开始编写所有的过程实现代码。Python 中 CVXOPT 凸优化库中的 SOLVERS.QP 函数已经帮助实现好了，调用完成即可。SOLVERS.QP 函数的使用形式为：

$$Cvxopt.solvers.qp\ (P, q, G, h, A, b)$$

其中里面参数 P，q，G，h，A，b 对应的标准公式为：

$$\text{minimize} \quad (1/2)x^T Px + q^T x$$
$$\text{s.t} \quad Gx \leq h$$
$$Ax = b$$

返回值为 X 的最优解。

利用 Python 中 CVX 凸优化库完成，参考代码如下：

```python
# 导入相关库及模块
import numpy as np
import matplotlib.pyplot as plt
import cvxopt① as opt
from cvxopt import blas, solvers
import pandas as pd
stockreturns = (np.asmatrix (stockreturns)).T    # 通过 asmatrix 将收益率数据框转为矩阵并使用；.T 表示对矩阵进行转置
n = len (stockreturns)            # 通过 len () 函数获取收益率数据框的行数，行数 n 为 972
N = 100
mus = [10 ** (5.0 * t/N - 1.0) for t in range (N)]  # 设定初始的每只股票的期望收益率
# 转化为 cvxopt 要求的表达形式
S = opt.matrix (np.cov (stockreturns))  # 收益率数据框的协方差矩阵
pbar = opt.matrix (np.mean (stockreturns, axis =1))  # 计算每只股票的收益率均值
# 约束条件设定
G = - opt.matrix (np.eye (n)②  # 目标函数 opt 默认是求最大值，因此要求最小化问题，还得加一个负号
```

---

① CVXOPT 的官方说明文档网址为：http://cvxopt.org/index.html，能够解决线性规划和二次型规划问题，其应用场景如 SVM 中的 Hard Margin SVM。

② np.eye (n) 返回的是一个 n 行 n 列的二维的数组，对角线的地方为 1，其余的地方为 0。

```
h = opt.matrix (0.0, (n, 1))              # 元素为0的n行1列矩阵
A = opt.matrix (1.0, (1, n))              # 元素为1的1行n列矩阵
b = opt.matrix (1.0)                      # 元素为1的矩阵
# 使用凸优化计算有效前沿
portfolios = [solvers.qp (mu * S, - pbar, G, h, A, b) ['x']
    for mu in mus                         # 根据设定的预期收益率求解可能产生的所有投资组合
# 计算有效前沿的收益率和风险
returns = [blas.dot (pbar, x) for x in portfolios]   # 计算不同投资组合对应的收益率
risks = [np.sqrt (blas.dot (x, S * x)) for x in portfolios]   # 计算不同投资组合对应的风险，即方差 m1 = np.polyfit (returns, risks, 2)
# 用二次多项式进行拟合，等价于寻找最大夏普比率（夏普比率 = 收益率/标准差）
x1 = np.sqrt (m1 [2] / m1 [0])            # 计算夏普比率
wt = solvers.qp (opt.matrix (x1 * S), - pbar, G, h, A, b) ['x']   # 求解最优权重
weights = np.asarray (wt)
# 有效前沿
plt.plot (risks, returns, 'y - o')
plt.xlabel ("风险")
plt.ylabel ("收益率")
plt.show ()
```

输出结果如图3.3.5所示。

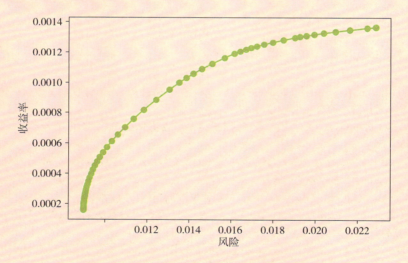

图3.3.5 投资组合的有效前沿

上图绘制了投资组合的有效前沿，每一个黄色的点代表了一种投资组合。从有效前沿可以看出投资组合的一个定理：风险与收益基本成正比。通过上述 optimal_portfolio () 函数，可以立即输出最优投资组合的权重配比，代码如下：

```
print ('最优组合权重', weights)
```

输出结果如下:

```
最优组合权重 [[2.16268426e-07]
 [2.18067571e-07]
 [9.66504767e-08]
 [1.97349796e-07]
 [1.96894660e-07]
 [3.13639618e-08]
 [2.18656739e-07]
 [1.18190976e-07]
 [1.79030294e-07]
 [1.98239199e-07]
 [9.99997509e-01]
 [1.93356023e-07]
 [2.01045117e-07]
 [2.07469136e-07]
 [2.18008392e-07]]
```

绘制投资组合累计收益图,代码如下:

```
# 将 weights 转换为 array 形式
portfolio_weights_mv = np.array(weights).reshape(-1)
# 计算加权的股票收益
WeightedReturns1 = stockreturns.mul(portfolio_weights_mv, axis=1)
# 计算均值-方差投资组合收益
stock_returns['portfolio_mv'] = WeightedReturns1.sum(axis=1)
# 使用 cumprod() 函数对投资组合收益率数组实现累乘
cumulativeReturns_mv = ((1+stock_returns['portfolio_mv']).cumprod()-1)
CumulativeReturns.plot(label="portfolio_ew")        # 等权投资累计收益率
CumulativeReturns_mv.plot(label="portfolio_mv")     # 马科维茨累计收益率
plt.xlabel("日期")
plt.ylabel("累计收益率")
plt.legend()
```

输出结果如图 3.3.6 所示。

图3.3.6 投资组合的有效前沿

通过上图明显可以看到,对此数据集而言,在2020年1月之后马科维茨投资策略的累乘收益情况要好于等权重投资策略。

任务实施……………

下面编写Python程序,对表3.3.1中10只股票收益率数据进行相关性分析,并构建等权投资组合策略。

一、相关系数矩阵和协方差矩阵

编写Python程序计算表3.3.1中10只股票收益率的相关系数矩阵和协方差矩阵,并分别绘制热图,代码如下:

```
# 计算相关矩阵
import pandas as pd
import matplotlib.pyplot as plt
import seaborn as sns
stockreturns = pd.read_excel('D:\10只股票日收益率.xlsx', index_col=0)
# 计算相关系数矩阵,并绘制热图
correlation_matrix = stockreturns.corr()
sns.heatmap(correlation_matrix, annot=True, cmap='rainbow', linewidths=1.0, annot_kws={'size': 6})
plt.show()
# 计算协方差矩阵,并绘制热图
cov_mat = stockreturns.cov()
sns.heatmap(cov_mat, annot=True, cmap='rainbow', linewidths=1.0, annot_kws={'size': 6})
plt.show()
```

输出结果如图 3.3.7 所示。

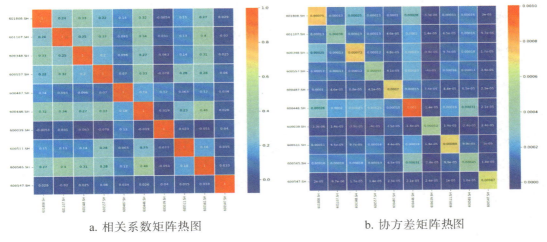

a. 相关系数矩阵热图　　　　　　　　b. 协方差矩阵热图

图 3.3.7　10 只股票的相关性热图

二、相关关系的显著性

以股票 600565.SH 和 600547.SH 收益序列为例，检验其相关性。代码如下：

```
# 导入相关库包
import scipy
scipy.stats.pearsonr（stockreturns ['600565.SH']，stockreturns ['600547.SH']）
```

输出结果如下：

```
（0.032992869596356215，0.3041511856483049）
```

从输出结果可以看到，两只股票收益率序列的相关系数为 0.03299，但 $p\text{-}value$ 明显大于 0，所以可以认为 600565.SH 和 600547.SH 股票收益序列间的线性相关关系不显著。

三、等权重投资组合

因为在资产组合优化理论中，相关性系数矩阵和投资组合的风险有着直接的关联性。为了分散风险，在一揽子股票中选择股票组合的时候应该尽可能选取相关性系数小或者为负的股票。因此，若该投资组合仅可纳入 5 只股票，此处通过观察相关性系数矩阵中，相关系数小的或负的股票（负相关系数很少，可选择整行或整列颜色偏冷色调对应的股票），可以选取 600039.SH、600547.SH、600487.SH、600511.SH、600348.SH 五只股票进行等权重的投资组合，并计算累乘收益率。代码如下：

```
# 导入相关模块包
import numpy as np
stockreturns = stockreturns [[ "600039.SH", "600547.SH", "600487.SH", "600511.SH",
"600348.SH"]]
numstocks = 5                                           # 设置投资组合中股票的数目
# 平均分配每一项的权重
portfolio_weights_ew = np.repeat (1/numstocks, numstocks)
# 计算加权的股票收益
WeightedReturns = stockreturns.mul (portfolio_weights_ew, axis = 1)
# 计算投资组合的收益
portfolio_ew = WeightedReturns.sum (axis = 1)
# 绘制等权重组合收益随时间变化的图
portfolio_ew.plot ()
plt.show ()
# 计算累乘收益率
CumulativeReturns = ((portfolio_ew').cumprod () -1)
plt.figure (figsize = (9, 6))                           # 自定义图画大小
CumulativeReturns.plot (label = "portfolio_ew")
plt.xlabel ("日期")
plt.ylabel ("累乘收益率")
plt.legend ()
```

输出结果如图3.3.8所示。

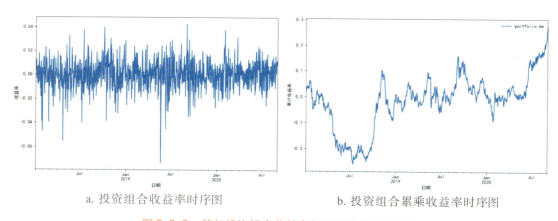

a. 投资组合收益率时序图　　　　　b. 投资组合累乘收益率时序图

图3.3.8　等权投资组合收益率与累乘收益率时序图

任务小结

投资组合优化就是研究在不确定环境下如何理性购买并合理配置金融产品,从而实现收益率与风险间的均衡。相关关系可以反映了两个证券收益率之间的走向关系,资产组合的收益率不但与证券各自的权重和方差有关,而且还与证券间的相关关系有关,所以相关分析的研究是资产组合优化理论中的重要部分。

本任务利用 Python 语言对多只股票收益率序列进行相关性分析，计算收益率的相关系数矩阵和协方差矩阵，并用热图进行直观的描述。同时检验了等权投资组合的实现方式。希望通过本任务的学习，读者能够初步了解构建投资组合策略的方法。

任务实训

请用 Python 语言编写程序，从上证 50 中任选 10 只股票数据进行以下操作：
（1）计算多只股票收益率的相关系数及协方差。
（2）判断任意两只股票收益率间的皮尔逊相关关系是否显著。
（3）构建等权重投资组合策略。

项目4 银行业数据分析

【引言】

近年来，在推动供给侧结构性改革，以及碳达峰、碳中和背景下，商业银行正在逐步降低对传统产能过剩行业、房地产等老动能的依赖，而诸如新能源、新基建、半导体等新经济动能则正在加强呵护和培育。在此过程中，资产负债及业务量稳步增长，服务实体经济质量与效率持续提高。2020年末，银行业金融机构总资产319.7万亿元，同比增长10.1%。总负债294.1万亿元，同比增长10.2%。全年人民币贷款增加19.6万亿元，同比多增2.8万亿元；全年实现净利润2万亿元，同比下降1.8%。银行加大不良资产确认、处置力度，主要经营和风险指标处于合理区间。2020年，银行业共处置不良资产3.02万亿元；年末不良贷款余额3.5万亿元，较年初增加2816亿元；不良贷款率1.92%，逾期90天以上贷款与不良贷款比例76%。

衡量商业银行经营绩效和信贷风险控制水平是银行经营管理、风险管理最核心的内容。本项目应用回归方法，在宏观层面对商业银行经营绩效进行线性回归分析，在微观业务应用层面对个人信贷违约数据进行逻辑回归分析，让读者了解回归分析在银行数据分析中的典型应用。

【学习目标】

1. 知识目标

（1）通过理解银行业数据，让学生了解基本的金融业态。
（2）掌握回归分析的含义、计算方法、计算结果的经济解释。
（3）掌握多元回归系数、常数项的计算方法及其显著性水平分析。

2. 技能目标

（1）能够用 Python 编写程序，实现回归分析方法的计算。
（2）能够使用回归分析结果，判断影响商业银行经营绩效的主要因素。
（3）能够构建商业银行信贷违约逻辑回归模型，实现信贷风险计算及其预测。

3. 思政目标

（1）引导学生树立正确的金融消费行为。
（2）指导学生正确认识银行风险与收益的关系。
（3）利用案例分析方式培养学生的实践能力和创新思维。

任务4.1 银行经营绩效的线性回归分析

任务要求••••••••••••••••••

请运用 Python 程序库和语言编写多元线性回归分析程序，利用2020年上市银行的财务报表数据，构建影响商业银行总资产收益率的主要因素，并分析各影响因素的显著性（如表4.1.1所示）。

表4.1.1　2020年上市银行财务报表统计数据（task1）

（单位：万元）

中文名称	期末贷款余额 L	贷款损失准备合计 LP	资产总计 TA	现金及存放中央银行款项 C	所有者权益 EQ	净利润 PRO	业务及管理费 FEE
上海银行	110153630.2	3947722.6	246214402.1	14644354.5	19093901.9	2091487.1	960734.5
农业银行	1517044200	61800900	2720504700	243727500	221074600	21640000	19234800
交通银行	586140400	14083600	1069761600	81756100	87862800	7957000	6600400
工商银行	1866662800	53030000	3334505800	353779500	290951500	31768500	19684800
长沙银行	31607781.5	1128816.1	70423472.8	5454613.3	4572251	556051.7	535013.8
……	……	……	……	……	……	……	……

必备知识

线性回归是利用线性回归方程对一个或多个自变量和因变量之间关系进行建模的一种回归分析。

一、回归分析的概念

在现实生活中，处于同一个过程的变量往往是相互依赖和制约的，例如人的血压 y 与年龄 x 的关系，年龄越大血压就会越高，但是，相同年龄的人，血压未必相同。即血压 y 与年龄 x 是有关系的，但二者的关系无法用一个确定的函数表示。因为"血压"是希望考察的重要变量，将其看作因变量，与之对应的是与血压高低有关的"年龄"，可看作自变量。我们试图寻找一种函数方程来描述自变量与因变量之间相互依赖的定量关系，这种分析方法叫作回归分析。

最简单的描述变量之间关系的方程是线性方程，如直线方程 $y = ax + b$。假设30～60岁人群的血压为因变量 y，年龄为自变量 x，经过统计分析发现"血压"近似可以由"年龄"通过直线方程 $y = 1.9x + 18$ 计算得到，这个方程称为一元线性回归。当线性方程中包含两个或两个以上自变量时，则称为多元线性回归分析。例如某运输公司股价 y 与原油价格 x_1、煤炭价格 x_2 间的关系可以表示为 $y = 59367 + 356.6x_1 + 5.96x_2$，即多元线性回归。

二、线性回归模型的原理

从最易理解的一元线性回归模型开始，逐步讲解线性回归的模型原理。

（一）线性回归的数学模型

一元线性回归模型是指只有一个自变量的线性回归模型，形似直线方程。一元线性回归的数学模型如下：

$$y = ax + b + \varepsilon$$

其中 b 是常数项（可以看作直线截距），a 称为回归系数（可看作直线的倾斜率），ε 是误差项。

从上述线性回归方程可以看出，因变量 y 的变化受两种因素的影响：一是自变量 x 的变化，二是其他因素 ε 引起的误差项。

从一元线性回归拓展到多元线性回归，其数学模型如下：

$$y = a_1 x_1 + a_2 x_2 + \cdots + a_n x_n + b + \varepsilon$$

事实上，一种现象往往是受多种因素影响的，由多个自变量的最优组合共同来预测或估计因变量，比只用一个自变量进行预测或估计更有效，更符合实际。因此，多元线性回归比一元线性回归的实用意义更大。

（二）线性回归模型中的系数求解

通常情况下，自变量和因变量的取值可以通过观测得到。例如表 4.1.2 中抽取的 30～60 岁人群血压 y 和年龄 x 的一组数据。已知"血压"和"年龄"之间是线性关系，那么如何根据已知的自变量和因变量数据，求出线性回归模型中的变量系数 a 和常数项 b，从而确定线性回归模型呢？

表 4.1.2　30～60 岁人群血压抽样样本

年龄 x	血压（舒张压/mmHg）y
30	73
33	78
36	89
39	90
42	95
45	105
48	111
51	110
54	120
57	125

通常采用最小二乘法来求解线性回归模型中的变量系数和常数项，具体方法如下：

假设因变量的真实观测值是 $\{y^{(1)}, y^{(2)}, \cdots, y^{(n)}\}$，根据线性回归方程 $y = ax + b$ 计算出的估计值是 $\{\hat{y}^{(1)}, \hat{y}^{(2)}, \cdots, \hat{y}^{(n)}\}$。估计值与真实值之间往往是有误差的，那么该如何衡量这一误差呢？如果采用真实值和估计值之差，则可能有正值、有负值，不可避免地会正负相抵消，不能客观地衡量总体差距。因此，采用真实值和估计值之间距离的平方和来描述真实值和估计值的接近程度，即：

$$\sum_{i=1}^{n}(y^{(i)}-\hat{y}^{(i)})^2 = \sum_{i=1}^{n}[y^{(i)}-(ax^{(i)}+b)]^2$$

上述计算称为残差平方和，也称回归模型的损失函数。其中 Σ 为求和符号，$y^{(i)}$ 为因变量第 i 个观测值，$\hat{y}^{(i)}$ 为因变量第 i 个估计值。

显然我们希望残差平方和越小越好，这样实际值和估计值就越接近。因此，用导数方法找最小值，当导数为 0 时，残差平方和最小，此时所对应的 a 和 b 便是线性回归模型的回归系数 a 和常数项 b。以上便是一元线性回归模型中系数的求解方法，数学中称为最小二乘法。

一元线性回归方程的图示如图 4.1.1 所示。

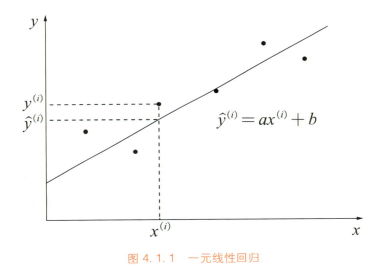

图 4.1.1　一元线性回归

上图中的散点即为真实值，直线是一元线性回归方程的估计值，可以看出两者之间有一定误差，散点并不能完全落在直线上。但通过线性回归模型，找到了一条与真实值变化趋势相同，并且便于定量分析的近似直线，通过这条直线，可以进一步分析和预测数据，这就是线性回归分析的目的。

三、线性回归模型的应用

线性回归分析可以应用于许多经济问题分析中，其建模实施步骤大致分为四步。

（一）确定自变量和因变量

根据业务要求明确分析目标，即确定什么是因变量。如目标是预测 30～60 岁人群的血压，那么血压就是因变量 y。

然后通过经验分析、查阅资料等方法，寻找与预测目标的相关影响因素。初始寻找到的影响因素可能很多，需要从业务逻辑中逐一分析，从中选出主要的影响因素，即自变量。例如血压可能和饮食习惯、生活作息时间、年龄、运动量等多种因素有关，这些因素中有的在短期内对血压有影响，有的具有不确定性，最终选择"年龄"这一指标作为自变量。

（二）变量间相关性分析

回归分析是对具有因果关系的因素所进行的数理统计分析，只有当自变量与因变量之间确实存在线性关系时，建立的线性回归方程才有意义。因此，建立线性回归方程之前，首先要分析自变量与因变量之间的线性相关性。

变量之间的线性相关性可以通过相关系数判断。两个变量序列 X 和 Y 之间的皮尔逊相关系数 $\rho_{X,Y}$ 计算公式如下：

$$\rho_{X,Y} = \frac{Cov(X,Y)}{\sigma_X \sigma_Y} = \frac{E[(X-\mu_X)(Y-\mu_Y)]}{\sigma_X \sigma_Y},$$

其中，σ 是序列的标准差，μ 是序列的均值；$\rho_{X,Y}$ 的取值范围为 $[-1, 1]$，越接近 ± 1 表示线性相关性越强，反之，越接近 0 表示线性相关性越弱。

例如，对于 30～60 岁人群的年龄与血压数据进行分析，发现二者相关系数为 0.991，则说明年龄与血压具有很强的相关性，建立线性模型进行分析是具有实际意义的。

用 Python 中 Pandas 库的 corr 函数可以求出变量之间的相关系数，具体用法如下：

$$df.corr()$$

该函数无须进行参数调整，df 为包含所需研究变量的 DataFrame 格式数据。例如使用年龄与血压的数据构造 DataFrame 格式数据，并计算其相关性，代码如下：

```python
import pandas as pd
data = pd.DataFrame()
data["X"] = [30, 33, 36, 39, 42, 45, 48, 51, 54, 57]
data["Y"] = [73, 78, 89, 91, 95, 105, 111, 110, 120, 125]
print(data.corr())
```

计算结果如下所示：

```
array([[1.        , 0.99080905],
       [0.99080905, 1.        ]])
```

可以看出，年龄和血压的相关系数为 0.99080905，具有极强的相关性。

> **拓展阅读：**
>
> corrcoef 函数求相关系数
>
> 用 NumPy 中的 corrcoef 函数也可以求出变量之间的相关系数，具体用法如下：
> numpy.corrcoef（x, y, rowvar = True）
> 其中：
> ① x：array 格式。
> ② y：与 x 相同形状的 array。
> ③ rowvar：默认值为 True，表示每行代表一个变量；反之每列代表一个变量。
> 若将所有数据放在一个 array，也可只输入 x。
> 以年龄与血压数据为例，用 corrcoef 函数求解相关性，代码如下：
> ```
> import numpy as np
> data = pd.DataFrame（）
> data ["X"] = [30, 33, 36, 39, 42, 45, 48, 51, 54, 57]
> data ["Y"] = [73, 78, 89, 91, 95, 105, 111, 110, 120, 125]
> Cor = np.corrcoef（data ["X"], data ["Y"]）
> print（Cor）
> ```

（三）建立回归分析模型

依据自变量和因变量建立线性回归分析模型。Python 的 statsmodels 库中的 ols 函数可以建立回归分析模型，用法如下：

Result = sm.ols（"Y～X", dataset）.fit（）

其中：

① Y：指定线性回归的因变量。

② X：指定线性回归的自变量。

③ dataset：为 Y 和 X 所在的 DataFrame 格式的数据。

④ fit（）：fit 函数，用于对模型进行拟合。

⑤ Result：存储线性回归模型结果，包括自变量的系数和常数项等，可以用 Result.params 形式调用模型结果。例如，变量 Result 中存储了线性回归模型 $y=3x+2$ 的结果，使用语句 Result.params[0] 可获得常数 2，语句 Result.params[1] 可获得自变量系数 3。

Python 中的 summary 函数可以对线性回归模型的结果进行展示和自动检验，用法如下：

Result.summary（）

其中，Result 为经过 fit 得到的模型回归结果。

以血压与年龄关系为例进行线性回归分析模型构建。代码如下：

```
import statsmodels.formula.api as sm
import pandas as pd
# 使用数据集 data 中的 Y 列为因变量、X 列为自变量来拟合回归方程
mod = sm.ols ("Y ~ X", data).fit ()        # fit 方法拟合线性回归模型
print (mod.summary ())
```

其运行结果如图 4.1.2 所示。

```
                            OLS Regression Results
==============================================================================
Dep. Variable:                      Y   R-squared:                       0.982
Model:                            OLS   Adj. R-squared:                  0.979
Method:                 Least Squares   F-statistic:                     429.2
Date:                Wed, 02 Mar 2022   Prob (F-statistic):           3.09e-08
Time:                        09:46:24   Log-Likelihood:                -22.195
No. Observations:                  10   AIC:                             48.39
Df Residuals:                       8   BIC:                             49.00
Df Model:                           1
Covariance Type:            nonrobust
==============================================================================
                 coef    std err          t      P>|t|      [0.025      0.975]
------------------------------------------------------------------------------
Intercept     17.3576      4.052      4.284      0.003       8.014      26.701
X              1.8929      0.091     20.718      0.000       1.682       2.104
==============================================================================
Omnibus:                        0.224   Durbin-Watson:                   2.574
Prob(Omnibus):                  0.894   Jarque-Bera (JB):                0.389
Skew:                           0.055   Prob(JB):                        0.823
Kurtosis:                       2.040   Cond. No.                         228.
==============================================================================
```

图 4.1.2　血压—年龄一元线性回归结果

图 4.1.2 第一栏左侧是对模型的整体描述，其中：

① Dep. Variable：观测变量，即因变量。图 4.1.2 中模型的因变量是 Y。

② Model：使用的模型类型，此处为 OLS，即线性回归模型。

③ Method：模型求解方式，此处为 Least Square，即最小二乘法。

④ Data 和 Time：分别是运算日期和时间。

⑤ No. Obserbations：观测值的数量，即自变量数量，此处为 10 个。

⑥ Df Residuals：残差计算的自由度，其值 = No. Obserbations - （Df Model + 1）。

图 4.1.2 中第二栏是模拟拟合的结果描述，其中：

① coef：回归系数，其中 *Intercept* 为常数项，X 是自变量，此处 *Intercept coef* = 17.3576，变量 *X coef* = 1.8929，则拟合的线性回归方程为 $y = 1.8929x + 17.3576$。

② std err：常数项和变量系数的估计标准差。

③ t 和 P>|t|：分别为常数项和变量系数的 *t* 统计量，以及 *t* 检验下的 *p-value*。

④ [0.025　0.075]：95% 显著性水平下的置信区间。

图 4.1.2 中第三栏是关于模型残差的统计量,包括偏度 *Skew*、峰度 Kurtosis、Durbin – Watson 统计量等。其中 Durbin – Watson 统计量在 2 附近,说明残差是服从正态分布。该处本任务不做要求,有兴趣的读者可自行了解。

(四) 模型检验

对于线性回归模型的拟合度,可以通过多种指标判断其回归的准确性。图 4.1.2 中第一栏右侧正是对模型拟合度的衡量指标,包括:

① R-squared (R^2):最常用于衡量拟合优度的指标,其计算方法为"1 – 未解释变量占可解释变量的比例"。R^2 的取值范围为 [0, 1],值越接近 1 表示回归模型能解释的实际信息量越多,拟合效果越好。

② Adj. R-squared:通过样本数量和模型数量对 R^2 进行修正,得到 R^2_{adj} 指标。

③ F-statistic:F 统计检验,F 统计原假设为"变量系数为 0",*F-statistic* 用模型的均方误差除以残差的均方误差计算得到,可衡量拟合的显著性,其值越大,原假设越不可能,即认为模型是显著的。$Prob(F\text{-}statistic)$ 统计量与显著性水平 α(一般为 5%)相比,当 $prob(F\text{-}statistic) < \alpha$ 时,表示拒绝原假设,认为模型是显著的;当 $prob(F\text{-}statistic) > \alpha$ 时,表示接受原假设,即认为模型不是显著的。

④ Log-Likelihood:极大似然估计,其值越接近 1,说明模型拟合的效果越好。

⑤ AIC、BIC:信息准则。赤池信息准则(Akaike information criterion,AIC)和贝叶斯信息准则(Bayesian information criterion,BIC)均是用来衡量模型拟合优良性的标准。对于同一个问题,通过改变变量数量、拟合方法得到模型的信息准则来判定最终选择哪一种模型。

上述的多种模型检验方法,判定效果基本相同,往往使用一种即可;也可以使用上述多种方式检验,并相互比对。以血压与年龄的线性回归模型为例,从图 4.1.2 中可以看出 $R^2 = 0.982$,说明拟合效果较好。同样观察 $Prob(F\text{-}statistic) = 3.08 \times 10^{-8}$,远远小于 5% 的显著水平,因此模拟效果较好。

下面通过绘制真实数据的散点图和线性拟合函数的直线图,来对模型效果进行直观观测。绘图代码如下:

```
import matplotlib.pyplot as plt      # 载入画图所需要的库
data.plot(x = "X", y = "Y", kind = "scatter", figsize = (8, 5))    # 先画出散点图,figsize 对画幅大小进行限制
plt.plot(data["X"], mod.params[0] + mod.params[1] * data["X"], "r")   # 作拟合线性回归的图,'r'为线的颜色
plt.text(30, 120, "y = " + str(round(mod.params[1], 4)) + '+' + str(round(mod.params[0], 4)) + " * x")     # 在图中输出回归结果,"30, 120"表示文本所在坐标位置,str(round(mod.params[0], 4))表示将 mod 中第一个元素以四舍五入法保留小数点后四位并作为 str 字符形式输出。
plt.title("linear regression")
plt.show()
```

程序运行后结果如图4.1.3所示，可以看出真实值散点均匀地分布在拟合直线的左右两侧，并且相差距离不大。

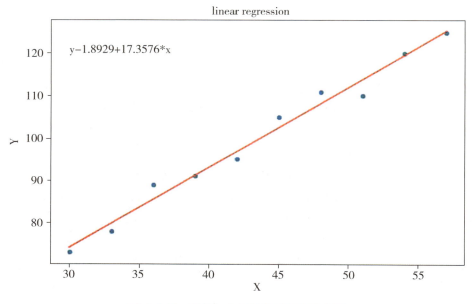

图4.1.3　年龄与血压的线性回归拟合图

> **拓展阅读：**
>
> **线性回归分析的要点**
>
> 建立线性回归时有以下注意点：
> （1）线性回归中如果原始特征变量 x_1 存在异常点，则线性加权后的 $a_i x_i$ 可能会被放大，因此线性回归模型对异常值非常敏感，异常值会严重影响回归线和最终预测值。
> （2）多元回归存在多重共线性、自相关性和异方差性。
> （3）线性回归模型中的自变量之间由于存在精确相关关系或高度相关关系，成为多重共线性。多重共线性会增加系数估计值的方差，使得估计值对于模型的轻微变化异常敏感，造成系数估计值不稳定。
> （4）在存在多个自变量的情况下，可以使用向前选择法、向后剔除法和逐步筛选法来选择最重要的自变量。
> （5）除了 Statsmodels 库外，Python 还有很多分析库，如 Scikit-learn 库用于回归、聚类、分类、降维四大方面，Seaborn 库用于统计可视化等，许多库中都有可用于回归分析的方法。

任务实施

本任务的目标是根据表4.1.1中所给的数据分析银行经营绩效。首先对表4.1.1中的指标进行分析解读。

（1）期末贷款余额（L）：指在某一节点日期时，借款人尚未归还放款人的贷款总额，对银行而言为在某一节点日期尚未收回的贷款。

（2）贷款损失准备合计（LP）：是指当存在客观证据表明贷款发生减值时，按贷款损失的程度计提的用于弥补专项损失、尚未个别识别的可能性损失和针对某一国家、地区、行业或某一类贷款风险所计提的准备。银行在期末分析各项贷款的可收回性，并预计可能产生的贷款损失。

（3）资产总计（TA）：是指企业拥有或可控制的能以货币计量的经济资源，包括各种财产、债权和其他权利。

（4）现金及存放中央银行款项（C）：是指各金融企业在中央银行开户而存入的用于支付清算、调拨款项、提取及缴存、往来资金结算的现金，以及按吸收存款的一定比例缴存于中央银行的款项和其他需要缴存的款项。存放中央银行的各种款项应区分性质进行明细核算。

（5）所有者权益（EQ）：是指企业资产扣除负债后，由所有者享有的剩余权益。

（6）净利润（PRO）：是指企业当期利润总额减去所得税后的金额，即企业的税后利润。所得税是指企业将实现的利润总额按照所得税法规定的标准向国家计算缴纳的税金。它是企业利润总额的扣减项目。

（7）业务及管理费（FEE）：反映公司在业务经营和管理过程中所发生的费用。

一、自变量和因变量的选取

本任务的目标是分析银行经营绩效，因此能够衡量银行经营绩效的指标将作为因变量，而影响银行经营绩效的指标则作为可能的自变量。

（一）因变量的选取

选择将 38 家上市银行总资产收益率（return on assets，ROA）作为衡量银行经营绩效的指标，即因变量。总资产收益率（ROA）是评估公司相对其总资产值表现盈利能力的有效指标。该指标越高，表明企业资产利用效果越好，说明企业在增加收入和节约资金使用等方面取得了良好的效果，否则相反。由于表中没有直接给出 ROA 数据，因此将下列方法计算：

$$ROA = PRO/TA$$

（二）自变量的选取

影响商业银行营利的因素主要包括信贷风险水平、资产信用水平、流动性状况、资本充足度、经营效率和银行规模六方面。结合表 4.1.1 中的数据，以下列方式获取自变量。

（1）反映银行信贷水平的指标：取贷款损失准备 LP 与贷款余额 L 之间的比值来表示，记为 LPL，即：$LPL = LP/L$。

（2）反映资产信用水平的指标：取商业银行贷款余额 L 与总资产 TA 之间比值来表示，记为 LTA，即：$LTA = L/TA$。

（3）反映流动性状况的指标：取商业银行现金及存放中央银行款项 C 与总资产 TA

的比值来表示，记为 CTA，即 $CTA = C/TA$。

（4）反映资本充足度的指标：取所有者权益 EQ 与总资产 TA 间的比值来表示，记为 ETA，即 $ETA = EQ/TA$。

（5）反映商业银行经营效率的指标：取商业银行的净利润 PRO 和业务及管理费用 FEE 的比值来表示，记为 PRE，即 $PRE = PRO/FEE$。

（6）反映商业银行规模的指标：取银行总资产的自然对数，记为 LNT，即 $LNT = \ln(TA)$。

（三）变量指标的计算

下面以表 4.1.1 中，2020 年上市交易的 38 家银行财务报表横截面数据为基础，整理计算出因变量 ROA，与 6 个自变量 LPL、LTA、CTA、ETA、PRE、LNT，其 Python 实现代码如下：

```python
import pandas as pd
import numpy as np
df = pd.read_excel('task1.xls')        # 导入数据
df['ROA']  = df['净利润PRO'] /df['资产总计TA']
df['LPL']  = df['贷款损失准备合计LP'] /df['期末贷款余额L']
df['LTA']  = df['期末贷款余额L'] /df['资产总计TA']
df['CTA']  = df['现金及存放中央银行款项C'] /df['资产总计TA']
df['ETA']  = df['所有者权益EQ'] /df['资产总计TA']
df['PRE']  = df['净利润PRO'] /df['业务及管理费FEE']
df['LNT']  = np.log(df['资产总计TA'])
```

计算的部分结果如表 4.1.3 所示。

表 4.1.3　处理后的数据 df（前 5 行）

中文名称	ROA	LPL	LTA	CTA	ETA	PRE	LNT
上海银行	0.008494577	0.035838334	0.447389061	0.059478058	0.077549899	2.176966789	19.32171327
农业银行	0.007954406	0.040737706	0.557633369	0.089589075	0.081262348	1.125044191	21.72408325
交通银行	0.007438106	0.02402769	0.547916844	0.076424598	0.082133066	1.205532998	20.79070166
工商银行	0.009527199	0.028408987	0.559801935	0.106096532	0.087254759	1.613859425	21.92759032
长沙银行	0.007895829	0.035713234	0.448824522	0.077454478	0.0649251	1.039322163	18.07003719
……	……	……	……	……	……	……	……

（四）变量的相关性分析

上表 4.1.3 中，ROA 为因变量，LPL、LTA、CTA、ETA、PRE、LNT 为选取的自变

量。首先要判断每个自变量与因变量 ROA 之间是否存在相关性，以及相关性是否显著。如果显著，则该变量可作为线性回归模型的自变量；如果不显著，则该变量将被剔除。

用 Python 中的 corr 函数计算相关系数矩阵，并绘制热力图以便于观察。由于重点考察因变量 ROA 与其他自变量之间的相关性，因此截取热力图矩阵中的"ROA"行进行展示，代码如下：

```
import matplotlib.pyplot as plt
import seaborn as sns
# 创建热图
plt.figure（figsize=（10,4）,dpi=300）        # dpi 调整清晰度
sns.heatmap（df [['ROA','LPL','LTA','CTA','ETA','PRE','LNT']].corr（）.loc [['ROA'],:],
annot=True, cmap='rainbow', annot_kws={'size':10}, square=True, cbar_kws={'orientation':
'horizontal'}）    # .loc [['ROA'],:] 表示只输出 ROA 行的热力图;
square=True 表示将每个单元格以正方形输出；cbar_kws={'orientation':'horizontal'}
表示水平放置图例。
plt.show（）
```

输出的相关性热图如图 4.1.4 所示，反映了因变量 ROA 与各个自变量之间的相关系数。

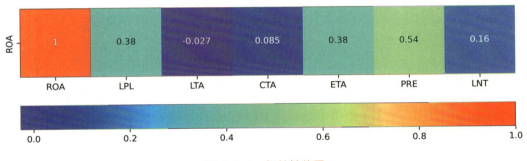

图 4.1.4　相关性热图

从相关性强弱来看，反映商业银行经营效率的指标 PRE 与 ROA 相关性最强；其次是反映银行信贷水平的指标 LPL、反映资本充足度的指标 ETA、反映银行规模的指标 LNT；而反映资产信用水平的指标 LTA、反映流动性状况的指标 CTA 与 ROA 的相关性较弱。其中资产信用水平指标 LTA 与 ROA 是负相关的，也就是说银行资产信用风险水平增加，其盈利性降低。

由于 LTA、CTA 两个指标与 ROA 的相关性较弱，分别为 -0.027 和 0.085，因此从自变量中剔除，不纳入线性回归模型的构建。

用 Python 编程对自变量进行修改，重新构建自变量矩阵，代码如下：

```
X = df [['LPL','ETA','PRE','LNT']]        # 定义自变量
Y = df ['ROA']                            # 定义因变量
```

二、线性回归建模

建立多元线性回归方程如下,其中 C 为常数项,R 为残差项。

$$ROA = C + a_1 LPL + a_2 ETA + a_3 PRE + a_4 LNT + R$$

通过 Python 的 ols 模型进行多元线性回归,同时输出回归结果以便判别回归系数的显著性以及模型的估计效果。代码如下:

```
import statsmodels.api as sm                    # 最小二乘法
from statsmodels.formula.api import ols         # 加载 ols 模型
lm = ols ('Y ~ X', data = df).fit ()
print (lm.summary ())                           # 查看回归结果,包括模型整体、系数显著性水平和残差情况
```

输出结果如图 4.1.5 所示。

```
                            OLS Regression Results
==============================================================================
Dep. Variable:                      Y   R-squared:                       0.584
Model:                            OLS   Adj. R-squared:                  0.533
Method:                 Least Squares   F-statistic:                     11.57
Date:                Fri, 01 Apr 2022   Prob (F-statistic):           5.57e-06
Time:                        13:57:16   Log-Likelihood:                 211.49
No. Observations:                  38   AIC:                            -413.0
Df Residuals:                      33   BIC:                            -404.8
Df Model:                           4
Covariance Type:            nonrobust
==============================================================================
                 coef    std err          t      P>|t|      [0.025      0.975]
------------------------------------------------------------------------------
Intercept     -0.0070      0.003     -2.381      0.023      -0.013      -0.001
X[0]           0.1010      0.027      3.790      0.001       0.047       0.155
X[1]           0.0623      0.022      2.854      0.007       0.018       0.107
X[2]           0.0018      0.000      3.821      0.001       0.001       0.003
X[3]           0.0002      0.000      2.018      0.052   -1.81e-06       0.000
==============================================================================
Omnibus:                        0.582   Durbin-Watson:                   2.039
Prob(Omnibus):                  0.747   Jarque-Bera (JB):                0.086
Skew:                           0.062   Prob(JB):                        0.958
Kurtosis:                       3.196   Cond. No.                     3.16e+03
==============================================================================

Notes:
[1] Standard Errors assume that the covariance matrix of the errors is correctly specified.
[2] The condition number is large, 3.16e+03. This might indicate that there are
strong multicollinearity or other numerical problems.
```

图 4.1.5 多元线性回归结果

由图 4.1.5 可以得到银行总资产收益率的线性回归模型:

$$ROA = -0.0070 + 0.1010 LPL + 0.0623 ETA + 0.0018 PRE + 0.0002 LNT$$

该模型的可决系数 $R^2 = 0.584$,模型的 F 检验统计量 $F\text{-}statistic = 5.57 \times 10^{-6}$,模型

整体显著，所拟合的模型有效，所选择的自变量能够对因变量 ROA 进行解释。

三、回归结果的经济解释

（1）从线性回归模型中发现，变量系数全部为正数，也就是说提高商业银行信贷风险水平（LPL）、资本充足（ETA）、经营效率（PRE）、经营规模（LNT），总资产收益率会升高。

（2）四个指标在 t 统计检验下对 ROA 均具有显著的影响。以变量 $X[0]$（信贷风险水平 LPL）为例，其 $P>|t|$ 值为 0.001，表示其变量系数为 0 的概率不超过 0.1%，即信贷风险水平与银行总资产收益有显著影响。因此，保持一定的贷款损失准备对银行盈利是必要的。再以 $X[2]$（经营效率 PRE）为例，其 $P>|t|$ 值也为 0.001，对 ROA 的影响显著，说明净利润越大，或管理费用越少，对银行盈利越有利。

（3）$R^2=0.584$，说明选取的这 4 个财务指标可以解释 ROA 变化的 58.4%，剩余的部分表示未能找到解释变量，在回归残差中体现。这可能是由于数据来源有限，影响 ROA 的因素多样，未能全部找出影响 ROA 全部显著指标。例如，案例中的数据不能真正反映银行信贷风险水平和资产流动性，因此在相关性分析和统计性上无法给予显著的信息。

（4）基于多元线性回归模型及变量释义，能够对我国银行经营提出相关建议：保持良好的资本充足度，并适当提高贷款损失准备，以增强对风险的管理能力，将有助于 ROA 的提高；在成本支出方面，银行在同等费用支出条件下的获利能力越强，或者降低费用支出，也有助于 ROA 的增加；从规模上看，银行规模更大，意味着更好的盈利，但是要注意银行业的盈利并不总与规模效应有关，对某些银行来说规模已经足够，扩大规模带来的经济效益并不明显，而集约经营、提高经营效率才能更好地增强盈利。

任务小结

线性回归分析在金融业务和经济学研究中均有广泛应用，该方法用于分析考察事物特征之间的线性影响因素及其影响幅度。在实务处理中，要注意自变量的筛选，相关性并非筛选自变量的唯一因素，应当根据模型中的统计检验指标，来逐一分析自变量对模型的显著性，才能寻找到最优的模型。对于建立好的线性回归模型，输入新的自变量数值可以预测因变量未来的发展趋势。

本任务讲解了线性回归的原理，以及 Python 语言建模及模型检验的方法，并以银行业经营数据为例，讲解了线性回归模型的应用，并对回归结果进行了经济含义解释。通过本任务的学习，希望读者能够灵活运用线性回归方法分析解决更多的经济金融问题。

任务实训

宏观经济对银行业经营风险的影响分析

金融机构不良贷款率是评价金融机构信贷资产安全状况的重要指标之一。不良贷款率高，可能无法收回的贷款占总贷款的比例越大；不良贷款率低，说明金融机构不能收回贷款占总贷款的比例越小。

请运用 Python 程序库和语言编写多元线性回归分析程序，利用 2006—2018 年总体商业银行的不良贷款率数据及宏观经济指标（如表 4.1.4 所示）分析影响商业银行不良贷款率的主要因素，并分析因素的显著性。

表 4.1.4　不良贷款率与宏观经济指标

统计年度	机构类型	不良贷款率	M0/M2	M0/M1	财政收入/GDP
2006	商业银行合计	7.10%	0.078334311	21.48%	17.66%
2007	商业银行合计	6.20%	0.075290141	19.91%	19.00%
2008	商业银行合计	2.40%	0.072014742	20.59%	19.21%
2009	商业银行合计	1.60%	0.063088787	17.38%	19.66%
2010	商业银行合计	1.10%	0.06148386	16.74%	20.16%
……	……	……	……	……	……

任务 4.2　银行信贷风险的逻辑回归分析

任务要求

某银行总行风险管理部为测算对私客户违约风险，在银行核心业务系统中提取了个人客户历史信息资料和违约记录（如表 4.2.1 所示），请根据相关数据建立有效的信贷违约逻辑回归模型，判断哪些因素对个人信贷违约产生显著的影响。

表 4.2.1　某银行客户基本登记信息

年龄(Age)	职业(Job)	婚姻(Mar)	教育程度(Edu)	资产负债情况(Bal)	是否有住房(Hou)	是否贷款(Loa)	是否违约(Def)	是否为我行产生营业收益(Pou)	是否拥有定期存款(Tdp)
58	management	married	tertiary	2143	yes	no	no	unknown	no
44	technician	single	secondary	29	yes	no	no	unknown	no
33	entrepreneur	married	secondary	2	yes	yes	no	unknown	no
47	blue-collar	married	unknown	1506	yes	no	no	unknown	no
33	unknown	single	unknown	1	no	no	no	unknown	no
……	……	……	……	……	……	……	……	……	……

必备知识……………………

随着经济的快速发展，对金融信贷需求随之增加，商业银行的消费信贷业务得到迅猛发展。与此同时，由于信息不对称，银行不能明确客户的信用状况，银行的信贷风险随之增加，给银行造成不良贷款的损失。为了降低商业银行的信贷风险和坏账概率，银行需要对客户进行风险评估。

商业银行信贷风险评估，主要是在客户贷款之前，然而在发放信贷过程中或者之后的风险，银行很难及时发现和控制，需要客户在与银行发生业务过程记录的信息来评价贷后风险，以利于及时作出风险管控措施。在大数据时代背景下，银行根据客户信息数据，建立并完善客户信贷风险评估模型，使银行能够量化风险，减少损失。

一、商业银行信贷风险认知

根据国际信用风险管理的学者 Edward I. Altman 的定义，"信用"在狭义的经济层面上的含义是"在一段限定的时间内获得一笔钱的预期"。那么信用风险则是指因为交易对手方违约使得这种预期没有实现而给债权人带来的可能损失。银行经营中的信贷风险是指借款方或借款关联方因种种原因，不愿或无力支付合同条件而构成违约，致使银行遭受损失的可能性。

（一）信贷风险的分类

银行贷款仍是我国企业的主要融资模式，如何控制信贷风险是金融体系安全运行面临的重大问题。同时，信贷系统的健康稳定运行也关系到货币政策、企业信用体系管理以及制造业等其他行业管理政策的成效。2016—2020 年的数据显示，银行贷款中的呆坏账平均维持在 1.9% 的水平，在 2018 年与 2019 年达到 2.0%，因此，研究银行贷款违约问题具有重要而深远的意义。

商业银行信贷风险的防范，主要是不良信贷的防范。2002 年开始我国全面实行信贷五级分类制度，该制度按信贷的风险程度，将银行信贷资产分为五类：正常、关注、次级、可疑、损失。

（1）正常：借款人能够履行合同，没有足够理由怀疑贷款本息不能按时足额偿还。

（2）关注：尽管借款人目前有能力偿还贷款本息，但存在一些可能对偿还产生不利影响的因素。

（3）次级：借款人的还款能力出现明显问题，完全依靠其正常营业收入无法足额偿还贷款本息，即使执行担保，也可能会造成一定损失。

（4）可疑：借款人无法足额偿还贷款本息，即使执行担保，也肯定要造成较大损失。

（5）损失：在采取所有可能的措施或一切必要的法律程序之后，本息仍然无法收回，或只能收回极少部分。

其中次级、可疑和损失类三种信贷类别被统称为不良信贷。

（二）信贷违约风险

商业银行使用违约概率作为量化信用风险的关键参数之一。违约概率（probability of default）是预计债务人不能偿还到期债务（违约）的可能性。在商业银行信贷违约概率是指借款人在未来一定时期内不能按合同要求偿还银行贷款本息或履行相关义务的可能性。在实践中，银行会将"次级""可疑""损失"的类型列为信贷违约。

违约概率是计算贷款预期损失、贷款定价以及信贷组合管理的基础，因此，如何准确、有效地计算违约概率对商业银行信用风险管理十分重要。常见的违约概率计算模型包括 KMV 模型、CreditMetirics 模型、CreditRisk 模型等，这些模型被广泛应用于各类金融机构的信用风险管理决策中，其本质是紧盯市场价值变化，以违约模型来计算信贷风险损失的概率分布，判断债务人违约的可能性大小。模型考虑了债务人资产价值及其波动性，可操作性强。

但这些风险度量方式存在一定弊端：一是模式只适用于经营管理规范、会计信息可靠、信用记录良好的大公司或有充分抵质押物并且经营良好的企业；二是模型不全面，忽略了一些市场风险，以及对企业经营发展起重要作用的非市场因素，模型假设条件苛刻，与市场真实情况存在一定误差；三是信息不对称，主要依据材料是企业过去的静态信息，而不是实时的动态信息，时效性、相关性和可靠性不足，风险不能得到有效控制。因此尽管信用风险计量依据有了成熟的模型和方法，但是由于缺乏足够广泛、真实、可靠的数据，从而在真实应用中往往无法充分应用。

二、信贷风险的逻辑回归模型

逻辑（logistic）回归是目前银行建立大数据信用评估最常用的方法，因其具有可以输出概率、可解释性好、模型参数少、计算速度快、抗噪能力强等优点，在银行信用卡欺诈风险度量等方面处于主流应用地位。

在信用评估时，用逻辑回归模型返回的违约概率结果是 0 到 1 之间以小数形式呈现的类概率数字，用以判断客户是否会违约以及违约的可能性大小，具有对特征可解释性强的优点。

（一）逻辑回归分析的数学模型

通过前面的学习，已知线性回归分析可以得到因变量与自变量之间的线性关系，从而进行线性预测，但无法解决非线性问题。例如对于二分类问题，想要得知"事件 = 成功"和"事件 = 失败"的概率，并将分析结果分别用 0（失败）或 1（成功）来表示。那么怎么建立 0/1 与众多自变量之间的模型关系呢？

先假设线性回归模型：

$$a^T x + b = a_1 x_1 + a_2 x_2 + \cdots + a_n x_n + b$$

然后用一个单位阶跃函数（sigmoid 函数）将结果映射到 [0，1] 之间，得到 Logistic 回归模型，形式如下：

$$f(x) = \frac{1}{1 + e^{-(a^T x + b)}}$$

其中，x 为输入自变量样本数据，$f(x)$ 为输出模型，在 [0，1] 区间内取，可以理解为某一分类的概率大小。

对于逻辑回归模型的输出，希望其与二分类问题的希望输出 $y = \{0，1\}$ 之间建立对应关系，方法如下：

（1）设 0.5 为临界值，当 $f(x) > 0.5$，即 $a^T x + b > 0$ 时，y 为 1。

（2）当 $f(x) < 0.5$，即 $a^T x + b < 0$ 时，y 为 0。

从概率角度进行解释，$f(x)$ 越接近 0，则分类为 0 的概率越高；$f(x)$ 越接近于 1，则分类为 1 的概率越高；$f(x)$ 越接近于临界值 0.5，则无法判断，分类准确率会下降。

上述 Logistic 回归模型的参数 a^T 和 b 未知，和线性回归分析的原理类似，需要构造一个因变量的真实值和估计值之间的损失函数，再对损失函数求导，找出损失最小情况下的参数。Logistic 回归模型采用的是似然函数而不是最小二乘法，即求负的对数似然函数最小，也就是对数似然函数最大，从而求解最优参数。

Logistic 回归模型被广泛应用于分类问题，并且不要求自变量和因变量存在线性关系。与线性回归模型相比，Logistic 回归对异常值不敏感，建模中线性方程 $a^T x + b$ 经过一次阶跃函数的压缩，其值被压缩到 -1～1 间，异常点对模型的影响很小。因此，在有异常点的情况下，线性回归模型和逻辑回归模型可能会得到完全不同的结果。

> **拓展阅读：**
>
> Logistic 模型要点
>
> 在构建 Logistic 模型时，需要关注以下要点：
>
> （1）为了避免过拟合和欠拟合，建模时应该包括所有重要的变量。有一个很好的方法来确保这种情况，就是使用逐步筛选方法来估计 Logistic 回归。
>
> （2）Logistic 回归需要较大的样本量，因为在样本数量较少的情况下，极大似然估计的效果比最小二乘法差。
>
> （3）自变量之间应该互不相关，即不存在多重共线性。不过，在分析和建模中，可以选择包含分类变量相互作用的影响。
>
> （4）如果因变量是多类的话，为多元 Logistic 回归。

（二）逻辑回归分析的 Python 实现

Python 中 sm.Logit 函数可以实现逻辑回归模型构建，具体用法如下：

$$logit = sm.Logit(y, X)$$

其中，y 为因变量，X 为自变量矩阵。

以糖尿病人的病历数据为例，通过逻辑回归分析对是否患糖尿病进行判断和分类，数据前五行展示如表 4.2.2 所示。

表 4.2.2 糖尿病病例识别数据

BloodPressure	SkinThickness	BMI	DiabetesPedigreeFunction	Age	Outcome
72	35	33.6	0.627	50	1
66	29	26.6	0.351	31	0
64	0	23.3	0.672	32	1
66	23	28.1	0.167	21	0
40	35	44.1	2.288	33	1

数据列名解释如下：

① BloodPressure：舒张压（mmHg）。

② SkinThickness：三头肌皮肤褶皱厚度（mm）。

③ BMI：体重指数（kg/m^2）。

④ DiabetesPedigreeFunction：糖尿病谱系功能。

⑤ Age：年龄。

⑥ Outcome：是否有糖尿病，有为 1 无为 0。

1. 确定变量、划分数据集

首先确定因变量是是否患糖尿病的指标 Outcome，自变量分别是 BloodPressure、SkinThickness、BMI、DiabetesPedigreeFunction、Age。

为了模型后续检验模型的效果，需要将数据分为测试集和训练集。选择最后 10 行数据为测试集，其余为训练集，训练集用来训练拟合模型，代码如下：

```
import pandas as pd
# 导入数据
data = pd.read_excel ('D:\task1.xls')          # 读取数据
# 确定自变量和因变量
X = data [['BloodPressur', 'SkinThickness', 'BMI', 'DiabetesPedigreeFunction', 'Age']]
X ['intercept'] = 1.0          # 该库进行 Logistic 回归需手动添加截距项，添加值任意
y = data ['Outcome']
# 将数据划分为训练集和测试集，测试集为最后 10 行
XTrain = X.iloc [0: -10,:]          # 训练集的自变量为 X 第 1 行至倒数第 10 行，全部列
yTrain = y.iloc [0: -10]          # 训练集的因变量为 y 第 1 行至倒数第 10 行
XTest = X.tail (10)          # 测试集的自变量为 X 最后 10 行
```

2. 建立逻辑回归模型

通过训练集建立逻辑回归模型，代码如下：

```python
import numpy as np
import statsmodels.api as sm
# 构建逻辑回归模型，并获取模型拟合效果
logit = sm.Logit(yTrain, XTrain)
result = logit.fit()
print(result.summary())
```

输出结果如图 4.2.1 所示。

```
                           Logit Regression Results
==============================================================================
Dep. Variable:                Outcome   No. Observations:                  758
Model:                          Logit   Df Residuals:                      752
Method:                           MLE   Df Model:                            5
Date:                Thu, 07 Apr 2022   Pseudo R-squ.:                  0.1336
Time:                        09:47:59   Log-Likelihood:                -425.03
converged:                       True   LL-Null:                       -490.58
Covariance Type:            nonrobust   LLR p-value:                 1.390e-26
============================================================================================
                               coef    std err          z      P>|z|      [0.025      0.975]
--------------------------------------------------------------------------------------------
BloodPressure               -0.0084      0.005     -1.759      0.079      -0.018       0.001
SkinThickness               -0.0030      0.006     -0.522      0.602      -0.014       0.008
BMI                          0.1012      0.014      7.356      0.000       0.074       0.128
DiabetesPedigreeFunction     0.9285      0.259      3.591      0.000       0.422       1.435
Age                          0.0477      0.007      6.392      0.000       0.033       0.062
intercept                   -5.3658      0.561     -9.572      0.000      -6.465      -4.267
============================================================================================
```

图 4.2.1 逻辑回归结果

从输出结果可以看出：

（1）是该模型的观测变量 No. Observations（即因变量）为 Outcome，使用的模型 Model 为逻辑回归模型 Logit，模型求解方式 Method 为极大似然估计，建模所用的观测值有 758 个。

（2）模型的 Pseudo R-squ 统计量值是最小二乘法下 R 平方的替代；Log-Likelihood 是对数似然函数的最大值；LL-Null 是仅包含截距时，最大化对数似然函数的结果；LLR p-value 是 LLR 检验的 p 值。对于逻辑回归，通常不用上述指标来衡量模型的拟合优度，而是用模型的预测结果进行衡量，故此处以上参数只做简要介绍。

（3）得到的逻辑回归方程为：

$$f(x) = \frac{1}{1+e^{-(-0.0246 BloodPressure + 0.0017 SkinThickness + 0.0144 BMI + 0.4387 DiabetesPedigreeFunction + 0.0153 Age)}}$$

(4) 观测自变量指标的显著性 $P > |t|$ 值越小,指标对观测值的来说越重要。以 10% 作为显著性临界水平,可以发现 *BloodPressure*、*BMI*、*DiabetesPedigreeFunction*、*Age* 四个指标与是否患糖尿病有显著影响。*BloodPressure* 的系数为负,表示随着血压的升高,患糖尿病的可能性降低;*BMI*、*DiabetesPedigreeFunction*、*Age* 的系数为正,说明随着体重指数的增加、糖尿病谱系数上升,以及年龄增大,患糖尿病的可能性增强。而 *SkinThickness* 与糖尿病是否患病,在所给数据集范围内的回归系数并不显著。

3. 预测与检验

用 Python 中的 fit 函数拟合模型,并用 predict 函数将测试集中的自变量数据输入拟合好的逻辑回归模型中,计算预测结果 $f(x)$。

逻辑回归模型的预测结果表示的是事件发生的概率,取值在 [0,1] 之间。为了与真实事件的发生情况(真实事件只有发生或不发生两种情况)进行比对,通常将预测结果对应的概率值与 0.5 进行比较,预测数值大于等于 0.5,则判定事件发生,取值为 "1";反之,判定事件不发生,取值为 "0"。

最后,将 0/1 化后的预测值与测试集的真实数据 y 进行对比,判断模型拟合效果。具体代码如下:

```
# 进行模型拟合和预测
predictedValue = result.predict（XTest）              # result 是逻辑回归模型的拟合结果
roundValue = round（predictedValue）                  # 预测结果 >=0.5 的,判定为 1;反之为 0
# 对比展示预测值、0/1 化后的预测值、真实数据
compare = pd.DataFrame（{'predictedValue': predictedValue, 'roundValue': roundValue, 'actualValue': y.tail（10）}）   # 单引号中的为列名定义
print（compare）
print（"#预测准确率", np.mean（roundValue == y.tail（10））     # 计算预测准确率
```

得到预测结果如下所示:

predicted	Value	roundValue	actualValue
758	0.312700	0.0	0
759	0.702503	1.0	1
760	0.214797	0.0	0
761	0.689617	1.0	1
762	0.129571	0.0	0
763	0.585795	1.0	0
764	0.330241	0.0	0
765	0.150556	0.0	0
766	0.435835	0.0	1
767	0.170660	0.0	0
预测准确率 0.8			

其中，predictedValue 为逻辑回归模型预测值，roundValue 为 0/1 化后的预测值，actualValue 为真实值。例如索引 758 的病例，预测患糖尿病概率为 0.3127，概率小于 0.5，因此判定事件不发生，roundValue 取值为"0"，对比真实值 actualValue = 0，预测结果是准确的。

最后对比计算了全部测试集数据的预测准确率为 0.8。也就是说，该逻辑回归模型预测的准确率为 80%。

任务实施

商业银行消费信用贷款大多采用银行核心业务系统数据或者消费者个人行为数据，以逻辑回归模型为基础构建银行违约概率模型，进而对客户可能存在的违约概率进行预测，在贷前进行风险评估、贷中贷后进行风险管控，降低信贷违约率。

一、数据预处理

（一）自变量与因变量的选取

选取表 4.2.1 中是否违约的"Def"指标作为逻辑回归的因变量。以 4.2.1 中的婚姻状况指标"Mar"，教育程度"Edu"，资产负债情况"Bal"，是否拥有住房"Hou"，客户年龄"Age"，上一次营销活动中是否为该行产生营业收益"Pou"，是否拥有定期存款"Tdp"，共 7 个指标作为自变量。

（二）变量转换

但是在构建逻辑回归模型时，婚姻状况"Mar"、教育程度"Edu"等指标的数据是字符型数据，无法直接代入方程，因此需要将这些数据转化为计算机可识别的数值型数据。并且这些指标的内容为"是/否"或某种状态，因此将这些字符型数据转换为表示状态的数值。

1. 构造虚拟变量

Python 中的 get_dummies 函数可以将特征变量的每一种取值都看作一种状态，并用 0/1 进行表示，成为虚拟变量转换。例如对于教育程度变量，取值为"小学、中学、大学、硕士及以上"4 个值，通过 get_dummies 函数将取值转化为 0/1 表达式，当"小学"学历时，显示 [1, 0, 0, 0]，"中学"学历为 [0, 1, 0, 0]，"大学"学历为 [0, 0, 1, 0]，"硕士及以上"学历为 [0, 0, 0, 1]。get_dummies 函数的用法如下：

pandas.get_dummies（data，prefix = None）

其中：

① data：需要进行虚拟变量转换的数据，要求是 array、Series、DataFrame 格式。

② prefix：字符串或字符串列表形式，用于追加转换后的列名。

将表 4.2.1 中的婚姻状况"Mar"、教育程度"Edu"、住房"Hou"、贷款"Loa"、为该行产生营业收益"Pou"、定期存款"Tdp"六个指标，以及是否违约"Def"进行虚拟变量转换，代码如下：

```
import pandas as pd
import statsmodels.api as sm
df = pd.read_excel('D:\task2.xls')              # 导入数据
# 虚拟变量转换
dummy_Mar = pd.get_dummies(df['Mar'], prefix='Mar')
print(dummy_Mar.head())
dummy_Edu = pd.get_dummies(df['Edu'], prefix='Edu')
print(dummy_Edu.head())
dummy_Hou = pd.get_dummies(df['Hou'], prefix='Hou')
print(dummy_Hou.head())
dummy_Pou = pd.get_dummies(df['Pou'], prefix='Pou')
print(dummy_Pou.head())
dummy_Tdp = pd.get_dummies(df['Tdp'], prefix='Tdp')
print(dummy_Tdp.head())
Def1 = pd.get_dummies(df['Def'], prefix='Def')   # 因变量同样需要进行转换
print(Def1.head())
```

虚拟变量分类结果如下：

	Mar_divorced	Mar_married	Mar_single	
0	0	1	0	
1	0	0	1	
2	0	1	0	
3	0	1	0	
4	0	0	1	
	Edu_primary	Edu_secondary	Edu_tertiary	Edu_unknown
0	0	0	1	0
1	0	1	0	0
2	0	1	0	0
3	0	0	0	1
4	0	0	0	1
	Hou_no	Hou_yes		
0	0	1		
1	0	1		
2	0	1		
3	0	1		
4	1	0		
	Pou_failure	Pou_other	Pou_success	Pou_unknown
0	0	0	0	1
1	0	0	0	1
2	0	0	0	1
3	0	0	0	1
4	0	0	0	1

	Tdp_no	Tdp_yes
0	1	0
1	1	0
2	1	0
3	1	0
4	1	0

	Def_no	Def_yes
0	1	0
1	1	0
2	1	0
3	1	0
4	1	0

上述结果中,各虚拟变量含义如下:

① Mar 下的虚拟变量:Mar_divorced 表示已离婚,Mar_married 表示已婚,Mar_single 表示单身。

② Edu 下虚拟变量:Edu_primary 表示初等教育,Edu_secondary 表示中等教育,Edu_tertiary 表示高等教育,Edu_unknown 表示客户接受过的最高教育程度未知。

③ Hou 下虚拟变量:Hou_no 表示没有房产,Hou_yes 表示拥有房产。

④ Pou 下虚拟变量:Pou_failure 表示上一次营销活动中,客户没有为该行产生营业收益,Pou_other 表示其他情况,Pou_success 表示上一次营销活动中,客户成功为该行产生营业收益,Pou_unknown 表示情况未知。

⑤ Tdp 下虚拟变量:Tdp_no 表示客户在该行没有定期存款,Tdp_yes 表示客户在该行有定期存款。

⑥ Def 下虚拟变量:Def_no 表示没有违约记录,Def_yes 表示有过违约记录。

2. 去除多重共线性

分类变量均已完成转换,在代入逻辑回归方程之前,还需要考虑多重共线性问题,因此每类虚拟变量需要删除一列再进行模型计算。

对银行信贷客户数据所生成的虚拟变量,先判断是否有 unknown 情况未知的列,如果有则删除此列;如果没有则删除第 1 列,代码如下:

```
# 每个原变量所生成的虚拟变量需要删去一列基准列防止多重共线性的产生,数据中没有 unknown 的统一删去第一列,有 unknown 的统一将此列删除
dummy_Mar1 = dummy_Mar.drop(dummy_Mar.columns[0], axis=1)
dummy_Edu1 = dummy_Edu.drop(dummy_Edu.columns[3], axis=1)
dummy_Hou1 = dummy_Hou.drop(dummy_Hou.columns[0], axis=1)
dummy_Pou1 = dummy_Pou.drop(dummy_Pou.columns[3], axis=1)
dummy_Tdp1 = dummy_Tdp.drop(dummy_Tdp.columns[0], axis=1)
Def11 = Def1.drop(Def1.columns[0], axis=1)
```

二、逻辑回归模型的建立

(一) 数据集划分

选取样本数据的部分内容作为训练集构建逻辑回归模型，剩下的数据作为预测集检验模型预测准确性。由于表4.2.1中数据量较大，有4万多条数据，为了划分便捷，这里使用sklearn库中，model_selection.train_test_split函数，按照一定百分比抽取训练集与测试集。函数用法如下：

sklearn.model_selection.train_test_split（train_data，train_target，test size=0.4，random_state=None）

其中：

① train_data：样本集数据。

② train_target：样本集标签。

③ test_size：划分为测试集的数据占比，如果输入值是整数的话，表示获取的样本的数量；如果输入值是浮点数，表示测试集占总样本的百分比，默认值为0.25。

④ random_state：随机数种子，是该组随机数的编号，在需要重复划分的时候，通过指定random_states编号，每次选择编号对应的抽样随机模型。如果为None，每次生成的数据都是随机，可能不一样。

⑤ 返回值：依次为训练集样本、测试集样本、训练集标签、测试集标签。

将转换为虚拟变量的银行客户数据进行划分，Python代码如下：

```
# 定义自变量，concat函数将各变量合成一个数据框，axis=1 表示以列的形式进行合成
X = pd.concat（[df['Age']，df['Bal']，dummy_Mar1，dummy_Edu1，dummy_Hou1，dummy_Pou1，dummy_Tdp1]，axis=1）
X['intercept']=1.0              # 该库进行 Logistic 回归需手动添加截距项
Y = Def11                       # 定义因变量
from sklearn.model_selection import train_test_split  # 导入数据划分所用的函数
Xtrain，Xtest，Ytrain，Ytest = train_test_split（X，y，test_size=0.1，random_state=0）    # 测试集取10%
```

(二) 建立逻辑回归模型

用训练集构建逻辑回归模型：

$$f(x) = \frac{1}{1+e^{-(a^T x + b)}}$$

其中：

$$a^T x + b = b + a_1 Mar + a_2 Edu + a_3 Bal + a_4 Hou + a_5 Loa + a_6 Pou + a_7 Tdp$$

Python 代码如下:

```
# 通过训练组拟合模型
logit = sm.Logit（Ytrain, Xtrain)
result = logit.fit（）
print（result.summary（））        # 模型结果查看
```

得到回归结果如图 4.2.2 所示。

```
                          Logit Regression Results
==============================================================================
Dep. Variable:                Def_yes   No. Observations:                38375
Model:                          Logit   Df Residuals:                    38362
Method:                           MLE   Df Model:                           12
Date:                Wed, 06 Apr 2022   Pseudo R-squ.:                     inf
Time:                        14:37:18   Log-Likelihood:                   -inf
converged:                       True   LL-Null:                        0.0000
Covariance Type:            nonrobust   LLR p-value:                     1.000
==============================================================================
                 coef    std err          z      P>|z|      [0.025      0.975]
------------------------------------------------------------------------------
Age           -0.0108      0.005     -2.367      0.018      -0.020      -0.002
Bal           -0.0023   8.61e-05    -26.168      0.000      -0.002      -0.002
Mar_married   -0.3232      0.112     -2.880      0.004      -0.543      -0.103
Mar_single    -0.1836      0.132     -1.395      0.163      -0.442       0.074
Edu_primary   -0.0387      0.218     -0.177      0.859      -0.467       0.389
Edu_secondary -0.1128      0.203     -0.557      0.578      -0.510       0.284
Edu_tertiary  -0.2893      0.211     -1.369      0.171      -0.703       0.125
Hou_yes       -0.4454      0.082     -5.460      0.000      -0.605      -0.285
Pou_failure   -0.5695      0.176     -3.243      0.001      -0.914      -0.225
Pou_other     -0.6039      0.288     -2.097      0.036      -1.168      -0.039
Pou_success   -1.3023      0.715     -1.822      0.068      -2.703       0.099
Tdp_yes       -0.0639      0.158     -0.405      0.686      -0.373       0.246
intercept     -2.2629      0.313     -7.231      0.000      -2.876      -1.650
==============================================================================
```

图 4.2.2　逻辑回归结果

（三）预测与模型检验

通过测试集对模型预测效果进行评估，程序如下:

```
Xtest［'intercept'］ = 1.0                          # 手动添加截距
predictedValue = result.predict（Xtest)             # result 为逻辑回归模型拟合结果
roundValue = round（predictedValue)
compare = pd.DataFrame（{'pre_Value': predictedValue, 'round_Value': roundValue, 'actual_Value': Ytest.values}）
print（compare)
print（'预测准确率', np.mean（roundValue == Ytest.values））   # 计算预测准确率
```

得到以下输出结果，其中第一列输出为预测结果，第二列预测结果 0/1 化后的值，第三列为真实值。

	pre_Value	round_Value	actual_Value
16506	0.024570	0.0	0
16479	0.011043	0.0	0
38393	0.010299	0.0	0
29913	0.018956	0.0	0
39404	0.009521	0.0	0
...	...	...	...
25806	0.000272	0.0	0
8813	0.010288	0.0	0
34369	0.006573	0.0	0
16582	0.042977	0.0	0
39134	0.019297	0.0	0

[4264 rows x 3 columns]

预测准确率 0.9805347091932458

三、回归结果的经济解释

从上述模型的输出结果可以发现：

（1）该模型有 38375 个观测样本，采用了极大似然估计法拟合得到了逻辑回归模型。

（2）自变量中，单身、受教育程度、有住房、有存款 4 个条件，在 10% 的置信水平下，对模型的影响并不显著；而 Age、Bal、Mar_married、Hou_yes、Pou_failure、Pou_other、Pou_success，7 个变量 $P>|z|$ 的值均小于 10%，即认为有 90% 的把握认为这些变量对模型结果有显著影响。

（3）分析年龄（Age）和资产负债（Bal）指标，其在 5% 的置信水平下系数显著，且系数为负，结合逻辑回归模型数学公式可以得知，随着年龄增大、银行账户余额增加，客户违约的概率减少，并且这一结论发生的可能性为 95%。

（4）分析婚姻指标（Mar），已婚 Mar_married 在 5% 置信水平下显著，且模型系数为负，说明已婚客户违约的概率更低；而 Mar_single 在 5% 置信水平下不显著，说明"单身"对信贷违约的判断并不具有代表意义。

（5）分析受教育程度指标（Edu），发现无论受何种教育，其对模型的影响均不显著，也就是说受教育程度的高低，无法作为判断信贷违约的依据。

（6）分析住房指标（Hou），发现有住房对模型的影响显著，且模型系数为负，即拥有房产的客户违约概率会更低。

（7）分析客户是否参与了上一次营销活动（Pou），在 10% 置信水平下，变量系数均显著，且为负，说明只要进行了营销活动，无论最终是否产生营业收益，均对客户的信贷违约有显著的抑制作用。其中 $Pou\_success$ 的系数绝对值最大，说明为上一次营销活动产生了收益，与银行建立了业务关系的客户，违约的可能性越低。

（8）模型的预测结果准确率约为98%，但是并不说明仅靠上述变量，就可以判断银行信贷违约概率。因为案例中的数据量较多，约4万个，即使2%的概率下，也有约800个客户的违约判断可能是错误的。而且现实生活中，信贷违约对于广大银行客户群体来说，本身就是小概率事件，因此对于银行来说，更重要的工作是找出违约群体的用户特征，以便于更好地规避违约风险，提前进行风险防控。

（9）基于Logistic回归模型的原理与结果分析，可以提炼出该银行风险管理方面的基本规律：婚姻方面，已婚的客户违约概率更低，因此银行更应关注单身群体；学历不能作为违约评估的依据；房产方面，对于为暂时没有房产的客户应提升审核水平，关注客户违约风险；从营销活动的结果看，银行应当加强与客户的沟通，并建立业务往来，以了解客户更多的信息和资产变化情况，一定程度上能够对客户的违约行为起到抑制作用。

任务小结

逻辑回归分析模型是商业银行计量消费信贷违约风险的主要模型，该模型要求数据样本量较大，通过不断尝试和筛选表征客户信息和客户行为特征的自变量，有效建立影响客户信贷违约的因素。本任务仅选取了部分客户特征，在商业银行风险管理部门实际测算时，往往达到千万级的样本量，以及提供更多用户特征，在建模过程中需要不断的模型调试和变量检验，逐步优化模型，甚至根据不同的宏观经济环境，择时选择模型。

本任务使用Python语言，首先对银行客户特征数据进行了预处理，将字符型类型数据转换为0/1状态变量；然后建立逻辑回归模型，对银行客户信贷违约概率进行了预测和检验；最后对模型结果的经济含义进行了解释，通过案例，详细地介绍了逻辑回归模型的使用方法。

任务实训

运用上述案例中所选个人客户历史信息资料和违约记录数据，将职业考虑进模型中并重新进行逻辑回归，分析因素的显著性，并由此分析影响客户违约事件的主要因素。

项目5 大数据用户特征分析

【引言】

近年来，随着国民经济的发展和居民消费需求升级，我国消费金融市场得到了快速发展。在构建以国内大循环为主体、国内国际双循环相互促进的新发展格局下，消费金融更是有着积极作用和天然优势，这使得行业也迎来了高速发展的机遇期。

在科技与大数据的赋能下，消费金融和金融科技的深度融合，极大地提高了信贷金融服务的可得性和普惠性，同时为全行业降本增效。消费金融企业能够通过结合新理念、新规范和新技术，实现个性化营销、精细化运营、精准化服务，在互联网新零售时代的竞争格局变化中巩固自身壁垒，在未来的市场中占据一席之地。

本项目首先以电商平台数据为例，采用 RFM 模型对客户基本信息进行分步分析分类，进而实现不同类型客户的价值分析，开展有针对性、个性化的营销模式；然后以超市客户数据为例，进行 K-Means 聚类分析，向读者介绍另一种用户特征分析方法，以便适应不同场景需求。

【学习目标】

1. 知识目标
（1）理解用户基本数据，了解用户特征的描述过程。
（2）掌握 RFM 模型的构建流程与分析方法。
（3）掌握 K-Means 模型的构建流程与分析方法。
（4）利用聚类结果进行用户特征刻画。

2. 技能目标
（1）在任务实施中培养学生的实践与创新能力。
（2）掌握 Python 对于 RFM 及 K-Means 模型建模的编程实现。
（3）了解用户画像刻画以及精细化策略的意义。

3. 思政目标
（1）引导学生认识在当今大数据时代下的用户分析方法。
（2）让学生在实践中体会消费金融领域的乐趣。

任务 5.1　用户特征的 RFM 分析

任务要求…………

在几乎所有的商业公司管理后台，都存储了大量客户行为的多维度数据，包括客户基本信息、客户订单信息、商品销售信息、客户网页浏览信息等，这些海量的数据从不同方面描述了用户群体的特征，通过多维度数据的深度交叉分析，可以分场景地锁定用户人群，打造标签体系，绘制全景画像，实现用户分层和潜在用户挖掘，为精准广告投放、自动化营销和精细化运营奠定数字基础。

请利用保险公司 2019—2021 年的保单数据集（数据见表 5.1.1）构建 RFM 模型，并对客户价值进行分类描述，最后根据客户分类结果对不同群体制定相应的营销策略。

表 5.1.1　order_merge_1（前 5 行）

customer_unique_id	order_purchase_timestamp	order_id	price
7c396fd4830fd04220f754e42b4e5bff	2020-10-02 10：56：33	e481f51cbdc54678b7cc49136f2d6af7	2999
af07308b275d755c9edb36a90c618231	2021-07-24 20：41：37	53cdb2fc8bc7dce0b6741e2150273451	11870
3a653a41f6f9fc3d2a113cf8398680e8	2021-08-08 08：38：49	47770eb9100c2d0c44946d9cf07ec65d	15990
7c142cf63193a1473d2e66489a9ae977	2020-11-18 19：28：06	949d5b44dbf5de918fe9c16f97b45f8a	4500
72632f0f9dd73dfee390c9b22eb56dd6	2021-02-13 21：18：39	ad21c59c0840e6cb83a9ceb5573f8159	1990
……	……	……	……

其中，customer_unique_id 是客户在后台系统中的注册账号，是客户的唯一标识符；order_purchase_timestamp 是订单付款时间；order_id 是订单编号；price 是缴纳的保费金额。数据量共计 5 万多条，表 5.1.1 只展示了前 5 行数据。

必备知识

RFM 模型是衡量客户价值与客户创造利益能力的重要工具和手段。

一、RFM 模型的基本原理

如何将用户从一个整体拆分成特征明显的群体是精细化运营的关键。RFM 模型是衡量用户价值和用户创利能力的经典工具，依托于用户最近一次消费时间（R）、消费频次（F）以及消费金额（M）来描述客户的价值状况，对客户进行价值划分。

具体构成 R、F、M 的三个要素如下：

（1）R（recency）代表最近一次消费时间间隔：表示用户最近一次消费距离现在的时间。消费时间越近的客户价值越大，1 年前消费过的用户则没有 1 周前消费过的用户价值大。

（2）F（frequency）代表消费频率：是指用户在统计周期内购买商品的次数，经常购买的用户也就是熟客，价值则比偶而来一次的客户价值大。

（3）M（monetary）代表消费金额：是指用户在统计周期内消费的总金额，体现了消费者为企业创利的多少，自然是消费越多的用户价值越大。

基于这三个维度，每个维度可以取高或低两种值，构造出如图 5.1.1 所示的一个三维的坐标系。

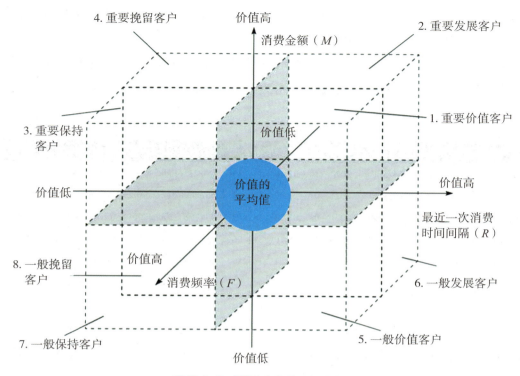

图 5.1.1　RFM 分类的三维坐标系

在这个坐标系中，把客户划分为 8 个群体（如表 5.1.2 所示）。

表 5.1.2　消费者群体划分

客户类型	最近一次消费时间间隔 R	消费频率 F	消费金额 M	客户场景
重要价值客户	高	高	高	客户活跃、消费频次高、金额大，优质客户
重要发展客户	高	低	高	消费金额大、贡献度高，且最近有交易，但频率低，需要重点识别
重要保持客户	低	高	高	消费金额和频率高，但最近无交易，需要保持联系
重要挽留客户	低	低	高	消费金额大，但不活跃，潜在的有价值客户，需要挽留
一般价值客户	高	高	低	用户活跃、交易次数大，需要挖掘新需求
一般发展客户	高	低	低	最近有交易，但消费次数少、金额低，有推广和发展的价值
一般保持客户	低	高	低	交易次数多，但是贡献不大，一般保持
一般挽留客户	低	低	低	RFM 都很低，相当于流失客户

通过 RFM 模型识别客户价值，可以对金融产品营销中的个性化沟通和服务提供依据，改善 R、F、M 三项指标的状况，可为营销决策提供支持。例如某个用户最近一次消费时间距今比较久远，最近没有新的消费记录，但是累计消费金额和消费频次都很高，说明这个用户曾经很有价值，也就是 RFM 模型中的重要保持客户，不希望其流失，所以运营人员就需要专门针对这类型用户设计召回策略，这也就是 RFM 模型的核心价值。

确定了评分维度之后，确定与业务最契合的评分方式是关键。换句话说，就是如何给每个客户 R、F、M 三个维度打分，以及如何订立标准，以便于按此标准判断得分是落在高维度还是低维度。

二、RFM 得分与评分标签

RFM 模型中，最为关键的算法是确定 RFM 的得分值和确定 RFM 的评分标签。

（一）确定 RFM 得分值

RFM 得分值是指基于指标数据计算出 R、F、M 三个指标下可以用于建模计算的、统一量纲下的数值。如最近一次消费时间间隔 R 要通过最后一次消费的日期时间与倒数第二次消费的日期时间相减获得，不同客户间隔时间不同，有的间隔 1 小时，有的间隔 1 天，有的间隔 1 周，此时要化为统一单位"时间间隔秒数"，这种根据原始数据进行建模前数据预处理的过程就是确定 RFM 得分值的过程。类似的，消费频率 F 可以用一定时间内消费的订单次数来表示；消费金额 M 可以用一定时间内所有消费的金额总和来表示。

$$R = T_{time} - T_{last}$$
$$F = Count(order\_id)$$
$$M = \sum price$$

利用上述公式对每个用户进行计算。其中，R 计算的是现在的时间减去用户上一次投保时间；F 中的 $Count$ 表示计数，计算的是单个用户一定时间内产生的所有订单总数；M 中的 $\sum$ 表示求和，计算的是单个用户所有交易总金额。

确定 RFM 得分值的时候要注意数据间存在的量级差距，可以结合归一化处理使得最后的得分在同一尺度上，以利于评价。

（二）确定 RFM 的评分标签

获得 RFM 具体得分数据后，要将 R、F、M 三个维度的数据用"高""低"两种取值进行表示，也就是"打标签"。那么什么情况下指标数值是"高"，什么情况下是"低"呢？通常有三种 RFM 评分标签算法。

1. 均值 RFM 模型

均值 RFM 模型也是最常用的打标签方式。该方法将每个用户的 R、F、M 值与总体均值进行比较,一般情况下比均值高的就标明"高",比均值低的就标明"低",然后通过三个指标的高低来打标签。

$$f(X,X^*) = \begin{cases} 1(\text{high}), & X > X^* \\ 0(\text{low}), & X \leq X^* \end{cases}$$

其中,X 可以为 $R/F/M$,X^* 为对应的均值。

2. 聚类 RFM 模型

该方法先用聚类算法(如 K - 均值聚类法)对指标进行聚类,得到 m 个客户簇;再将每簇的 R、F、M 平均值和总 R、F、M 平均值作比较,如果该簇的均值大于样本整体的均值,就标记为"高",反之则标记为"低"。均值 RFM 模型可以判断每一个客户簇的类别,为每一簇打上标签,处于同一个簇的客户都记为同一标签。

$$f(KMeans(X),X^*) = \begin{cases} 1(\text{high}), & X_k > X^* \\ 0(\text{low}), & X_k \leq X^* \end{cases}$$

其中,X_k 表示所在簇的均值,X^* 为样本整体的均值。

3. 动态 RFM 模型

由于业务场景丰富多样,有时候需要结合业务人员的经验和大数据分析的结果来划分界线,而不是采用静态的均值。如在长尾分布的数据场景中,采用四分位数时会比均值效果更好。根据数据分布情况,可以选择中位数、四分之一位数或者四分之三位数作为判断的基准,然后客户的 RFM 数值高于基准数据,则划分为"高"维度,低于则划分为"低"维度。

$$f(X,\varphi(X)) = \begin{cases} 1(\text{high}), & X > \varphi(X) \\ 0(\text{low}), & X \leq \varphi(X) \end{cases}$$

其中,$\varphi(X)$ 是动态生成的划分界限。

三、RFM 模型的 Python 实现

RFM 模型构建流程如图 5.1.2 所示。

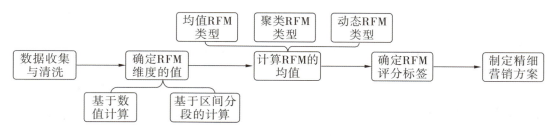

图 5.1.2 RFM 模型构建流程

标签的识别可以通过 Python 中的 lambda 匿名函数实现,具体语法如下:

$$\text{lambda argument\_List：expression}$$

其中，冒号前 argument_List 是参数列表，可以有多个，用逗号隔开；冒号右边为表达式（只能为一个）。lambda 返回值是一个函数的地址，也就是函数对象。匿名函数可以结合 apply 函数进行代码撰写，这样做能够避免函数的定义及封装，使代码更为简洁。

以表 5.1.3 的浦发银行收益率数据为例，对股票收益率的正负情况进行打标，股票收益率为正，则打标签为"positive"；股票收益率为负，则打标签"negative"。

表 5.1.3　浦发银行股票日收益率数据

trade_date	ruturns
2022-03-01	0.005959476
2022-02-28	-0.004744958
2022-02-25	-0.001184834
2022-02-24	-0.011709602
2022-02-23	-0.004662005
2022-02-22	-0.002325581
2022-02-21	-0.008073818
2022-02-18	0.012850467
2022-02-17	-0.003492433
2022-02-16	0.004678363

Python 代码如下：

```
# 浦发银行日收益率数据以 DataFrame 格式存储在变量"Return"中。
Return['tag'] = Return['returns'].apply(lambda x：'positive' if x > 0 else 'negative')
print(Return)
```

对上述代码进行详细解读：

① Return ['tag'] =：在 Return 变量中再新建"tag"列，并将后续代码的运行结果存储在该列中。

② Return ['returns'].apply ()：对 Return 变量中的"returns"列使用 apply 函数。

③ lambda x：'positive' if x > 0 else 'negative'，表示如果（if）x 即"returns"列中大于 0 的数值时，输出 positive，表示正数；否则（else）输出 negative，表示负数。结合之前 Return ['tag'] =，最终将把结果存储在"tag"列中。

上述代码的输出结果如下。可以看到通过匿名函数 lambda 对数据进行的"打标签"。

	trade_date	returns	tag
0	2022-03-01	0.005959	positive
1	2022-02-28	-0.004745	negative
2	2022-02-25	-0.001185	negative
3	2022-02-24	-0.011710	negative
4	2022-02-23	-0.004662	negative
5	2022-02-22	-0.002326	negative
6	2022-02-21	-0.008074	negative
7	2022-02-18	0.012850	positive
8	2022-02-17	-0.003492	negative
9	2022-02-16	0.004678	positive

任务实施

保险公司后台的 CRM 系统中蕴含众多数据指标，本任务选取了与用户订单相关的数据，包括客户账号 customer_unique_id，订单付款时间 order_purchase_timestamp，订单号 order_id，以及价格 price。

一、数据的分析

要构建 RFM 模型，需要知道客户的消费间隔、交易频率、交易金额。这些信息需要从表 5.1.1 中寻找。

（1）R（recency）：最近一次消费时间间隔。在表 5.1.1 中寻找同一客户 ID 下的所有订单，选择最后一次订单时间，与当前时间相减，即可计算出消费时间间隔。在本例中，我们规定 2022 年 1 月 1 日 0：00：00 为当前时间，那么 R 的计算方法就是用 2022-01-01 00：00：00 减去最近一次订单时间。为了后续便于计算，需要将"时、分、秒"表示的时间间隔转化为间隔秒数。

（2）F（frequency）：消费频率。在表 5.1.1 中寻找同一客户 ID 下的所有订单，统计订单的数量，即可获得 F 值。

（3）M（montary）：消费金额。在表 5.1.1 中寻找同一客户 ID 下的所有订单，并将消费额进行加总，即可获得 M 值。要注意不同客户间消费金额可能差距很大，后续为了便于计算，要适当地选择单位。例如以"万元"为单位，某些客户消费金额可能为小数，在后续计算中容易因浮点位数限制，被自动四舍五入，造成误差。

二、RFM 模型得分计算

下面通过 Python 编写代码，自动实现 R、F、M 指标的数值计算。

使用 Pandas 库中的数据透视表函数 pivot_table，来自动统计所需数据。该函数用法如下：

$$pd.pivot\_table(data, values, index, aggfunc)$$

其中：

① data：DataFrame 格式的数据。

② values：列索引值，通过选定索引指定需要汇总计算的列，可多选，有多个值时可用 list 列表格式。

③ index：行分组键，作为数据透视表的行索引。

④ aggfunc：聚合函数或聚合函数列表，可用字典结构一一指定。可取最小值（np.min）、最大值（np.max）、均值（np.mean）、计数（np.size）、求和（np.sum）。

以保险公司订单数据表 5.1.1 为例，数据透视表的行索引参数 index 选择客户唯一 ID"customer_unique_id"，表示以客户 ID 为筛选条件。

R 用订单成立时间"order_purchase_timestamp"来计算，取订单时间的最大值，即最后一次投保的时间；F 用客户订单号"order_id"的计数求得；M 用订单价格"price"之和来计算每个客户的投保总金额。因此，列索引参数 values 由这 3 个数据指标［"order_purchase_timestamp","order_id","price"］组成。

所需用到的计算函数包括最大值（np.max）、计数（np.size）、求和（np.sum）3 个函数。将 3 个函数构建为 aggfunc 参数 {"order_purchase_timestamp"：np.max,"order_id"：np.size,"price"：np.sum}。

编写代码如下：

```
# 保单 RFM 数据
import numpy as np
import pandas as pd
# 读取数据
order_merge = pd.read_excel("order_merge_1.xlsx")
# 使用数据透视表计算 R、F、M 得分值
RFM = pd.pivot_table(order_merge, values = ["order_purchase_timestamp", "order_id", "price"], index = "customer_unique_id", aggfunc = {"order_purchase_timestamp": np.max, "order_id": np.size, "price": np.sum})
```

至此，F 和 M 均已计算得到，接下来以 2022-01-01 00：00：00 为当前值，计算 R，并将数据表的各列重命名为"R""F""M"。

```
# 为了便于理解和简化代码，先将各列名重命名为 R、F、M
RFM = RFM.rename(columns = {"order_purchase_timestamp": "R", "order_id": "F", "price": "M"})
# 计算 2022 年 1 月 1 日与客户最后一次购买时间的时间间隔秒数，dt.total_seconds 函数可用于将时间转化为秒数
RFM["F"] = (pd.to_datetime('2022-01-01 00:00:00') - RFM["F"]).dt.total_seconds
print(RFM.head())
```

经过上述操作，我们得到了 RFM 建模分析所需要的数据，如表 5.1.4 所示。

表 5.1.4　RFM 得分结果（前五条）

customer_unique_id	F	R	M
0000366f3b9a7992bf8c76cfdf3221e2	1	115045413.0	12990
0000f46a3911fa3c0805444483337064	1	151815297.0	6900
0004aac84e0df4da2b147fca70cf8255	1	130306458.0	18000
00053a61a98854899e70ed204dd4bafe	1	21178659.0	38200
0006fdc98a402fceb4eb0ee528f6a8d4	1	140625410.0	1390
……	……	……	……

三、RFM 模型标签计算

RFM 模型的评分标签多种多样，本任务采用均值 RFM 标签模型，有兴趣的读者可以自行选择其他标签模型进行练习。

已经根据评分方式对每一个客户计算出 RFM 得分，接下来根据均值来划分客户的群体类别，步骤如下：

（1）首先，基于 R、F、M 三组数据的评分值来计算分值平均数。

（2）然后，对比每个客户的 R、F、M 得分与均值，大于等于均值数的划到"高"维度，小于均值的划到"低"维度。通过该方法，为每个客户的 R、F、M 特征打上"高、低"两组标签，组合后就是客户的 8 种分类。

用 Python 编写代码，先用 mean 函数计算 R、F、M 列的均值，再通过匿名函数 lambda，给出均值 RFM 模型的标签，代码如下：

```
RFM_mean = RFM [["R","F","M"]].mean()
# 通过匿名函数 lambda 计算均值 RFM
RFM ['R1'] = RFM ['R'].apply (lambda x: 0 if x > RFM_mean ['R'] else 1)
RFM ['F1'] = RFM ['F'].apply (lambda x: 1 if x > RFM_mean ['F'] else 0)
RFM ['M1'] = RFM ['M'].apply (lambda x: 1 if x > RFM_mean ['M'] else 0)
print(RFM.head())
```

最后得到每个客户的 RFM 得分以及对应的评级，如表 5.1.5 所示。

表 5.1.5　均值 RFM 评分（前五条数据）

customer_unique_id	F	R	M	R1	F1	M1
0000366f3b9a7992bf8c76cfdf3221e2	1	115045413.0	12990	0	0	1
0000f46a3911fa3c0805444483337064	1	151815297.0	6900	1	0	0
0004aac84e0df4da2b147fca70cf8255	1	130306458.0	18000	1	0	1
00053a61a98854899e70ed204dd4bafe	1	21178659.0	38200	0	0	1
0006fdc98a402fceb4eb0ee528f6a8d4	1	140625410.0	1390	0	0	0
……	……	……	……	……	……	……

> **拓展阅读：**
>
> Python 聚类分析常用函数介绍
>
> **1. lambda 匿名函数介绍**
>
> lambda 匿名函数：是指一类无须定义标识符（函数名）的函数或子程序。定义如下：
>
> lambda argument_List：expression
>
> 冒号前是参数，可以有多个，用逗号隔开，冒号右边的为表达式（只能为一个）。lambda 返回值是一个函数的地址，也就是函数对象。
>
> **2. apply 函数介绍**
>
> apply 函数：当一个函数的参数存在于一个元组或者一个字典中时，用来间接调用这个函数，并将元组或者字典中的参数按照顺序传递给参数。定义如下：
>
> apply（func，＊args，＊＊kwargs）
>
> func 是函数名。如若使用上述匿名函数 lambda，则可以省去 def 定义部分与后续 ＊args 及 ＊＊kwargs，简化代码。
>
> ＊＊args 是按照定义函数中的变量位置传递变量的元组，即按定义的顺序输入变量值。
>
> ＊＊kwargs 是一个包含关键字参数的字典，如果 ＊args 不传递而 ＊＊kwargs 需要传递，则必须在 ＊args 的位置留空，在 ＊＊kwargs 带变量名进行赋值，如 {'a'：'you'，'b'：'good'}。其中 a，b 为变量名。

四、RFM 分类结果分析

按照"表 5.1.2 消费者群体划分"分类要求，分析保险公司客户群体特征：

（1）对于（$R1$，$F1$，$M1$）=（1，1，1）的客户，属于重要价值客户。因其上一次消费时间近、消费频率高，消费金额大，单个客户对公司的销售贡献最高，所以保险公司需着重关注此类客户。可以通过设置 VIP 服务等形式满足此类客户需求，增加其客户黏性。通过对上述数据进行统计发现，此类客户有 419 个占客户总量比例仅为 0.79%，其对业绩的贡献占比为 1.9%。说明该保险公司的重要价值客户数量太少，不利于公司长期发展。因尽快拓展其他类型客户向重要价值客户转化。

（2）对于（$R1$，$F1$，$M1$）=（1，0，1）的客户，属于重要发展客户。该客户群体距离上一次投标时间近、消费金额高，但是消费频率低，可能是刚刚接触的新客户，还在活跃期内，并且有经济实力，愿意购买价值较高的产品，此类客户非常有潜力发展成为（1，1，1）类客户。经统计，此类客户有 9857 个，占客户总量的 18.8%。公司因及时跟进客户状态，挖掘客户新的需求，可以向其推荐公司热门产品以及近期推出的新产品，增加其对于公司业务的了解程度，尽快提高客户黏性。

（3）对于（$R1$，$F1$，$M1$）=（1，0，0）的客户，属于一般发展客户。此类客户群体距离上一次投保时间近，但是投保频率低、金额小。可能是接触的客户，还在活跃期内，与（1，0，1）客户相比，此类客户可能消费理念倾向于经济划算，或者对公司产品了解不多。经过统计发现，此类客户共有 18342 个，人数在 8 类客户中占比最高，约为 34.9%，因此需要通过市场品牌宣传、促销等一系列活动，打动此类客户，促进其向

(1, 0, 1) 或 (1, 1, 0) 类客户转化。

(4) 对于 ($R1$, $F1$, $M1$) = (0, 0, 1) 的客户，属于重要挽留客户。该客户群体上一次投保时间远、投保频率低，但是投保金额高，表示该客户有经济实力，有可能为公司带来重大收益。但是可能因为接触了其他公司的服务抑或其他原因导致近期投保意向降低。经统计，此类客户共有 7920 个，占比 15.07%。因此，保险公司应重点关注的这些客户，尽快通过售后回访、增值服务、新产品推荐等一系列方法，提高与该客户群体的认可度与日常沟通频率，促成投保成单，向 (1, 0, 1) 和 (1, 1, 1) 类客户转化。

(5) 对于 ($R1$, $F1$, $M1$) = (0, 0, 0) 的客户，按照之前标准将判定为流失客户。经统计该客户群体共有 15499 个，占客户总数的 29.5%。该客户群体上一次投保时间远、投保频率低、投保金额小，可能已经转向其他竞争对手，因此保险公司从成本效益角度考虑，应该减少甚至停止在该客户群体上的营销支出。

(6) 此外，(0, 1, 0)，(0, 1, 1)，(1, 1, 0) 类客户，客户数量分别为 110 人、241 人、159 人，占比分别为 0.2%、0.45%、0.3%。这可能是因为投保这一行为，对大多数客户来说，并不是一个高频行为。同时保险产品的售价差别不大，因此不像零售行业那样会出现高频、低金额消费。

任务小结

RFM 模型的数据可获取性、模型成熟度较好，因此该模型被广泛运用于客户画像中。通过对某段时间内的付费客户做客户分类，能直观了解客户价值，短时间监控重要客户的流失情况，及时做出挽回应对措施；能及时发现新晋重要客户，采取精细化措施增加客户黏性。

本任务以保险公司投保订单数据为例，讲解了 RFM 模型的建模过程及模型应用方法，希望对读者有一定启发。

任务实训

对所给电子商务客户数据进行 RFM 模型构建并为不同客户群体提供策略建议。数据最后一列为事先分好的类别（如表 5.1.6 所示），读者可以在模型构建完成后将输出结果与之对比。

表 5.1.6 data

	CustomerID	Frequency	Recency	Monetary	Country	Customer_Segment
1	12346	2	358	2.08	United Kingdom	Lost Lowest
2	12347	182	35	481.21	Iceland	Loyal Customers
3	12348	31	108	178.71	Finland	Potential Loyalist
4	12349	73	51	605.1	Italy	Recent High Spender
5	12350	17	343	65.3	Norway	Lost Lowest

任务 5.2　用户特征的 K – Means 分析

任务要求

请运用 Python 自带程序库和语言构建 K – Means 模型，利用基金公司客户数据，找寻最优的聚类数量并对客户进行分类（如表 5.2.1 所示），根据分类结果对不同群体制订相应的营销策略。

表 5.2.1　基金公司客户数据预览

CustomerID	Gender	Age	Annual Income	Risk Tolerance
1	Male	19	15	39
2	Male	21	15	81
3	Female	20	16	6
4	Female	23	16	77
5	Female	31	17	40

表 5.2.1 中各列数据指标的含义如下：

① CustomerID：客户在公司的客户管理系统中的 ID 编号。

② Gender：客户性别。

③ Age：客户年龄。

④ Annual Income：客户的年收入，单位是千美元。

⑤ Risk Tolerance：客户风险承受能力，用 1～100 之间的数值来表示，数值越大，风险承受能力越强。

必备知识

聚类算法是客户特征分析的一种经典模型，被广泛应用于客户画像、广告推荐、基于位置的商业推送、信用卡异常消费识别等领域。

一、聚类算法

RFM 模型因其数据获取方便，模型成熟度好，被广泛运用在客户画像分析中。但 RFM 也存在一定的缺陷，比如其研究的变量固定，难以满足决策者因市场环境而变化的需求。此外，由于 RFM 数据间可能存在较强相关性，最终得出的分类结果可能不理想。因此在大数据实际应用中，许多领域会采用聚类算法对客户特征进行分析。

（一）聚类算法的含义

聚类（clustering）算法是一种典型的无监督学习（unsupervised learning）算法，主要用于将相似的样本自动归到一个类别中。也就是按照某个特定标准（如距离）把一个数据集分割成不同的类或簇，使得同一个簇内的数据对象的相似性尽可能大，同时不在同一个簇中的数据对象的差异性也尽可能地大。简而言之，聚类后同一类的数据尽可能聚集到一起，不同类数据尽量分离。

聚类和分类的区别：

（1）聚类（clustering）是指把相似的数据划分到一起，聚类的时候并不关心这一类的标签，目标就是把相似的数据聚合到一起。一个聚类算法通常只需要知道如何计算相似度就可以开始工作了，并不需要使用训练集数据进行学习，这在机器学习中被称为无监督学习。

（2）分类（classification）是把不同的数据划分开，其过程是通过训练数据集获得一个分类器，再通过分类器去预测未知数据，分类是一种监督学习方法。

举个例子，对于保险客户信息及订单数据，我们想将客户进行分类，分为8类。

聚类就是只需要指定按"消费频率"还是"成单金额"进行划分，然后输入这些数据，模型自动进行计算和优化，最后告诉你哪些客户会聚集为一个类型。而不需要你去指定什么样的客户是Ⅰ类，什么样的客户是Ⅱ类。

而分类则是需要你事根据业务经验，指定出什么特征的客户是Ⅰ类，什么特征的客户Ⅱ类，然后对输入的一大堆客户特征数据，用你指定的标准去判断，这些客户是哪个类型。由此可见RFM模型是一种分类算法，因为该算法是通过指定RFM评分和均值的比对方法，判断客户标签，最终标签是（1，1，1）的客户就是优质客户。通过这个固定的模型还可以判断其他更多的客户类型。

（二）聚类算法的分类

数据聚类方法主要可分为划分式聚类方法（partition-based methods）、基于密度的聚类方法（density-based methods）、层次化聚类方法（hierarchical methods）三类。

1. 划分式聚类方法

划分式聚类方法需要事先指定簇类的数目或者聚类中心，分裂构造若干个分组，并且每个分组满足条件：每一个分组至少包含一个数据纪录；每一个数据纪录属于且仅属于一个分组。通过反复迭代，不断改变分组，使得每一次改进之后的分组方案都较前一次好，直至最后达到"簇内的点足够近，簇间的点足够远"的目标。

大部分划分方法是基于距离的。首先给定要构建的分区数K，并创建一个初始化划分。然后，它采用一种迭代的重定位技术，把对象从一个组移动到另一个组来进行划分。代表算法有：K-means及其变体k-means++，K-medoids，kernel k-means等。

2. 基于密度的聚类方法

基于密度的方法的特点有：不依赖于距离，而是依赖于密度，从而克服基于距离的算法只能发现"球形"聚簇的缺点。

其核心思想在于只要一个区域中点的密度大于某个阈值，就把它加到与之相近的聚类中去。代表算法有：DBSCAN，OPTICS，DENCLUE，WaveCluster 等。

3. 层次化聚类方法

前面介绍的几种算法可以在较小的复杂度内获取较好的结果，但存在一个链式效应的现象，比如 A 与 B 相似，B 与 C 相似，聚类时往往会将 A、B、C 聚合到一起，如果 A 与 C 不相似，就会造成聚类误差，严重的时候这个误差可以一直传递下去。为了降低链式效应，这时候层次聚类就该发挥作用了。

11 - 分层聚类方法将数据集划分为一层一层的分组，后面一层生成的分组基于前面一层的结果。其算法一般分为两类：

（1）一类是"自底向上"。初始时每个数据点组成一个单独的组，在接下来的迭代中，按一定的距离度量将相互邻近的组合并成一个组，直至所有的记录组成一个分组或者满足某个条件为止。代表算法有：BIRCH，CURE，CHAMELEON 等

（2）另一类是"自顶向下"。初始所有的对象均属于一个分组，每次按一定的准则将某个分组划分为多个分组，如此往复，直至每个对象均是一个分组。

层次聚类最终呈现出由高到低呈树形结构，且所处的位置越低，其包含的对象就越少，但这些对象间的共同特征越多。该聚类方法只适合在数据量小的时候使用，数据量大的时候速度会较慢。

二、K – Means 聚类算法

Means 聚类算法也叫快速聚类法，在最小化误差函数的基础上将数据划分为预定的 K 类。该算法原理简单且可用于处理大量数据。本任务主要介绍 K – Means 聚类算法的原理与建模步骤。

（一）K – Means 算法的原理

K – Means 算法是典型的基于距离的划分式聚类算法，其中的 K 代表类簇个数，Means 代表类簇内数据对象的均值为类簇中心，因此 K – Means 聚类算法又称为 K – 均值算法。

K – Means 算法方法以距离作为数据对象间相似性度量的度量标准，即数据对象间的距离越小，它们的相似性越高，它们越有可能在同一个类簇。以此为标准，在最小化误差函数的基础上将数据划分为预定的 K 类。

K – Means 算法的计算流程如下。

（1）步骤一：创建 K 个点作为初始各类簇的中心，通常是随机选择。

（2）步骤二：然后计算各个数据对象到聚类中心的距离，把数据对象划分至距离其最近的聚类中心所在的类簇中。其中，数据对象间的距离通常采用欧几里得距离来度量，

其数学表达式为：

$$EuclideanDistance(x,y) = \sqrt{(x_1-y_1)^2 + (x_2-y_2)^2 + \cdots + (x_n-y_n)^2}$$

其中，$x = \{x_1, x_2, \cdots x_n\}$ 和 $y = \{y_1, y_2, \cdots y_n\}$ 是两个 n 维的数据点。

（3）步骤三：根据重新划分的类簇，更新每个类簇的中心。将类簇中所有数据点的均值作为新的类簇中心。

（4）步骤四：重复步骤二，直到每一类簇中心再迭代后变化不大为止。假设 $x_i^{(j)}$ ($i = 1, 2, \cdots, m, j = 1, 2, \cdots, k$) 是第 j 类簇中的任意一个数据点，$\mu^{(j)}$ ($j = 1, 2, \cdots k$)，是第 j 类簇的数据中心，那么迭代的目标函数可以写成：

$$\min J(x,\mu) = \sum_{j=1}^{k} \sum_{i=1}^{m} \left\| x_i^{(j)} - \mu^{(j)} \right\|^2$$

当损失函数 J 即迭代后各数据点与中心点距离平方和小于某一阈值为止。如果迭代不能收敛，则直到达到最大迭代次数则停止。

另一种简便算法是多次随机初始化中心点，然后选择运行结果最好的一个。

（二）K–Means 算法的优缺点

K–Means 算法原理比较简单，容易实现，并且收敛速度快，聚类效果较优，算法的可解释度比较强。

但是，该算法需要先指定类簇个数 K 值，K 值的选取不好把握，并且聚类结果对初始类簇中心的选取较为敏感，初始中心选择不同，聚类效果可能完全不同。其次算法对噪音和异常点比较的敏感，可能收敛到局部最小值，在大规模数据集上收敛较慢。此外，K–Means 算法由于选择了距离作为相似度划分依据，因此只能发现球型类簇。

三、K–Means 算法的实现

下面以 Python 中自带的鸢尾花数据为例进行 K–Means 模型构建。

首先导入案例数据，并查看数据对象所具备的特征，Python 代码如下：

```
# 导入所需用到的 Python 库
import pandas as pd
from sklearn. datasets import load_iris    # 案例数据包
iris = load_iris ( )                        # 将鸢尾花数据集赋值给 iris 变量
X = iris. data                              # 该读取鸢尾花的特征数值，该数值存储在 data 中
df = pd. DataFrame (X)                      # 将 data 转化成 DataFrame 格式
print( df. head ( ))                        # 观测 df 数据的前 5 行
```

可以看到所给数据集中列出鸢尾花的四个特征如下：

```
     0    1    2    3
0   5.1  3.5  1.4  0.2
1   4.9  3.0  1.4  0.2
2   4.7  3.2  1.3  0.2
3   4.6  3.1  1.5  0.2
4   5.0  3.6  1.4  0.2
```

本任务只取鸢尾花的前三个特征进行后续建模。

(一) K-Means 聚类个数选择

通过观测数据特性进行聚类个数的判定过于主观且有很大的不确定性,通常通过手肘法则(The Elbow Method)寻找最佳聚类个数 K。

手肘法则的核心思想在于通过误差平方和(SSE)降低速度的减缓判定出真实聚类数。误差平方和 SSE 用来反映聚类效果的好坏,值越低效果越好。K 越大表示聚类类别越多,每个簇的聚合程度会越高,但过多的聚类类别则失去了分析的意义。当 K 大于真实聚类数时,聚合效果会降低,反映为(SSE)降低速度的减缓,因此可以通过(SSE)降低速度的减缓判定出真实聚类数。

Python 的 Sklearn 库中的 K-Means 函数能够计算给定聚类个数的误差项,故通过循环计算不同聚类个数下模型的误差项并作图判断最佳聚类个数。

(二) K-Means 模型构建

K-Means 可由以下 Python 函数实现:

algorithm = (KMeans(n_clusters, init, n_init, max_iter, tol = 0.0001, random_state = 111, algorithm = 'elkan'))

其中:

① n_clusters:要形成的聚类数以及要生成的质心数。

② init:可调用或类似数组的形状,可选择 {'K-means + +','random'},其中 'K-means + +' 是以智能方式为 K-均值聚类选择初始聚类中心,以加快收敛速度。"random" 是从初始质心的数据中随机选择中心。

③ n_init:K-均值算法将使用不同的质心种子运行的次数。要求输入 int 整数型数值,默认值为 10。

④ max_iter:单次运行的 K-均值算法的最大迭代次数。输入 int 整数型数值,默认值为 300。

⑤ tol:通过弗罗贝尼乌斯(Frobenius)范数的相对公差在两个连续迭代的聚类中心

的差异来声明收敛。输入值为浮点型数值，默认值为 e^{-4}。

⑥ random_state：确定质心初始化的随机数生成方式。要求输入 int、RandomState 或 None 格式，默认值为 None。

⑦ algorithm：确定算法风格，可选择 {"auto"，"full"，"elkan"}，"full" 是经典 Kmeans 算法，"elkan" 则对于具有明确定义的数据集具有更高的聚类效率，"auto" 则是计算机根据数据情况自行从 "full" "elkan" 中选择。默认 "auto"。

下面以鸢尾花的前 3 个特征为例，先用手肘法确定聚类个数，然后根据获取的聚类个数进行 K – Means 建模。

1. 确定类簇个数

先剥离出鸢尾花数据的前 3 个特征，然后按类簇个数为 1～110 依次进行聚类，并将每次聚类所得到的误差平方和 SSE 记录下来，并存储为一个数列。代码如下：

```
import numpy as np                              # 线性运算包
from sklearn.cluster import KMeans              # 构建 K – Means 的包
# 先剥离出鸢尾花数据的前 3 个特征，构成数据 X3
X3 = df[[0, 1, 2]].values                       # .values 表示转换成 array 格式
inertia = []                                    # 构造变量 inertia 用来存放每次结果的误差平方和
for n in range(1, 11):                          # n 从 1 取值到 11，依次进行聚类计算
    algorithm = (KMeans(n_clusters = n, init = 'K – means + +', random_state = 111, algorithm = 'elkan'))
                                                # K – means 聚类
    algorithm.fit(X3)                           # 按样本数据 X3 拟合聚类函数
    inertia.append(algorithm.inertia_)          # 通过 .append 添加每次得到的误差项到预先设定的变量 inertia 中
```

此时聚类个数为 1～10 的模型 SSE 均存储在了变量 inertia 中，下面制作变量 inertia 的变化折线图，寻找到 SSE 降低速度减缓的点，该处对应的 n 值就是类簇个数。代码如下：

```
import matplotlib.pyplot as plt                 # 绘图包
import seaborn as sns                           # 绘图包
plt.figure(1, figsize = (15, 6))                # 确定作图工作区并通过 figsize 对画幅进行限制
plt.plot(np.arange(1, 11), inertia, 'o')        # x 轴是 1 到 11 的自然数，y 轴 SSE，以'o'点的形式打印
plt.plot(np.arange(1, 11), inertia, '–', alpha = 0.5)   # 将 SSE 散点和以'–'线连接打印
plt.xlabel('Number of Clusters'), plt.ylabel('Inertia')  # 设置横轴、纵轴的名字
plt.show()
```

输出结果如图 5.2.1 所示。通过观察可以看到聚类个数大于 3 之后，SSE 下降趋势趋于平缓，故选定聚类个数为 3。

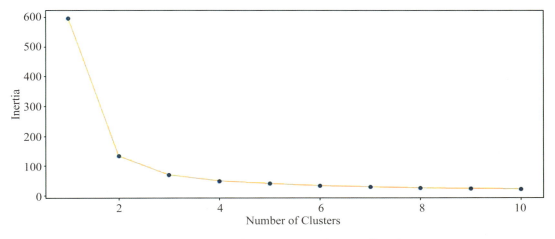

图 5.2.1 聚类个数变化引起的误差平方和趋势变化

2. K–Means 模型构建

下面以类簇个数为 3，构建 K–Means 模型，代码如下：

```
algorithm = (KMeans(n_clusters = 3, init = 'k - means + +', random_state = 111, algorithm = 'elkan'))
                                    # 构建 K – Means 模型
algorithm.fit (X3)                  # 用样本数据对 K – Means 模型进行拟合
labels3 = algorithm.labels_         # 获得每个样本所在的类别
centroids3 = algorithm.cluster_centers_   # 获得每个类别的中心点
df ['label3'] = labels3             # 将数据归属的类簇标签加入原数据 df 中
print (df.head ())                  # 展示前 5 行
```

此时，每个数据对象所归属的类簇标签被确定下来，并存储在了 df 新列 label3 中。如下所示：

```
     0    1    2    3   label3
0  5.1  3.5  1.4  0.2   0
1  4.9  3.0  1.4  0.2   0
2  4.7  3.2  1.3  0.2   0
3  4.6  3.1  1.5  0.2   0
4  5.0  3.6  1.4  0.2   0
```

任务实施

K–Means 模型是构建用户画像的常用工具之一。本任务以基金公司客户数据为例，通过 K–Means 模型，对客户群体进行分类，并对不同类别客户进行精细化策略分析。

K–Means 聚类分析的一般步骤如下。

（1）特征提取：从业务数据进行抽取，并进行特征选择与提取，以及降维。

(2)确定聚类个数：通过手肘法确定聚类个数。
(3)聚类：构建 K-Means 聚类模型。
(4)结果评估：分析聚类效果，同时结合业务经验，对聚类结果进行应用分析。

一、用户特征统计性描述

首先读取表 5.2.1 中的客户数据，并对该数据进行描述性统计的展示，便于后续得到用户类别后辅助进行策略选择。

```
import pandas as pd
df = pd.read_excel('Customers.xlsx')
# 对数据进行描述性统计，由于数据中含数值型和字符型两种数据，因此 describe 函数中 include
参数选择"all"，表示两种类型都统计
print(df.describe(include='all'))
```

输出结果如下所示：

	CustomerID	Gender	Age	Annual Income	Risk Tolerance
count	200.000000	200	200.000000	200.000000	200.000000
unique	NaN	2	NaN	NaN	NaN
top	NaN	Female	NaN	NaN	NaN
Freq	NaN	112	NaN	NaN	NaN
mean	100.500000	2	38.850000	60.560000	50.200000
std	57.879185	NaN	13.969007	26.264721	25.823522
min	1.000000	NaN	18.000000	15.000000	1.000000
25%	50.750000	NaN	28.750000	41.500000	34.750000
50%	100.500000	NaN	36.000000	61.500000	50.000000
75%	150.250000	NaN	49.000000	78.000000	73.000000
max	200.000000	NaN	70.000000	137.000000	99.000000

可以看出共有 200 条客户数据，观测结果如下：

(1)从性别上看女性略多，有 112 人，占人群总数的 56%。

(2)从年龄上看最小 18 岁，最大 70 岁，平均年龄 38 岁，50% 的人在 28～49 岁之间，可能与收入的稳定性有关，通常来说，收入稳定的人群投资基金的可能性更大。

(3)从人群收入来看，最低年收入为 15000 美元，最高为 78000 美元，平均为 60000 美元，并且 75% 的人年收入在 41500 美元之上，客户群体整体收入较好。

(4)从风险承受能力看，有极端厌恶风险的客户（承受能力为最小值 1），此类客户一般推荐买纯债券型基金，也有极大风险投资者（承受能力 99）。均值为 50，可见客户群体整体属于相对积极型，并且客户群体中只有 25% 的人是保守型和相对保守型，约 25% 的客户是稳健性，50% 的客户人群是相对积极型和积极型的客户。

进行聚类算法之前，先对以上特征进行筛选，保留包含客户信息更多的特征，去除信息较少的特征。此处选择年龄（Age）、年收入（Annual Income）、风险承受能力

（Risk Tolerance）三个特征进行建模。

二、K-Means 聚类个数选择

通过手肘法则寻找最佳聚类个数 K。设定 K 从 1 到 10 遍历进行聚类算法建模，并将每次结果的误差平方和记录到变量 inertia 中，最后以 10 次聚类的误差平方和数据绘制折线图，观测最佳聚类个数。Python 代码如下：

```python
import numpy as np
import pandas as pd
import matplotlib.pyplot as plt        # 以下两个是绘图包
import seaborn as sns
from sklearn.cluster import KMeans      # 构建 K-Means 的包
# 选择年龄（Age）、年收入（Annual Income）、风险承受能力（Risk Tolerance）三个特征
X3 = df[['Age', 'Annual Income', 'Risk Tolerance']].values    # .values 表示转换成 array 格式
# 计算 k 从 1 到 110 的聚类误差平方和 SSE
inertia = []                            # 用来存放每次结果的误差平方和
for n in range(1, 11):
    algorithm = (KMeans(n_clusters = n, init = 'k-means++', random_state = 111, algorithm = 'elkan'))
    algorithm.fit(X3)
    inertia.append(algorithm.inertia_)  # 添加误差项到预先设定的变量 inertia 中
# 绘制 SSE 的折线图
plt.figure(1, figsize = (15, 6))
plt.plot(np.arange(1, 11), inertia, 'o')            # 将每个 SSE 值以'o'点的形式打印
plt.plot(np.arange(1, 11), inertia, '-', alpha = 0.5)  # 每个 SSE 以'-'连接
plt.xlabel('Number of Clusters'), plt.ylabel('Inertia')  # 设置横轴纵轴的名字
plt.show()                              # 绘制图形
```

输出结果如图 5.2.2 所示，可以看到误差平方和在 $K=6$ 之前变化剧烈，在 $K=6$ 之后，变化趋于平缓，因此 $K=6$ 是 SSE 变化拐点处，将 K 设置为 6。

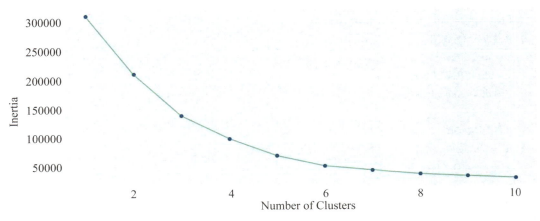

图 5.2.2　基金公司客户信息聚类个数变化引起的误差平方和趋势变化

三、K-Means 模型构建

以类簇 6 个进行 K-Means 模型构建,代码如下:

```
algorithm = (KMeans (n_clusters = 6, init = 'k-means + +', random_state = 111, algorithm = 'elkan'))              # 设置 K-Means 模型
algorithm.fit (X3)                                      # 用 array 格式样本数据进行模型拟合
labels3 = algorithm.labels_                             # 获得每个客户所在的类别
centroids3 = algorithm.cluster_centers_                 # 获得每个类别的中心点
df ['label3'] = labels3
print (df.head ())
```

模型输出结果如下:

	CustomerID	Gender	Age	Annual Income	Risk Tolerance	label3
0	1	Male	19	15	39	4
1	2	Male	21	15	81	3
2	3	Female	20	16	6	4
3	4	Female	23	16	77	3
4	5	Female	31	17	40	4

(一)聚类结果可视化

为了便于对模型结果进行更好的观测,分别以年龄(Age)为 x 轴,以年收入(Annual Income)为 y 轴,以风险承受能力(Risk Tolerance)为 z 轴,绘制三维图像直观的观测数据点的聚类情况。

Python 的 Axes3D 函数可以用于绘制三维图形。具体代码如下:

```
from mpl_toolkits.mplot3d import Axes3D           # 空间三维画图
# 生成三维数据
x = df ['Age']
y = df ['Risk Tolerance']
z = df ['Annual Income']
print (x)
# 绘制散点图
fig = plt.figure ()
ax = Axes3D (fig)
sc = ax.scatter (x, y, z
                , c = df ['label3']
                , s = 60
```

```
                    # , s = df ['label3'] * 20
                    )
ax. view_init (elev = 30, azim = 30)              # 视图参数
# 添加坐标轴（顺序是 Z, Y, X）
ax. set_zlabel (str (z. name), fontdict = {'size': 8, 'color': 'red'})
ax. set_ylabel (str (y. name), fontdict = {'size': 8, 'color': 'red'})
ax. set_xlabel (str (x. name), fontdict = {'size': 8, 'color': 'red'})
plt. legend (*sc. legend_elements ())
plt. show ()
```

输出的三维图如图 5.2.3 中的图 a 所示。通过调整 ax. view_init 中的视角升降参数 elev 和 z 轴旋转参数 azim，可得到其他视角的图像以便后续辨别分析。

本任务分别调整为（elev = 10，azim = 0）和（elev = 5，azim = 90），调整后的绘图结果如图 5.2.3 中的图 b 和图 c 所示。

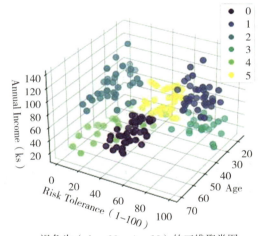

a. 视角为（elev=30, azim=30）的三维聚类图

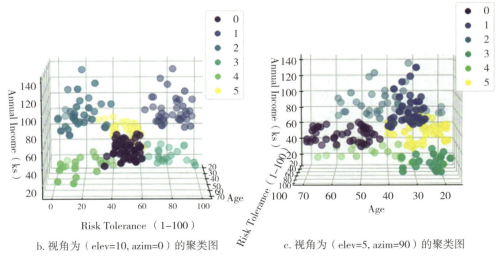

b. 视角为（elev=10, azim=0）的聚类图　　c. 视角为（elev=5, azim=90）的聚类图

图 5.2.3　K-Means 的三维聚类图

（二）聚类结果统计

输出每个类别占总数的比例以便更好地针对不同用户群体实施战略：

```
#.values 将 DataFrame 格式转成 array 格式
count（）= df［'label3'］.tolist（）           #.tolist（）用于转化成 list
#.count（对象）可以对 list 中的"对象"进行计数
print（'类别 0 占比%f，类别 1 占比%f，类别 2 占比%f，类别 3 占比%f，类别 4 占比%f，类别
5 占比%f'%（countn.count（0）/200，countn.count（1）/200，countn.count（2）/200，cou-
ntn.count（3）/200，countn.count（4）/200，countn.count（5）/200））
```

输出结果如下，6 个类别的占比中，0 类最大，4 类最少。

```
类别 0 占比 0.225000，类别 1 占比 0.195000，类别 2 占比 0.175000，类别 3 占比 0.110000，类
别 4 占比 0.105000，类别 5 占比 0.190000
```

四、K-Means 聚类结果分析

将聚类得到的结果进行汇总，如表 5.2.2 所示。

表 5.2.2　聚类结果汇总

类型	年龄	风险承受能力	收入	人数占比（%）
0	高	中	中	22.5
1	中	高	高	19.5
2	中	低	高	17.5
3	低	高	低	11
4	中	低	低	10.5
5	低	中	中	19

按照 K-Means 输出结果，分析各种类别客户群体特征。

（1）对于类别 0 的客户，通过统计发现其占比 22.5% 在六种类型中占比最高。该群体在调查对象中年龄最大、风险承受能力和收入均处于中等水平，可能属于退休的中产阶级客户。公司对于该客户群体通过提高沟通频率的方式，增加其对于公司产品的了解程度。

（2）对于类别 4 的客户，通过统计发现其占比 10.5%，在六种分类里占比最低。该群体年龄中等，但风险承受能力与收入水平在调查样本中均处于最低水平，因此对于该客户群体，基金公司可向其推荐偏债券型基金，同时从人力资源投入方面考虑，减少对

于该类群体的关注度以降低成本。

（3）对于类别 1 的客户，通过统计发现其占比 19.5%。该群体年龄中等，但风险承受能力及收入均在调查样本中处于较高水平，推测该类客户有较大的理财需求。因此，对于该类用户基金公司可向其推荐偏股型以及其他相对高收益的产品，提高该类客户在公司的投资额度。

（4）对于类别 2 的客户，通过统计发现其占比 17.5%。年龄中等，风险承受能力较低，收入在调查样本中处于较高水平。因此，可以对此类用户推出符合其特性的客制化服务，如在基金公司中向该客户群体多推出偏债券类等的低风险产品，根据其特性推出更高品质的日常服务，增加用户黏性。

任务小结

在聚类算法中 K – Means 算法是一种流行的、使用广泛的聚类算法，因为它易于实现且计算效率较高。聚类算法的应用领域也是非常广泛的，包括不同类型的文档分类、音乐、电影、基于用户购买行为的分类、基于用户兴趣爱好来构建推荐系统等。

本任务通过使用 K – Means 聚类算法对基金公司进行分类并对分类结果进行分析制定相应方案。通过举例向学生介绍 K – Means 模型的用法，使其能够通过学习掌握 K – Means 的用法并能运用在日常学习生活中。

任务实训

对 Python 中自带的鸢尾花数据库进行 K – Means 分类。通过以下代码进行数据导入，将鸢尾花数据库赋值在变量 X 中并转成 DataFrame 格式。Y 为鸢尾花现实中正确的分类，读者可在 K – Means 使用得出结果后与之进行对比。对于鸢尾花的四种特征，读者可自行选择调整放入模型中进行聚类以达到最好的聚类效果。

```
from sklearn.datasets import load_iris
import pandas as pd
iris = load_iris()
X = iris.data
Y = iris.target
```

附录
初识Python

一、Python 语言简介

Python 是一种跨平台、开源免费的解释型高级程序设计语言。由荷兰数学和计算机科学研究学会的吉多·范罗苏姆（Guido van Rossum）于 20 世纪 90 年代初设计，1991 年公开发行第一个版本。

Python 语言的发展历史如表 1 所示。

表 1　Python 版本发展史

年份	版本
1991	Python 的第一个版本公开发行，此版本使用 C 语言实现，可以调用 C 语言的库文件
2000	Python 2.0 发布
2008	Python 3.0 发布
2010	Python 2.x 系列发布了最后一个版本，其主版本号为 2.7
2012	Python 3.3 版本发布
2014	Python 3.4 版本发布
2015	Python 3.5 版本发布
2016	Python 3.6 版本发布
2018	Python 3.7 版本发布
2019	Python 3.8 版本发布
2020	Python 3.9 版本发布
2021	Python 3.10 版本发布

Python 语言具有以下几个的特点。

（1）Python 是免费的开源软件。Python 是自由/开放源码软件之一。使用者可以自由地发布这个软件的拷贝、阅读它的源代码、对它做改动、把它的一部分用于新的自由软件中，且无需支付任何费用。

（3）Python 是面向对象的。Python 既支持面向过程的编程也支持面向对象的编程。在"面向过程"的语言中，程序是由过程或仅仅是可重用代码的函数构建起来的。在"面向对象"的语言中，程序是由数据和功能组合而成的对象构建起来的。

（3）Python 有良好的跨平台特性。Python 不依赖操作系统，也不依赖硬件环境，具有良好的跨平台和可移植性。

（4）Python 功能强大。包括动态数据类型：Python 在代码运行过程中跟踪变量的数据类型，不需要声明变量的数据类型，也不要求在使用之前对变量进行类型声明。自动内存管理：良好的内存管理机制意味着程序运行具有更高的性能。Python 使用者无须关心内存的使用和管理，Python 会自动分配和回收内存。大型程序支持：通过子模块、类和异常等工具，Python 可用于大型程序开发。内置数据结构：Python 提供了常用数据结构支持。例如，集合、列表、字典、字符串等都属于 Python 内置类型，用于实现相应的数据结构。

（5）标准库丰富。Python 提供丰富的标准库，它可以帮助处理各种工作，除了标准库以外，还有许多其他高质量的库，如 NumPy、Pandas 和 Requests 等。

二、Python 语言基础

（一）基本语法

1. 编码

在默认情况下，Python3 源码文件以 UTF-8 编码，所有字符串都是 unicode，也可以为源码文件指定不同的编码。

2. 行与缩进

Python 最具特色的就是使用缩进来表示代码块，不需要使用大括号 {}。缩进的空格数是可变的，但是同一个代码块的语句必须包含相同的缩进空格数。

```
x = 10
if x > 0:
    print('正数')
else:
    print('负数')
```

在第 3 行和第 5 行中打印前面就必须缩进，否则 Python 会报错。

3. 注释

注释用于为程序添加说明性的文字，帮助程序员阅读和理解代码。Python 解释器会忽略注释的内容。注释分为单行注释和多行注释。

（1）单行注释以符号"#"开始，当前行中符号"#"及其后的内容为注释。可以单独占一行，也可以放在语句末尾。

（2）多行注释首尾需要使用 3 个英文的单引号"'''"或 3 个双引号""""""。

4. 关键字

关键字是程序设计语言中作为命令或常亮等的单词。关键字不允许作为变量或其他标识符使用。Python 的关键字见表 2。

表 2　Python 的关键字

false	await	else	import	pass
none	break	except	in	raise
true	class	finally	is	return
and	continue	or	lambda	try
as	def	from	nonlocal	while
assert	del	global	not	with
async	elif	if	or	returns

注意：Python 标识符对大小写敏感，关键字必须严格区分大小写。

(二)运算符

运算符是程序设计中的最基本的原色,也是构成表达式的基础,Python 支持的运算符有算术运算符、比较(关系)运算符、赋值运算符、逻辑运算符、位运算符、成员运算符、身份运算符等。

1. 算术运算符

算术运算符用于对操作数或表达式进行数学运算。常用的算术运算符见表3(以下假设变量 a = 10,变量 b = 21)。

表3　常用的算术运算符

算数运算符	描述	示例
+	加:两个对象相加	a + b 输出结果 31
−	减:得到负数或是一个数减去另一个数	a − b 输出结果 −11
*	乘:两个数相乘或是返回一个被重复若干次的字符串	a * b 输出结果 210
/	除:a 除以 b	b/a 输出结果 2.1
%	取模:返回除法的余数	b%a 输出结果 1
* *	幂:返 a 的 b 次幂	a * * b 为 10 的 21 次方
//	取整除:返回商的整数部分	a // b 输出结果为 0

2. 比较(关系)运算符

比较运算符一般用于两个数值或表达式的比较,返回一个布尔值。常用的比较运算符见表4(以下假设变量 a 为 10,变量 b 为 20)。

表4　常用的比较运算符

比较运算符	描述	示例
= =	等于:比较对象是否相等	(a = = b) 返回 False
! =	不等于:比较两个对象是否不相等	(a ! = b) 返回 True
>	大于:返回 a 是否大于 b	(a > b) 返回 False
<	小于:返回 a 是否小于 b。所有比较运算符返回 1 表示真,返回 0 表示假。这分别与特殊的变量 True 和 False 等价	(a < b) 返回 True。
> =	大于等于:返回 a 是否大于等于 b	(a > = b) 返回 False
< =	小于等于:返回 a 是否小于等于 b	(a < = b) 返回 True

3. 赋值运算符

赋值运算符的作用是将运算符右侧的表达式的值赋给运算符左侧的变量。常用的赋值运算符见表5(以下假设变量 a 为 10,变量 b 为 20)。

表5 常用的赋值运算符

赋值运算符	描述	示例
=	简单的赋值运算符	c = a + b 将 a + b 的运算结果赋值给 c
+=	加法赋值运算符	c += a 等效于 c = c + a
-=	减法赋值运算符	c -= a 等效于 c = c - a
*=	乘法赋值运算符	c *= a 等效于 c = c * a
/=	除法赋值运算符	c /= a 等效于 c = c/a
%=	取模赋值运算符	c %= a 等效于 c = c%a
**=	幂赋值运算符	c **= a 等效于 c = c ** a
//=	取整除赋值运算符	c //= a 等效于 c = c // a
:=	海象运算符，可在表达式内部为变量赋值。Python3.8 版本新增运算符	在这个示例中，赋值表达式可以避免调用 len() 两次： if (n := len (a)) > 10: print (f"List is too long ({n} elements, expected <= 10)")

4. 逻辑运算符

逻辑运算符能把语句连接成更复杂的复杂语句。Python 的逻辑运算符包含 and、or 和 not，具体含义见表6（以下假设变量 a 为 True，b 为 False）。

表6 常用的逻辑运算符

逻辑运算符	描述	示例
and	a and b：当 a 和 b 两个表达式都为真时，a and b 的结果才为真，否则为假	(a and b) 返回 False
or	a or b：当 a 和 b 两个表达式都为假时，a or b 结果才是假，否则为真	(a or b) 返回 True
not	not a：如果 a 为真，那么 not a 的结果为假；如果 a 为假，那么 not a 的结果为真	not a 返回 False

5. 位运算符

位运算符允许对整型数中制定的位进行置位，只能用来操作整数类型，它按照整数在内存中的二进制形式进行计算。常用的位运算符见表7。（以下假设变量 a 为 10，b 为 20）

表7 常用的位运算符

运算符	描述	示例
&	按位与运算符：参与运算的两个值，如果两个相应位都为1，则该位的结果为1，否则为0	（a & b）输出结果0，二进制解释：0000 0000
|	按位或运算符：只要对应的二个二进位有一个为1时，结果位就为1	（a | b）输出结果30，二进制解释：0001 1110
^	按位异或运算符：当两对应的二进位相异时，结果为1	（a^b）输出结果30，二进制解释：0001 1110
~	按位取反运算符：对数据的每个二进制位取反，即把1变为0，把0变为1。~a 类似于 -a-1	（~a）输出结果-11，二进制解释：1111 0101，在一个有符号二进制数的补码形式
<<	左移动运算符：运算数的各二进位全部左移若干位，由"<<"右边的数指定移动的位数，高位丢弃，低位补0	a<<2 输出结果40，二进制解释：0010 1000
>>	右移动运算符：把">>"左边的运算数的各二进位全部右移若干位，">>"右边的数指定移动的位数	a>>2 输出结果2，二进制解释：0000 0010

（三）数据类型

Python3 中有六个标准的数据类型，分别为 Number（数字）、String（字符串）、List（列表）、Tuple（元组）、Set（集合）、Dictionary（字典），其中 List、Set、Dictionary 为可变数据类型，Number、String、Tuple 为不可变数据类型，具体见表8。

表8 数据类型

数据类型		描述	示例
Number	int	整数	8、1、102
	float	浮点型	1.1、2.1
	bool	布尔型	True、False
	complex	复数	1+2j、1.23j
String		字符串：用单引号'或双引号"括起来，同时使用反斜杠\转义特殊字符	str ='Runoob'
Tuple		元组：元组的元素不能修改。元组写在小括号（）里，元素之间用逗号隔开	tuple = （'abcd'，786，2.23，'runoob'，70.2）
List		列表：是写在方括号［］之间、用逗号分隔开的元素列表	tinylist = ［123，'runoob'］
Dictionary		字典：字典用｛｝标识，它是一个无序的键（key），值（value）的集合	dict = ｛｝ tinydict = ｛'name'：'runoob'，'code'：1｝

续表8

数据类型	描述	示例
Set	集合：可以使用大括号 {} 或者 set () 函数创建集合	parame = {value01, value02, …} 或者 set (value)

（四）基本输入

Python 3 使用 input () 函数输入数据，基本语法格式如下：

变量 = input ('提示字符串')

其中，变量和提示字符串均可省略。

（五）基本输出

Python 3 使用 print () 函数输出数据，其基本语法格式如下：

print ([obj1, …] [, sep = ''] [, end = '\n'] [, file = sys. stdout])

1. 省略所有参数

print () 函数的所有参数均可省略。无参数时，print () 函数输出一个空行，示例代码如下：

```
print ()
```

2. 输出一个或多个数据

print () 函数可以同时输出一个或多个数据，示例代码如下：

```
print (123, 'abc', 20, 'apple')
```

输出结果为：

```
123 abc 20 apple
```

3. 指定输出分隔符

print () 函数的默认输出分隔符为空格，可用 sep 参数指定分隔符号，示例代码如下：

```
print (123, 'abc', sep = '#')
```

输出结果为：

```
123# abc
```

4. 指定输出结尾符号

print（）函数默认以回车换行符号作为输出结尾符号，即在输出所有数据后会换行。后续的 print（）函数在新行中继续输出。可以用 end 参数制定输出结尾符号，示例代码如下：

```
print（'abc', end = '#'）; print（666）
```

输出结果为：

```
abc# 666
```

5. 输出到文件

print（）函数默认输出到标准输出流，即 sys.stdout。

在 Windows 命令提示符窗口运行 Python 程序或在交互环境中执行命令时，print（）函数将数据输出到命令提示符窗口。

可用 file 参数指定将数据输出到文件，示例代码如下：

```
file1 = open（r'D:\data.txt', 'w'）        # 打开文件
print（123, 'abc', 45, file = file1）      # 将需要打印的内容写入到文件中
file1.close（）                            # 关闭文件
```

（六）函数

函数由若干条语句组成，用于实现某一特定功能。函数包括函数名、函数体、参数以及返回值。在 Python 语言中，不仅包括丰富的系统函数，还允许自定义函数。函数调用语法为：

functionName（parameter）

其中，functionName 表示函数名称，parameter 表示参数。

1. 数学运算

① abs（）：返回数字的绝对值。

② pow（x, y）：返回 x 的 y 次幂。

③ round（）：返回浮点数 x 的四舍五入值。

④ divmod（）：把除数和余数运算结果结合起来，返回一个包含商和余数的元组

（a//b，a％b）。

2. 大小写转换

① lower（）：转换为小写。

② upper（）：转换为大写。

3. 字符串处理

（1）判断字符类型。

判断字符串中字符的类型，可使用如下几类函数：

① isdecimal（）：如果字符串中只包含十进制数字则返回 True，否则返回 False。

② isdigit（）：如果字符串中只包含数字则返回 True，否则返回 False。

③ isnumeric（）：如果字符串中只包含数字则返回 True，否则返回 False。（此方法只针对 Unicode 对象。）

④ isalpha（）：如果字符串中至少有一个字符，并且所有字符都是字母则返回 Ture，否则返回 False。

⑤ isalnum（）：如果字符串中至少有一个字符，并且所有字符都是字母或数字则返回 Ture，否则返回 False。

（2）填充字符串。

① ljust（width，fillchar = None）：使用字符 fillchar 以左对齐方式填充至指定长度的新字符串，默认的填充字符为空格。如果 width 小于原字符串的长度则返回原字符串。

② center（width，fillchar = None）：使用字符 fillchar 以居中对齐方式填充字符串，使其长度变为 width。

③ rjust（width，fillchar = None）：使用字符 fillchar 以右对齐方式填充字符串，使其长度变为 width。

（3）从字符串中搜索子串。

① find（sub，start = None，end = None）。

② index（sub，start = None，end = None）。

（4）判断字符串的前缀和后缀。

① startswith（prefix，start = None，end = None）：判断字符串前缀。

② endswith（suffix，start = None，end = None）：判断字符串后缀。

（5）替换字符串。

replace（old，new，count = None）。

（6）分隔字符串。

split（sep = None，maxsplit = −1）。

4. 自定义函数

在 Python 中，你可以通过 def 定义一个自己想要的函数，def 后接函数名，括号内包含将要在函数体中使用的形式参数，定义语句以冒号（:）结束。语法格式如下：

$$\text{def 函数名（函数的参数列表）：}$$
$$\text{函数体}$$

参数列表可以为空，也可以包含多个参数，多个参数之间使用逗号隔开。函数体可以包含一条或多条语句。

（七）条件语句

条件语句属于分支结构，掌握条件语句的使用方式，可以选择让程序执行指定的代码块。

条件语句有三种形式结构，具体如下：

1. "if"语句结构

if 语句是最常用的条件语句，语法格式如下：

$$\text{if 条件：}$$
$$\text{语句}$$

在"if"语句结构中，条件为真时执行语句，当条件为假时，不执行该语句。

2. "if…else…"语句结构

在分支流程中，可以将 if 语句和 else 语句相结合，指定不满足条件时所执行的语句，其语法结构如下：

$$\text{if 条件语句：}$$
$$\text{语句组 1}$$
$$\text{else：}$$
$$\text{语句组 2}$$

在"if…else…"语句结构中，若表达式为真，则执行语句组 1，否则执行语句组 2。

（八）循环语句

在掌握了条件语句后，发现当条件为真或假时，将执行对应的语句块，但是怎样才能重复执行多次呢？此时需要使用循环语句。循环语句属于循环结构，需要重复执行语句块时必须要用到它。循环语句结构有"while"循环和"for"循环，具体结构如下：

1. while 循环

while 循环语法结构如下：

$$\text{while 表达式 A：}$$
$$\text{循环语句块}$$

在"while"循环中，当"表达式 A"为真时，则会一直执行"循环语句块"，当"表达式 A"为假时，则会不执行或者跳出 while 循环。

2. for 循环

当循环次数固定时，可以使用 for 语句实现。for 语句的基本结构如下：

> for 取值 in 序列或迭代对象：
> 　　语句块

在 for 循环中，可遍历一个序列或迭代对象的所有元素。具体实现如下：

> for i in range（M，N）：
> 　　循环语句块

函数 range（M，N）会生成一个数字 M 到（$N-1$）的列表，for 循环就会循环 $N-M$ 次，循环语句块会执行 $N-M$ 次。

三、Python 部分库的介绍

Python 拥有一个强大的标准库。Python 语言的核心只包含数字、字符串、列表、字典、文件等常见类型和函数，而由 Python 标准库提供了系统管理、网络通信、文本处理、数据库接口、图形系统、XML 处理等额外的功能。

除了 Python 自带的标准库，还有一些需要下载后安装到 Python 的目录下才能使用的第三方库（扩展库）。它和标准库的调用方式是一样的，都需要用 import 语句调用。

（一）NumPy

NumPy（Numerical Python）是 Python 的一种开源的数值计算扩展。这种工具可用来存储和处理大型矩阵，比 Python 自身的嵌套列表（nested list structure）结构要高效得多［该结构也可以用来表示矩阵（matrix）］，支持大量的维度数组与矩阵运算，此外也针对数组运算提供大量的数学函数库。

（二）Pandas

Pandas 是基于 NumPy 的一种工具，该工具是为解决数据分析任务而创建的。Pandas 纳入了大量库和一些标准的数据模型，提供了高效地操作大型数据集所需的工具。Pandas 提供了大量能使我们快速便捷地处理数据的函数和方法，这些数据结构和函数的设计使得利用结构化、表格化数据的工作快速、简单、有表现力。Pandas 最初被作为金融数据分析工具而开发出来，因此，Pandas 为时间序列分析提供了很好的支持。

（三）SciPy

SciPy 是一个开源的 Python 算法库和数学工具包，是基于 Numpy 的科学计算库，用于数学、科学、工程学等领域，可以处理最优化、线性代数、积分、插值、拟合、特殊函数、快速傅里叶变换、信号处理、图像处理、常微分方程求解器等。很多有一些高阶抽象和物理模型需要使用 SciPy。NumPy 和 SciPy 的协同工作可以高效解决很多问题，在天文学、生物学、气象学和气候科学，以及材料科学等多个学科得到了广泛应用。

参考文献

[1] 陈挺，张乾亮. 一种基于OPC及WebService技术的QCS数据集成方案［J］. 工业控制计算机，2015，28（3）：19-20.

[2] 格夫·斯里尼瓦萨·德西坎. 自然语言处理与计算语言学［M］. 何炜，译. 北京：人民邮电出版社，2016.

[3] 郝淑玲，米子川，姜天英. 大数据指数的再定义与新进展［J］. 统计学报，2020，1（4）：1-13.

[4] 胡文海. 高校数据库课程教学模式研究［J］. 教育教学论坛，2020（1）：90-91.

[5] 刘仙伟. 非结构化数据本体及相关算法研究［D］. 南宁：广西大学，2015.

[6] 刘晓霞. MYSQL必知必会［M］. 北京：中国邮电出版社，2021.

[7] 马长峰，陈志娟，张顺明. 基于文本大数据分析的会计和金融研究综述［J］. 管理科学学报，2020，23（9）：19-30.

[8] 钱双双. 金融领域的知识图谱构建与应用［D］. 杭州：浙江工业大学，2020.

[9] 沈艳，陈赟，黄卓. 文本大数据分析在经济学和金融学中的应用：一个文献综述［J］. 经济学（季刊），2019，18（4）：1153-1186.

[10] 宋冰，任战军，王淑辉，等. 兔肉价格变化与主要肉类、饲料价格变化及GDP、CPI相关性研究［J］. 中国养兔，2014（6）：27-30.

[11] 苏品毓. 基于大数据的用户用电特性研究［D］. 北京：华北电力大学，2017.

[12] 王怀亮. 箱须图在识别统计数据异常值中的作用及R语言实现［J］. 商业经济，2011（5）：64-65.

[13] 王星. 统计机器翻译中翻译知识优化方法研究［D］. 苏州：苏州大学，2014.

[14] 王越，陈国兵，李军. 基于数据挖掘的故障模式、影响及危害性分析改进方法［J］. 科学技术与工程，2021，21（24）：10536-10542.

[15] 文棒棒. 面向工业4.0的纺织生产大数据平台及其应用研究［D］. 上海：东华大学，2017.

[16] 向露. 基于SSM的智能停车场管理系统的设计与实现［J］. 电子设计工程，2018，26（13）：24-27，32.

[17] 肖坚. 基于学习的 OCR 字符识别 [J]. 计算机时代, 2018 (7): 48-51.

[18] 鄢化鹏. 基于 Node. js 与 Android 的违章查询系统设计与实现 [D]. 南昌: 南昌航空大学, 2018.

[19] 姚加权, 张锟澎, 罗平. 金融学文本大数据挖掘方法与研究进展 [J]. 经济学动态, 2020 (4): 143-158.

[20] 佚名. 化茧成蝶, 人工智能引领新发展 [N]. 人民邮电, 2021-08-06 (8).

[21] 益言. 大数据在央行业务中的运用初探 [J]. 金融会计, 2021 (7): 33-40.

[22] 雍舜. 基于财经新闻文本数据挖掘的股市预测研究 [D]. 杭州: 浙江财经大学, 2019.

[23] 郁晨. 散户投资者情绪对小盘股价格波动的影响 [D]. 南京: 南京航空航天大学, 2017.

[24] 庄义曼. 基于 SSH2 架构的电信网络销售平台 [D]. 昆明: 云南大学, 2012.